0《ゼロ》学 開運ガイド2024

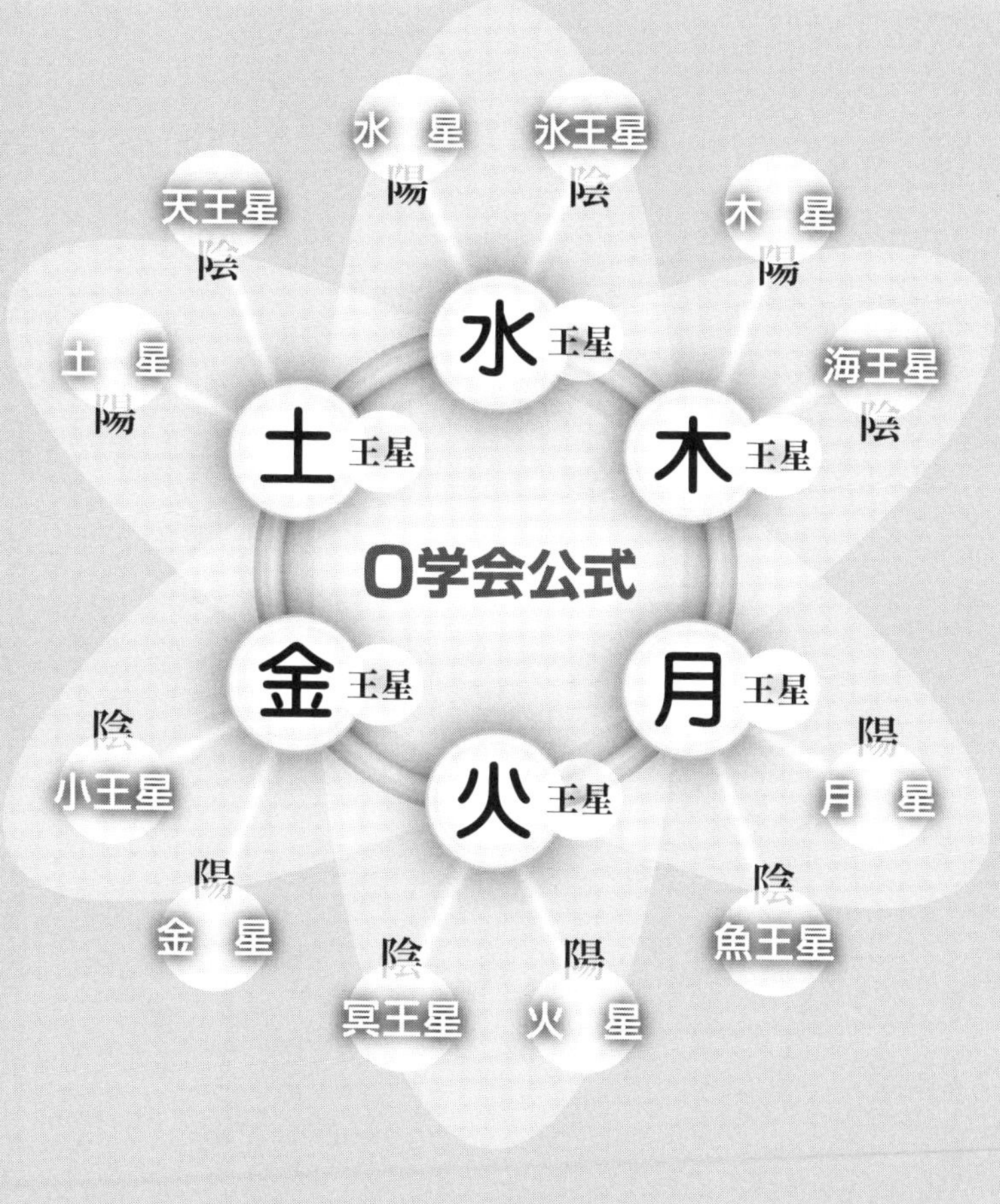

0《ゼロ》学会本部編纂

0《ゼロ》学開運ガイド 2024

目次

0《ゼロ》学で運勢を知り、より良い1年を過ごす

0《ゼロ》学には、自分を知り運勢を理解するために必要ないくつかの要素があります。「0星《ゼロスター》・」「支配星」「0《ゼロ》学十二星座」そして「運命グラフ」です。

●「0星《ゼロスター》・」とは

0《ゼロ》学で、運勢を知る第一歩は自分の「0星《ゼロスター》・」を知ることから始まります。「0星《ゼロスター》・」とはあなたの運命を司っている6つの星のことです。「水王星」「木王星」「月王星」「火王星」「金王星」「土王星」と呼ばれこれらを総称して「六王星」と呼んでいます。因みに、0《ゼロ》学を樹立した御射山宇彦師は、これら6つの星を当初、水星の人、木星の人、月星の人、火星の人、金星の人、土星の人と呼んでいたことがあります。昭和43年発行著書「グラフ占星術」などではそのように表記しています。他の占いで自分のことを土星人や金星人と呼んでいるのをよく聞きますが、同様に算出されたこの六つの星は、元は御射山宇彦師の研究から生まれたものです。注意するべきは、月王星（月星の人）の存在であり、本来は、地球が配置されるのですが、自分たちの暮らす星なので、兄弟星ともいえる月星を当て嵌めているものです。

●「十二支配星」とは

「0星《ゼロスター》・」には6種類に分かれる「六工星」があり、それらは各々がさらに陰陽に分かれることで12の星に展開します。それが十二支配星です。生まれ年が西暦偶数年なら陽、奇数年なら陰、となり、次のような「支配星」に分類されます。巷で6つの星をもとに(＋)(－)があると記しているものがありますが、電極に使う用語を錯誤して意味をわからず使用しているとしか言いようがなく、0《ゼロ》学では陰陽として表記します。

水王星＝水星（陽）氷王星（陰）
木王星＝木星（陽）海王星（陰）
月王星＝月星（陽）魚王星（陰）
火王星＝火星（陽）冥王星（陰）
金王星＝金星（陽）小王星（陰）
土王星＝土星（陽）天王星（陰）

●「0学《ゼロ》十二星座」とは

0学《ゼロ》占術には、特有の十二星座があります。そのもとになっているのは十二支です。

小熊座（子）牡牛座（丑）山猫座（寅）兎座（卯）龍座（辰）
蛇座（巳）小馬座（午）山羊座（未）ヘラクレス座（申）
鷲座（酉）大犬座（戌）大熊座（亥）

0学《ゼロ》十二星座は十二支の研究をもとに五行、八卦、を含み季節、方角、草花、色、食べ物、道具、時間などあらゆる要素を表わしています。

●運命グラフの見方

0学《ゼロ》では運命を12の運命期に分けて考えます。12の運命期の一巡りをあらわしたものが「運命グラフ」です。各運命期は大きく4つの季節にわかれ、四季のように巡ります。

●12の運命期

背信期、0地点《ゼロ》、精算期…冬期
開拓期、生長期、決定期…春期
健康期、人気期、浮気期…夏期
再開期、経済期、充実期…秋期

このように人の運命にも自然界と同様に季節があり、いま自分がどの時季を過ごしているかを知ることができます。

自然界が、春夏秋冬を毎年繰り返し、厳しい冬の後には必ず雪解けの春がやってくるように、人生のどんなに辛い運気の中にあっても、やがて温かい春の訪れを迎えることになります。

そして、冬であれば、外に出て動き回るよりも、家の中で静かに過ごす。夏であれば、静かにじっとしているよりも活発に動き回る、そのようにそれぞれの運命期には、その時期にマッチした行動があり、相応しい過ごし方をすることで、少しでも難を避け幸運を呼び寄せることができるようになります。

もうひとつ大切なポイントとして、運命グラフの軸は一つではないということがあげられます。いち年ごと、ひと月ごと、いち日ごと、更に、いち日24時間内から2時間ごとに12の運命期があり、各期を推移してゆきます。

また、支配星により、運命期の巡りが異なるので、それぞれの支配星ごとに運命グラフがあります。

以下の章に記されている、2024年の日運は、各支配星ごとの運命グラフを基に、毎日の運勢が書かれています。その日一日をどう過ごせばいいのか、注意するべきポイントは何かが、わかりやすく記されています。運命期をあらわす日が同じであっても、年運、月運、日運の交差が異なり、各支配星ごとの性質も違うため、まったく同じ運勢にはなりません。読者は、その日その日のページに記された運勢を「道しるべ」として参考にされ、日々の生活に役立てて下さい。

0《ゼロ》学要素配置図

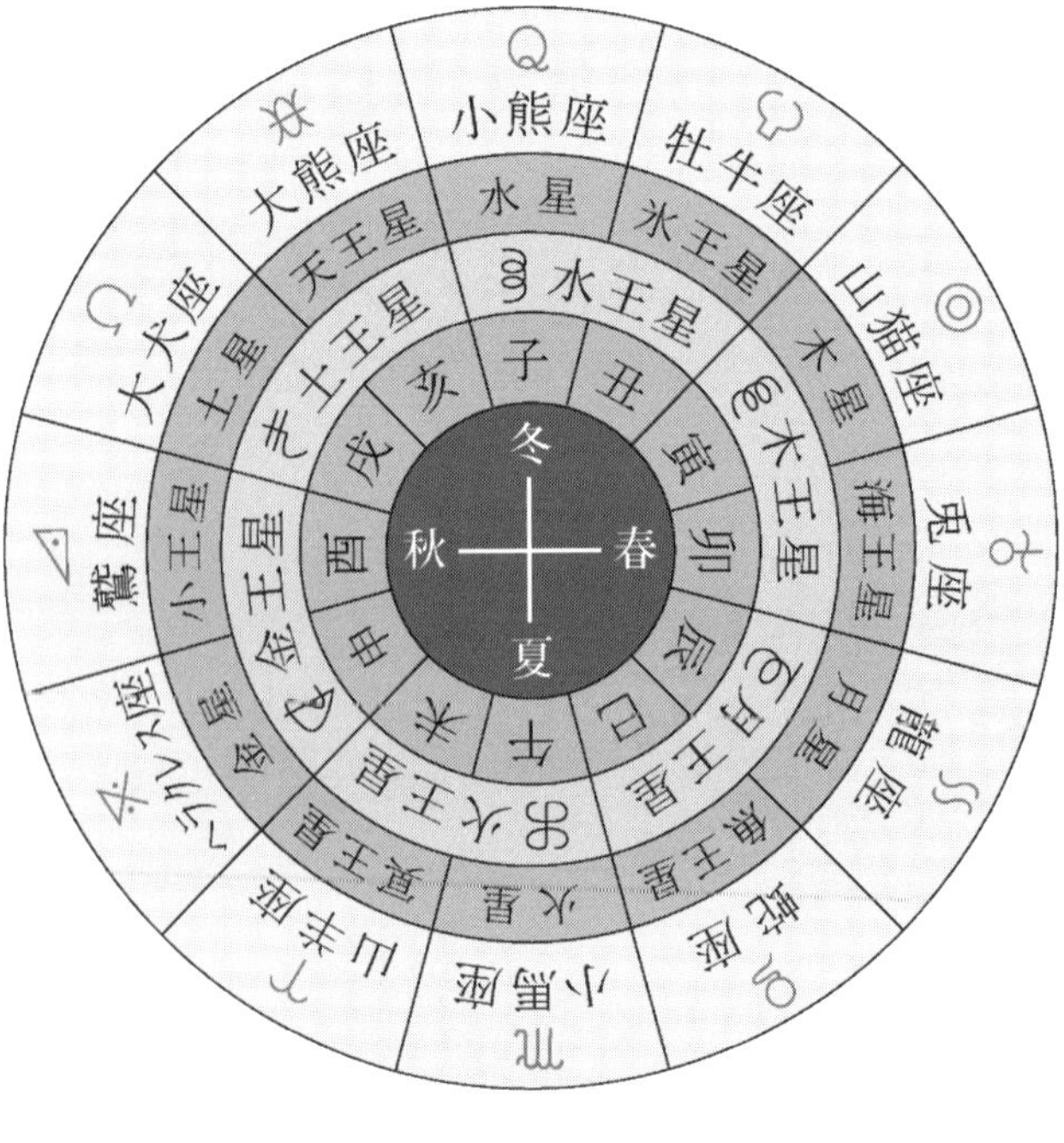

「0星《ゼロスター》・」と支配星の割り出し方と「運命数と0星《ゼロスター》・表」

自分の運勢を知ることは「0星《ゼロスター》・」と支配星を知ることからスタートします。「0星《ゼロスター》・」は6に、支配星は12に分類されます。まずは、「0星《ゼロスター》・」と支配星を割り出して、2024年の自分の姿を見ていきましょう。

1 「0星《ゼロスター》・早見表」で運命数を計算する

例 1985年9月23日生まれの人の場合

P8から始まる**「生年・月交差数表」**から、あなたの［**生まれ年（西暦）**］を見つけ、上部に記載されている［**生まれ月**］と交差する数字と［**生まれ日**］を足します。

［生年・月交差数表］**39**＋［生まれ日］**23**＝運命数**62**

▼

2 運命数が61以上の場合

61以上の場合は60を引き、残りの数字が運命数となります。※60以下の場合は、その数字が運命数となります。

［運命数］**62 − 60 ＝ 2**

▼

3 運命数から「0星《ゼロスター》・」と支配星を知る

運命数から、下記の**「運命数と0星《ゼロスター》・表」**を使って該当する**「0星《ゼロスター》・」**を探します。
次に、**支配星**を見つけましょう。**生まれ年（西暦）の最後の一桁**が**奇数**の場合は**陰の支配星**、**偶数**の場合は**陽の支配星**になります。

［運命数］**2**＝**土王星**　**1985年**は**奇数年**＝**天王星**

運命数と0星《ゼロスター》・表

運命数	0星・	生まれ年（西暦）	支配星
51～60	水王星	偶数年	水星
		奇数年	氷王星
41～50	木王星	偶数年	木星
		奇数年	海王星
31～40	月王星	偶数年	月星
		奇数年	魚王星
21～30	火王星	偶数年	火星
		奇数年	冥王星
11～20	金王星	偶数年	金星
		奇数年	小王星
1～10	土王星	偶数年	土星
		奇数年	天王星

生年・月交差数表

各表の左端にある、あなたの「生まれ年」と最上段にある「生まれ年」が交差するマスの数字が探してください。その数字にあなたの誕生日を足した数字（60を超えたら60を引く）があなたの「運命数」です。

西暦	和暦	十二支	1月	2月	3月	4月	5月	6月	7月	8月	9月	10月	11月	12月
1908	41	申	51	22	51	22	52	23	53	24	55	25	56	26
1909	42	酉	57	28	56	27	57	28	58	29	0	30	1	31
1910	43	戌	2	33	1	32	2	33	3	34	5	35	6	36
1911	44	亥	7	38	6	37	7	38	8	39	10	40	11	41
1912	大1	子	12	43	12	43	13	44	14	45	16	46	17	47
1913	2	丑	18	49	17	48	18	49	19	50	21	51	22	52
1914	3	寅	23	54	22	53	23	54	24	55	26	56	27	57
1915	4	卯	28	59	27	58	28	59	29	0	31	1	32	2
1916	5	辰	33	4	33	4	34	5	35	6	37	7	38	8
1917	6	巳	39	10	38	9	39	10	40	11	42	12	43	13
1918	7	午	44	15	43	14	44	15	45	16	47	17	48	18
1919	8	未	49	20	48	19	49	20	50	21	52	22	53	23
1920	9	申	54	25	54	25	55	26	56	27	58	28	59	29
1921	10	酉	0	31	59	30	0	31	1	32	3	33	4	34
1922	11	戌	5	36	4	35	5	36	6	37	8	38	9	39
1923	12	亥	10	41	9	40	10	41	11	42	13	43	14	44
1924	13	子	15	46	15	46	16	47	17	48	19	49	20	50
1925	14	丑	21	52	20	51	21	52	22	53	24	54	25	55
1926	昭1	寅	26	57	25	56	26	57	27	58	29	59	30	0
1927	2	卯	31	2	30	1	31	2	32	3	34	4	35	5
1928	3	辰	36	7	36	7	37	8	38	9	40	10	41	11
1929	4	巳	42	13	41	12	42	13	43	14	45	15	46	16
1930	5	午	47	18	46	17	47	18	48	19	50	20	51	21
1931	6	未	52	23	51	22	52	23	53	24	55	25	56	26
1932	7	申	57	28	57	28	58	29	59	30	1	31	2	32
1933	8	酉	3	34	2	33	3	34	4	35	6	36	7	37
1934	9	戌	8	39	7	38	8	39	9	40	11	41	12	42
1935	10	亥	13	44	12	43	13	44	14	45	16	46	17	47
1936	11	子	18	49	18	49	19	50	20	51	22	52	23	53
1937	12	丑	24	55	23	54	24	55	25	56	27	57	28	58
1938	13	寅	29	0	28	59	29	0	30	1	32	2	33	3
1939	14	卯	34	5	33	4	34	5	35	6	37	7	38	8
1940	15	辰	39	10	39	10	40	11	41	12	43	13	44	14
1941	16	巳	45	16	44	15	45	16	46	17	48	18	49	19
1942	17	午	50	21	49	20	50	21	51	22	53	23	54	24
1943	18	未	55	26	54	25	55	26	56	27	58	28	59	29
1944	19	申	0	31	0	31	1	32	2	33	4	34	5	35
1945	20	酉	6	37	5	36	6	37	7	38	9	39	10	40
1946	21	戌	11	42	10	41	11	42	12	43	14	44	15	45

西暦	和暦	十二支	1月	2月	3月	4月	5月	6月	7月	8月	9月	10月	11月	12月
1947	22	亥	16	47	15	46	16	47	17	48	19	49	20	50
1948	23	子	21	52	21	52	22	53	23	54	25	55	26	56
1949	24	丑	27	58	26	57	27	58	28	59	30	0	31	1
1950	25	寅	32	3	31	2	32	3	33	4	35	5	36	6
1951	26	卯	37	8	36	7	37	8	38	9	40	10	41	11
1952	27	辰	42	13	42	13	43	14	44	15	46	16	47	17
1953	28	巳	48	19	47	18	48	19	49	20	51	21	52	22
1954	29	午	53	24	52	23	53	24	54	25	56	26	57	27
1955	30	未	58	29	57	28	58	29	59	30	1	31	2	32
1956	31	申	3	34	3	34	4	35	5	36	7	37	8	38
1957	32	酉	9	40	8	39	9	40	10	41	12	42	13	43
1958	33	戌	14	45	13	44	14	45	15	46	17	47	18	48
1959	34	亥	19	50	18	49	19	50	20	51	22	52	23	53
1960	35	子	24	55	24	55	25	56	26	57	28	58	29	59
1961	36	丑	30	1	29	0	30	1	31	2	33	3	34	4
1962	37	寅	35	6	34	5	35	6	36	7	38	8	39	9
1963	38	卯	40	11	39	10	40	11	41	12	43	13	44	14
1964	39	辰	45	16	45	16	46	17	47	18	49	19	50	20
1965	40	巳	51	22	50	21	51	22	52	23	54	24	55	25
1966	41	午	56	27	55	26	56	27	57	28	59	29	0	30
1967	42	未	1	32	0	31	1	32	2	33	4	34	5	35
1968	43	申	6	37	6	37	7	38	8	39	10	40	11	41
1969	44	酉	12	43	11	42	12	43	13	44	15	45	16	46
1970	45	戌	17	48	16	47	17	48	18	49	20	50	21	51
1971	46	亥	22	53	21	52	22	53	23	54	25	55	26	56
1972	47	子	27	58	27	58	28	59	29	0	31	1	32	2
1973	48	丑	33	4	32	3	33	4	34	5	36	6	37	7
1974	49	寅	38	9	37	8	38	9	39	10	41	11	42	12
1975	50	卯	43	14	42	13	43	14	44	15	46	16	47	17
1976	51	辰	48	19	48	19	49	20	50	21	52	22	53	23
1977	52	巳	54	25	53	24	54	25	55	26	57	27	58	28
1978	53	午	59	30	58	29	59	30	0	31	2	32	3	33
1979	54	未	4	35	3	34	4	35	5	36	7	37	8	38
1980	55	申	9	40	9	40	10	41	11	42	13	43	14	44
1981	56	酉	15	46	14	45	15	46	16	47	18	48	19	49
1982	57	戌	20	51	19	50	20	51	21	52	23	53	24	54
1983	58	亥	25	56	24	55	25	56	26	57	28	58	29	59
1984	59	子	30	1	30	1	31	2	32	3	34	4	35	5
1985	60	丑	36	7	35	6	36	7	37	8	39	9	40	10

西暦	和暦	十二支	1月	2月	3月	4月	5月	6月	7月	8月	9月	10月	11月	12月
1986	61	寅	41	12	40	11	41	12	42	13	44	14	45	15
1987	62	卯	46	17	45	16	46	17	47	18	49	19	50	20
1988	63	辰	51	22	51	22	52	23	53	24	55	25	56	26
1989	平1	巳	57	28	56	27	57	28	58	29	0	30	1	31
1990	2	午	2	33	1	32	2	33	3	34	5	35	6	36
1991	3	未	7	38	6	37	7	38	8	39	10	40	11	41
1992	4	申	12	43	12	43	13	44	14	45	16	46	17	47
1993	5	酉	18	49	17	48	18	49	19	50	21	51	22	52
1994	6	戌	23	54	22	53	23	54	24	55	26	56	27	57
1995	7	亥	28	59	27	58	28	59	29	0	31	1	32	2
1996	8	子	33	4	33	4	34	5	35	6	37	7	38	8
1997	9	丑	39	10	38	9	39	10	40	11	42	12	43	13
1998	10	寅	44	15	43	14	44	15	45	16	47	17	48	18
1999	11	卯	49	20	48	19	49	20	50	21	52	22	53	23
2000	12	辰	54	25	54	25	55	26	56	27	58	28	59	29
2001	13	巳	0	31	59	30	0	31	1	32	3	33	4	34
2002	14	午	5	36	4	35	5	36	6	37	8	38	9	39
2003	15	未	10	41	9	40	10	41	11	42	13	43	14	44
2004	16	申	15	46	15	46	16	47	17	48	19	49	20	50
2005	17	酉	21	52	20	51	21	52	22	53	24	54	25	55
2006	18	戌	26	57	25	56	26	57	27	58	29	59	30	0
2007	19	亥	31	2	30	1	31	2	32	3	34	4	35	5
2008	20	子	36	7	36	7	37	8	38	9	40	10	41	11
2009	21	丑	42	13	41	12	42	13	43	14	45	15	46	16
2010	22	寅	47	18	46	17	47	18	48	19	50	20	51	21
2011	23	卯	52	23	51	22	52	23	53	24	55	25	56	26
2012	24	辰	57	28	57	28	58	29	59	30	1	31	2	32
2013	25	巳	3	34	2	33	3	34	4	35	6	36	7	37
2014	26	午	8	39	7	38	8	39	9	40	11	41	12	42
2015	27	未	13	44	12	43	13	44	14	45	16	46	17	47
2016	28	申	18	49	18	49	19	50	20	51	22	52	23	53
2017	29	酉	24	55	23	54	24	55	25	56	27	57	28	58
2018	30	戌	29	0	28	59	29	0	30	1	32	2	33	3
2019	令1	亥	34	5	33	4	34	5	35	6	37	7	38	8
2020	2	子	39	10	39	10	40	11	41	12	43	13	44	14
2021	3	丑	45	16	44	15	45	16	46	17	48	18	49	19
2022	4	寅	50	21	49	20	50	21	51	22	53	23	54	24
2023	5	卯	55	26	54	25	55	26	56	27	58	28	59	29
2024	6	辰	0	31	0	31	1	32	2	33	4	34	5	35

0星《ゼロスター》・早見表

A		「生年・月交差数表」(P8 ～) の数値を記入します。
＋		
B		あなたの生まれた日を記入します。
＝		
運命数		あなたの運命数 ※ 61 以上の場合は 60 を引いた数

● 0学《ゼロ》開運カレンダーの見方

始めに自分の支配星の紹介ページからお読み下さい。各支配星の、2024年の全体運、恋愛・結婚運、仕事・金運、そして開運ポイントなどについてのアドバイスが載っています。

次に支配星別のカレンダーの見方です。月別に毎日の運勢が書かれていますが、まず2024年全体運をお読み下さい。年運の中の月運、そして月運の中に日運があります。日運は年運・月運を加味して、日々の運勢を活用できるように書かれています。日運カレンダーには、絶好調日、注意日、不調日・・・など、日々の運勢が記されています。

同じ運勢をもつ支配星の人でも、起こる出来事はさまざまです。年運は一年の心構え、そして日運はその日の運勢を参考に、行動、考え方など日常の生活に活用下さい。

○◎日は、より素敵な一日にするため、自分らしさを多いに発揮し、⊗▽▼日なら、細心の注意をして災難を避けましょう。ただ、運勢に一喜一憂するだけでは、幸運はやってきません。

運勢は何を意味するのか？何を成すべきなのか？考えて、感じて下さい。そして、運を味方につけ良い一日を送れるよう、活用下さい。

● 日運カレンダー・マークの説明

◎＝絶好調日
努力が報われて幸せな展開になりやすいでしょう。心身共に快調で順調に事が運びます。

○＝順調日
積極的に行動する事が、良い結果につながります。心身に活気があり、パワーに満ちています。

▲▼＝不調日
心身の弱運日。注意深く過ごし無理は禁物。
▲＝暗闇の中にも、遠くに一筋の光が…。
▼＝迷路にも必ず出口あり。今は動かず慎重に。

△▽＝注意日
流れを変えずに小休止。リズムを整える日。
△＝体力気力を過信せず、心身整えて。
▽＝油断・慢心に注意。何事にも謙虚に。

⊗＝神秘・波乱含日
特に波が激しい運気。積極的行動は控え、慎重に行動すれば災いを回避。思いは叶わぬとも、未来の夢が隠れている、大切な時。心を強く持ち、落ち着き、身を任せて。

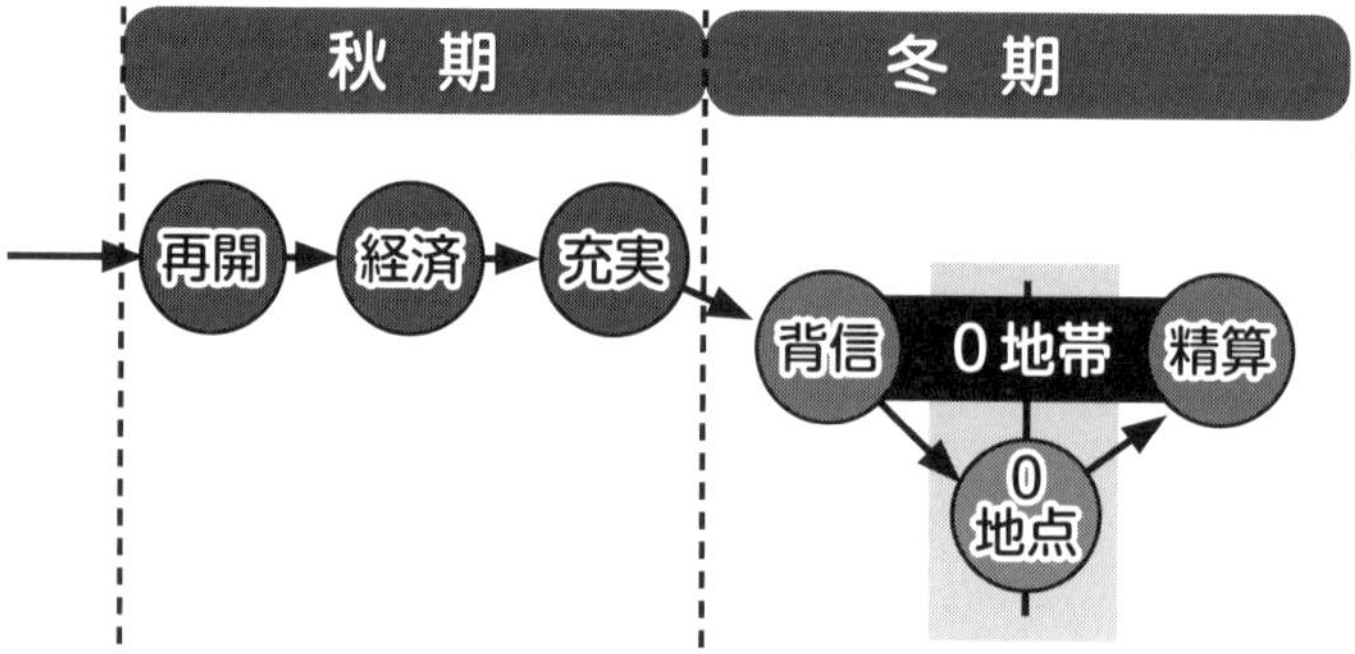

12の運命期

充実期

成果を悦び周囲に感謝　冬支度を忘れずに！

精神、物質ともに満たされ運気のクライマックスを迎えます。最高の状態だけに新たに得られるものはなく、冬期に向けての準備がカギとなるでしょう。状況に浮かれることなく、未解決の問題は冬を迎える前に解決していくことも重要となります。

開運キーワード

心に余裕を・謙遜上手・強気×

経済期

今までの苦労や努力が形になるとき

収穫の秋が到来。開拓期から努力してきた人には、社会的評価が上がり経済が潤ってきます。ただし、浪費は禁物！冬期を安心して過ごすための、余力を残すことが重要です。実りの時期ゆえに多忙を極めますが、気力は十分なため乗り越えていけます。

開運キーワード

大人の関係・夫婦仲良く・散財×

再開期

失敗をバネにやり直しのチャンス到来！

初秋の心地よさに活力が戻ってきます。目的を果たせなかった、または評価を落としてしまった人には再起のチャンス！過去に培った経験を生かすことが重要で、新規のものには花が咲きません。開拓期以降に縁があったものに注目しましょう。

開運キーワード

面倒事こなして体面保つ・放棄×

浮気期

慢心は禁物！　土台を守り休息を…

気がゆるみ、やるべきことに身が入らない時期。人気期に好調だった人ほど、落とし穴にはまりやすいので注意が必要。また、軽率な行動で評価や成果を落としてしまうと、秋期の収穫数が減ることに…。何事も謙虚な気持ちで過ごすことが重要です。

開運キーワード

隣の芝を青く見ない・嘘を本気に×

人気期

努力してきた人には嬉しい願望成就のとき！

太陽の光を浴びて、これまでの努力が開花していきます。自身の魅力も高まり、注目を集める存在に！ただし、努力を怠ったり、やり方を間違えてきた人にとっては、喜ばしくない花が咲くことも…。今までの経緯に沿った結果が出てきます。

開運キーワード

自分らしさ最大に・目先的判断×

健康期

小休止の時期　焦らずコツコツと準備を

梅雨を思わせる運気が、勢いづいた気力を萎えさせます。心身ともに無理をすれば、トラブルや事故の元に…。本格的な夏の運気を迎える前に、起きた問題を誠実に処理し、気がかりを減らして大輪の花を咲かせるための準備をしていきましょう。

開運キーワード

金運につながる運勢・悩みすぎ×

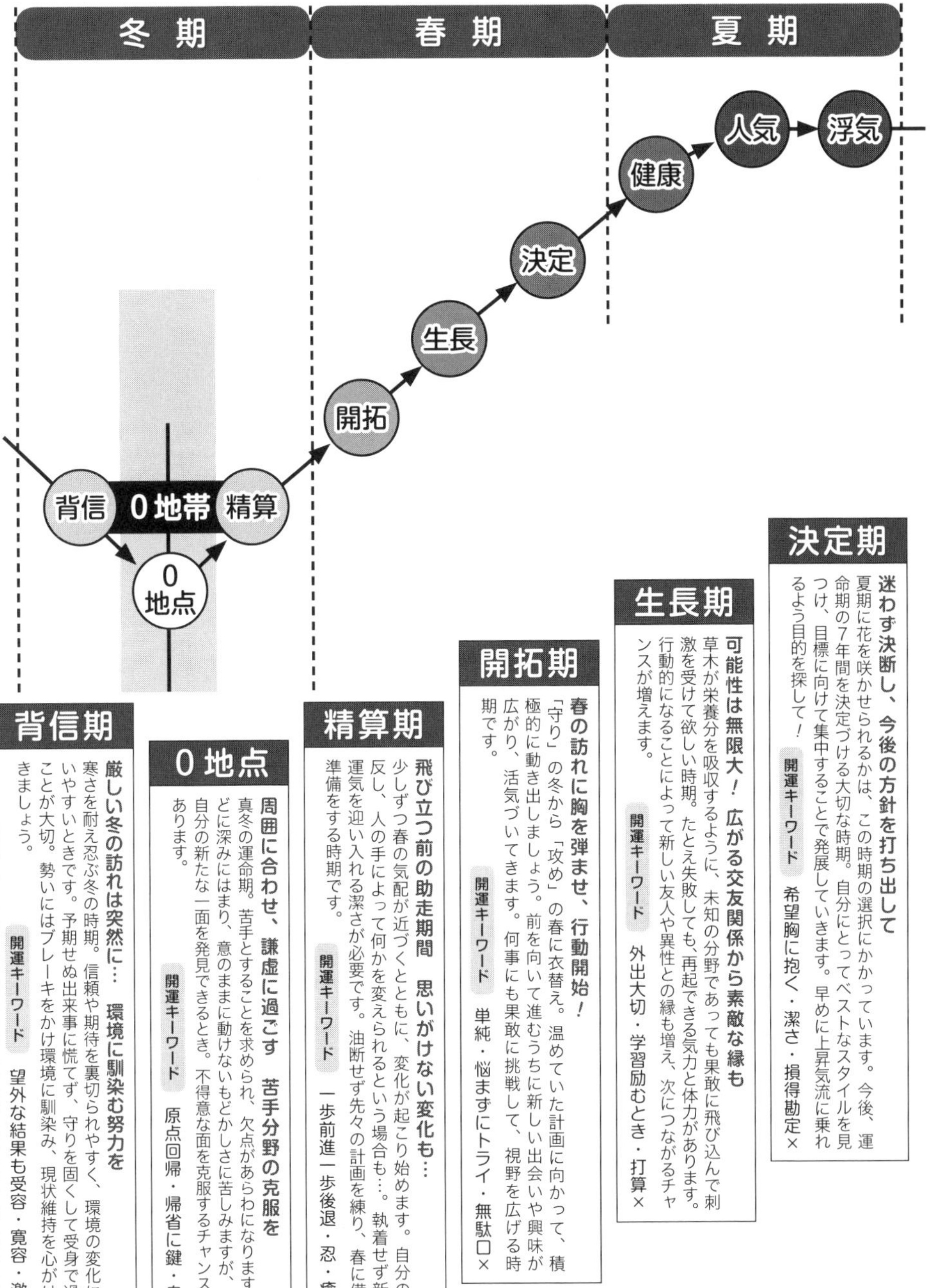

背信期

厳しい冬の訪れは突然に… 環境に馴染む努力を

寒さを耐え忍ぶ冬の時期。信頼や期待を裏切られやすく、環境の変化に戸惑いやすいときです。予期せぬ出来事に慌てず、守りを固くして受身で過ごすことが大切。勢いにはブレーキをかけ環境に馴染み、現状維持を心がけていきましょう。

開運キーワード　望外な結果も受容・寛容・激情×

0地点

周囲に合わせ、謙虚に過ごす　苦手分野の克服を

真冬の運命期。苦手とすることを求められ、欠点があらわになります。もがくほどに深みにはまり、意のままに動けないもどかしさに苦しみますが、裏を返せば自分の新たな一面を発見できるとき。不得意な面を克服するチャンスの時期でもあります。

開運キーワード　原点回帰・帰省に鍵・自画自賛×

精算期

飛び立つ前の助走期間　思いがけない変化も…

少しずつ春の気配が近づくとともに、変化が起こり始めます。自分の意に反し、人の手によって何かを変えられるという場合も…。執着せず新しい運気を迎い入れる潔さが必要です。油断せず先々の計画を練り、春に備えて準備をする時期です。

開運キーワード　一歩前進一歩後退・忍・癒着×

開拓期

春の訪れに胸を弾ませ、行動開始！

「守り」の冬から「攻め」の春に衣替え。温めていた計画に向かって、積極的に動き出しましょう。前を向いて進むうちに新しい出会いや興味が広がり、活気づいていきます。何事にも果敢に挑戦して、視野を広げる時期です。

開運キーワード　単純・悩まずにトライ・無駄口×

生長期

可能性は無限大！ 広がる交友関係から素敵な縁も

草木が栄養分を吸収するように、未知の分野であっても果敢に飛び込んで刺激を受けて欲しい時期。たとえ失敗しても、再起できる気力と体力があります。行動的になることによって新しい友人や異性との縁も増え、次につながるチャンスが増えます。

開運キーワード　外出大切・学習励むとき・打算×

決定期

迷わず決断し、今後の方針を打ち出して

夏期に花を咲かせられるかは、この時期の選択にかかっています。今後、運命期の7年間を決定づける大切な時期。自分にとってベストなスタイルを見つけ、目標に向けて集中することで発展していきます。早めに上昇気流に乗れるよう目的を探して！

開運キーワード　希望胸に抱く・潔さ・損得勘定×

0学《ゼロ》　十二星座

0《ゼロ》学には、特有の十二星座があります。古来から伝わる十二支を基にして研究し、季節や時間、方位や場所など万物万象をそれらに分類しています。運命を作っているのは「0星・《ゼロスター》」ですが、これらの星座要素と0星・《ゼロスター》との関わり方によって運命に違いが出ると分析します。ここでは、生まれた年の干支をもとに十二星座の意味する性格面を紹介しますので、特徴を参考にしましょう。

●小熊座（子年生まれ）

用心深く、計画的で分析能力に長けた頭脳派

小熊座は真冬を表す星座。夜や暗い穴をイメージするため、慎重で用心深く、少し臆病な面があります。その分、頭が良く、思考能力に優れているため、物事を計画、分析し、先を予測する力は抜群です。

●牡牛座（丑年生まれ）

強い信念と忍耐力を持つ、大器晩成型

例えるなら、氷の世界。氷山のように堂々として、何事にも動じず、小さな事に拘らない大らかさを持っています。何事もマイペースなので、人付き合いは苦手。しかし一度親しくなれば、信頼と安心感を与え、長い付き合いが出来るタイプです。

●山猫座（寅年生まれ）

好奇心、独立心旺盛で、行動的

若々しく、みずみずしい感性溢れた山猫座は、独立心旺盛で何にでも果敢にチャレンジしていきます。基本的には弱者や大衆の味方。大勢の中でリーダーシップを発揮することも得意な行動力あふれるひとです。

●兎座（卯年うまれ）

情報を武器に生きる、穏やかで優しい人

穏やかな春を意味する兎座。基本的には楽天的で、あくせくしないマイペース型。一見ソフトな兎座ですが、実は芯が強く「確固たる自分」を持っています。また兎座はお金に無頓着。早い時期に、人生の基盤作りが大切です。

●龍座（辰年生まれ）

感受性が鋭く神秘的で、シャープな思考力

季節にたとえるなら、春から夏にむけての時期。向上心を持って目標へと一気に突き進んでいくと、成功するタイプです。プライドは高いが繊細さもピカ一。ツキを活かすことが開運のポイント。

●蛇座（巳年生まれ）

一見クールなエリート派、胸の内には炎が

かなりの負けず嫌い。胸の中にはつねに熱いモノを抱えています。キーワードは明るさ。心を解放すれば、人生も明るく開けます。大切なのは良きパートナー。見つかれば人生グンと上昇します。

●小馬座（午年生まれ）

明るく陽気で、太陽のようにエネルギッシュ

情熱的で目立ちたがり屋。なにより楽しい性格。だから孤独が苦手。親友が出来にくいタイプ。競争事が大好きで、勝っても負けても注目されればOK。悩んだりしない所が魅力のひとつ、愛される所です。

●山羊座（未年生まれ）

柔和で人付き合いもよく、常に群れていたい

働くのは苦手。人当たりが柔らかく、誰に対しても優しく接します。直感や観察力もあり、勘の良さで状況を見抜きます。ムードメーカー、人間関係を円滑にする能力は十二星座中ナンバーワン。

●ヘラクレス座（申年生まれ）

知恵、判断力、行動力に長けた世渡り上手

面倒見がよく、リーダーシップを取るだけの力と賢さを備えているので、大勢の上に立つとうまくグループを率いていけます。人を説得するユーモアと機智を利かせた転身の速さも持ち合わせています。

●鷲座（酉年生まれ）

せわしなくておしゃべり好き、十二星座一多芸多才

鷲座は、秋の実りが熟した頃を意味します。全体に女性的で年を重ねるごとに魅力を増すタイプです。加えて甘え上手。多芸多才を活かせれば幸運な人生が送れます。極端な浪費をしなければお金に困る事もなし。

●大犬座（戌年生まれ）

真面目で誠実、情に厚く、心を大切に生きる

一途なせいか融通性に欠けるため、人見知りが激しいのが特徴です。普段は穏やかで、謙遜するタイプ。情に厚い大犬座ですが、基本的には人間関係は不得意。ただ一度心を許せば、深い付き合いの出来る人です。

●大熊座（亥年生まれ）

やると決めたら一直線、猪突猛進の努力家

季節に例えるなら、冬支度を始める時期。せっかちな面が見られます。また無理を承知でゴリ押しする事も…。そんな大熊座には協力者が必要。焦らずひたむきに人に接すれば、きっと良いパートナーが見つかります。

『0《ゼロ》地帯』「健康」「浮気」各期それぞれの特徴と過ごし方

P12～P13の運命グラフをご覧ください。「0《ゼロ》地点」を基点にして、右肩上がりに精算、開拓、生長…と続いてゆきます。12の運命期の中で、「背信」「0《ゼロ》地点」「精算」の3期を『0《ゼロ》地帯』と呼び、他に「健康」「浮気」の各期は、トラブルに合いやすい運期です。他の占いでこれらを「殺界」と称し、大中小に分ける見方がありますが、0《ゼロ》学では運命を「殺す」ではなく「生かす」で捉えます。

背信…【0《ゼロ》地帯】冬の運気に突入。それまで物事がうまく進んでいたにもかかわらず、突然、失意を覚える出来事が到来する。

0《ゼロ》地点…【0《ゼロ》地帯】冬の運気ど真ん中。周囲の声や期待がみえず、自分の願望を推し進めようとすると、自分ではまるで気が付かずに「裸の王様」になっている。周囲への感謝が大切。

精算…【0《ゼロ》地帯】冬の運気が明け始める。しかし、いまだ冬であることに違いが無いが、すでに春到来と錯覚し、いろいろな変化を求めたくなる。

開拓…春の到来。冬が明けたので、種まきをするべき時期。ここで種を蒔いておかないと、その後の生育に繋がらない。運気を良くしてゆくスタート。「蒔かぬ種は生えぬ」のように何もしないことが将来の不運につながる。動かぬは凶。

生長…春たけなわの運気。運気も成長し、学習や各種練習などを通じて自分自身もグングン大きくなってゆくとき。

決定…春も終わり、これから夏に向かう時期。しかし、まだ春なので、夏の浮かれた心持ちで未来を夢見ると、失敗する。努力を踏まえて、蒔いた種を育てつつ、開花に向けた決断が幸運を招く。

健康…夏の初め。冬から春の運気を過ごしてきたところで、疲れがみえる時期。特に体調面に現れやすいが、精神面にストレスを抱えてしまうことが多い。関わる者にも運気は及ぶので、人間関係のトラブルが生じやすい。

人気…夏真っ盛り。願望成就の最高運。運命を健やかに歩んできた者には、幸運がもたらされるが、タブー要素などに囚われ、自分を見失ってきた場合、0《ゼロ》地点のようなトラブルも生じやすい。特に0《ゼロ》王星にその傾向が顕著。

浮気…夏も終盤。猛暑が続いて頭がクラクラしているような状態。涼しい場所を求めて休息するのが正解だが、浮かれ気分から大失敗を招きやすい。『0《ゼロ》地帯』とは異なり、謙虚かつ周囲に感謝したからといって、それだけでは報われない魔のエリア。

再開…秋の到来。浮気期のあとで運勢が高まったようにみえるが、過去の実績や歩んできた道のりを踏まえて運勢が発動してゆくので、実力を伴わない新期冒険心でとりかかると、大きな失敗を招く。

経済…秋のたけなわ。運命の歩みを着実に歩んできたならば、必ず「実り」が得られる運勢。春に蒔いて、しっかり育ててきた運命ならば、最高の恵みとなって帰ってくる時期。

充実…秋の終わり。これまで歩んできた成果を収穫し、心身ともに満たされながら、来るべき冬の運気＝【0《ゼロ》地帯】への備えを進めるべきとき。ここで、備えを怠り、慢心によって、幸運がいつまでも続くと錯覚すると、次の背信期に、強烈な落ち込みを経験する。

【12運命期の巡りで必ずやってくる『0《ゼロ》地帯』】

このように、12の運命期の中で、「背信」「0《ゼロ》地点」「精算」の3期を『0《ゼロ》地帯』と呼び、この時期には、災難や不幸と呼ばれる現象が起こりやすく、生活してゆく上でとても注意が必要です。

特に、0《ゼロ》地帯中でも「0《ゼロ》地点」期は運勢が最低運に落ち込むために、自分の運命も「0《ゼロ》」になってしまう危険をはらんでいます。「0《ゼロ》」になるとは、それまで長く培ってきたことやものごと、築いてきたはずの実績、そう信じて疑わない功績、それらがまるで何もなかったかのように無に帰してしまうような出来事をいいます。0《ゼロ》地点期に、「0《ゼロ》」に帰すこともあれば、怖いのは「0《ゼロ》地点」で始めたことが、「0《ゼロ》」の種を宿したがため、その後の運命の進行中に不慮に0《ゼロ》に帰してしまうことなのです。それは多くの場合、不幸な結末と思われるでしょう。

もしも、そのとき何気なく決めたことが後になって取り返しがつかない結果を招くならば、あえてそんな運気の時に開始の時を選ぶのは賢明といえるでしょうか。

それでは、どうすれば良いのでしょうか。0《ゼロ》学では、運命を深く研究し、運命グラフを確立していますので、運命グラフが教える運命期をよく理解して、その通りに、その時期に応じたふさわしい生き方、過ごし方をすれば良いのです。あなたが、何かを始めたいと思っているのであれば、それをいつ計画し、いつ行動を開始すればいいか、たちどころに指針がたてられるのです。

0《ゼロ》地点期は、会社設立、開業、開店、新居生活の開始、引っ越し、結婚などの人生における重大なスタートを起こすのは避けるべきです。そのような場合は、開拓期を待ってから開始すると良い運に乗ることができるのです。

また、0《ゼロ》地点期に次いで、注意が必要なのが「背信期」です。背信期は、むしろ0《ゼロ》地点期以上にショックを経験することも多く、幸運から不運への転落やそのギャップもまた激しいことになりやすいのです。この時期も、0《ゼロ》地点期同様に新しいことを始めるのは相応しくありません。大きな期待を抱いてはじめると、その期待は裏切られ、ショックもまたそれまでの安定運とのギャップが大きいがために、心は傷つけられることになります。

次いで、注意が必要なのが精算期です。精算期は、その前の0《ゼロ》地点、背信をどのように過ごしてきたかで、現象の現れ方にも大きな差が出る特徴があります。

背信期、0《ゼロ》地点期を大災難に見舞われた人ならば、ここでくる精算期は、必ずわずかながら上昇の気運が生まれます。しかし、運気はまだ低迷中、思ったほどの高まりはありません。人の心は、少しでも状況が良くなったと思うと、すぐに慢心して失敗します。重い風邪にかかっていた人が、治りだすと、ついもう大丈夫と安心して風邪をぶり返すようなものです。

精算期でもうひとつ怖いのが、背信期、0《ゼロ》地点期を比較的無難に過ごした場合です。この場合、突発的な災難ごとが0《ゼロ》地帯3年目の精算期に起こりやすいのです。

精算期もまた、わずかに上昇運が生じるために転職や新規開業など始めたくなる運気が伴い、かえって背信期、0《ゼロ》地点期より、リスクが伴う面があります。

このように、0《ゼロ》地帯の3運命期には、それぞれ特徴があり、同じ冬期でも過ごし方、心構えは異なります。

【0《ゼロ》地帯に次いで「健康」「浮気」は要注意】

「0《ゼロ》地帯」の3期に次いで注意が必要なのが、健康期・浮気期です。健康期は、健康と書かれていますが、健康面に運勢上の機微があることを意味しており、現れる現象はむしろ「健康を害される状態」となって起こりやすいのです。

また、浮気期は、浮気とありますが、男女の浮気にとどまらず、人は本来の心を見失い、さまざまな誘惑にとらわれ大事なことや大切な人やものを見失ってしまいやすい運気なのです。いわば「魔が差す」状態とでも言いましょうか、この時期になると、どんなに自分が正しい見識を抱いていると思っていても、知らぬ間に大きな空白にはまり込んでいて、それに気が付かないのです。従って、気が付いたときには、信じられない事態になってしまっていることも多いのです。

浮気期に結婚すると夫婦間の浮気問題に悩まされることになりやすく、現代では慰謝料や養育費問題などで、その後の人生を大きく損ねる結果を招きかねません。もしも、浮気期で結婚するならば、よくよく自分の誘惑心を戒め、相手方の心が離れないようパートナーとして人一倍大事にする心構えが必要です。

どんな運命を歩む人でも、この自然界に生きている以上、この運命の法則からは逃れることができません。

これらの運命期は、繰り返される年の運勢にも現れますが、注意したいのは、毎年どの星の人でも、月や日、時間にもこれらの運気が巡ってくることです。ですから、今年の運勢が「人気」や「経済」などの好運期にあっても、一年の月日の巡りの中では、例外なしに、背信・0《ゼロ》地点・精算の0《ゼロ》地帯も、健康・浮気の危険地帯も訪れていることになります。ひょんな高揚した気分から夢中になり始めてしまったのが、人気年の0《ゼロ》地点月、そして0《ゼロ》地点日だった場合、決して好運期に始めたとはいえないのです。

0《ゼロ》王星という特殊な星について

P7〜P11でご自身の星を割り出し、該当する星がおわかりになったと思います。六王星とさらに、十二の支配星が導き出されたはずです。

ここに、特殊な星をご紹介いたします。以下の星は、「0《ゼロ》王星」または「0《ゼロ》の性」と呼び、極めて波乱に富んだ運命を歩みやすい人です。

支配星（六王星）の中で、生まれた年の干支が、以下の星座に属する人を0《ゼロ》王星と呼びます。

星座は、生まれ年に置き換えた場合には、生まれた年の干支に対応します。（0《ゼロ》学星座は生まれた年の干支以外のさまざまな要素を包含しており、運命分析をする際には、必要に応じて、それぞれの要素を星座に置き換えることができます。これが0《ゼロ》学占術の大きな特徴の一つです。）ここでは、わかりやすく生まれ年を干支で表記します。

水星　（水王星）生まれた年の干支が、子年「小熊座」の人
氷王星（水王星）生まれた年の干支が、丑年「牡牛座」の人
木星　（木王星）生まれた年の干支が、寅年「山猫座」の人
海王星（木王星）生まれた年の干支が、卯年「兎座」の人
月星　（月王星）生まれた年の干支が、辰年「龍座」の人
魚王星（月王星）生まれた年の干支が、巳年「蛇座」の人
火星　（火王星）生まれた年の干支が、午年「小馬座」の人
冥王星（火王星）生まれた年の干支が、未年「山羊座」の人
金星　（金王星）生まれた年の干支が、申年「ヘラクレス座」の人
小王星（金王星）生まれた年の干支が、酉年「鷲座」の人
土星　（土王星）生まれた年の干支が、戌年「大犬座」の人
天王星（土王星）生まれた年の干支が、亥年「大熊座」の人

0《ゼロ》王星の場合、性格、気質面でも、P6の0《ゼロ》学要素配置図において、自分の基本となる星(六王星)からみて、その性格や気質に加えて、反対側に位置する星(六王星)の性格や気質が強く表れやすい傾向があります。

自分が水王星の場合　水王星⇕火王星
反対側に位置する火王星の性質が強く表れやすい

自分が木王星の場合　木王星⇕金王星
反対側に位置する金王星の性質が強く表れやすい

自分が月王星の場合　月王星⇕土王星
反対側に位置する土王星の性質が強く表れやすい

自分が火王星の場合　火王星⇕水王星
反対側に位置する水王星の性質が強く表れやすい

自分が金王星の場合　金王星⇕木王星
反対側に位置する木王星の性質が強く表れやすい

自分が土王星の場合　土王星⇕月王星
反対側に位置する月王星の性質が強く表れやすい

たとえば、水王星であれば、P36に記載されている水王星の特徴に加えて、P39に記載されている火王星の特徴を重ねて読み合わせることで自分のことがより理解できるでしょう。

0《ゼロ》王星の方は、ご自身でも自分の性格や行動面に矛盾を感じ抱えている人が多く、また他人から変人や困った人と思われていることも多いのです。

また、相手やグループのために良かれと思ってした行動が、むしろ相手やグループなどの周囲に迷惑を及ぼす結果を招いたり、そのために周囲から困惑されたり疎ましく思われることもたびたび起こりがちなのです。

しかし、両方の星の性質が、短所として出てしまうと、孤立しやすくなりますが、二つの星の良い面が長所としても現れることから、他人には実行することの難しいことが簡単にできたり、特異な魅力を強烈な個性として発揮することも多く、自分が0《ゼロ》王星であることを自覚することで、そのもって生まれた運を活かしてゆくこともできます。

【0《ゼロ》王星の運気】

0《ゼロ》王星の運気を見る場合は、まず自分の支配星を基にして、今年の年運を割り出します。

たとえば、月星なら2024年は「0《ゼロ》地点」です。

0《ゼロ》王星の運気をみるときに厄介になるのが、対面に位置する星の運命期ではないかと感じられる現象が現れやすく、いわば両方の星の運気が重なり、複雑化しやすいことです。

対面に位置する星とは、六王星のことであり支配星ではありません。たとえば、月星ならば月王星を本体星として、反対側の星を土王星とみます。月王星の反対の星は土王星になるので、仮に月星の方が0《ゼロ》王星だとすると反対の星は、土星ではなく土王星ということになります。土王星には陰陽の支配星、すなわち土星と天王星があるので、その両方の運気が混ざります。

よって、月星の運気の反対側の星の運気は、土星の運気と、天王星の運気です。2024年は、土星は「人気」、天王星は「健康」になります。つまり、月星の「0《ゼロ》地点」と土王星の「人気」「健康」が重なるわけです。

月星の反対側の二つの星（土星・天王星）のどちらの運気が現れやすいかは、本体星と普段関わっている星座との相性もあり複雑です。

月星（支配星）の反対を土星（支配星）として、その運気のみを月星の運気と重ねる見方は、一見するとわかりやすくなりますが、実際の運命の一面にすぎません。

【0《ゼロ》王星の人が運気を上手に活用する方法】

0《ゼロ》王星の方に重要なのは、本体星を自分のいわば親星として認識することです。月王星の方で0《ゼロ》王星ならば、反対側の土王星の運気を本体星の運気と思い錯覚しないことです。

反対側の星の運気が良いからといって調子に乗ることは、大きなしっぺ返しに繋がりやすく、本体星が運気の低迷期にあるならば、それをしっかり受け止めることが大切です。

特に、0《ゼロ》地帯のような低迷期では、災難ごとが多く起こりやすいがために、できれば避けたいのが人の気持ちではあります。反対側の星の運気が良いと思えば、そちらを採用したくもなるでしょう。

しかし、0《ゼロ》地帯は、怖れて避ければ良いものではなく、またそのときに反対側の星は運気が良いからと、都合よく解釈しても現実には、異なるのです。

本体星が冬にいるのに、冬は嫌いだ。私は夏にいるのだ、と錯覚しているようなものです。こうした捉え方で行動しても短期的にはうまくいくこともありますが、結局は最後に大ダメージを受けることになりやすく、そこから0《ゼロ》王星は調子よくいく反面、破滅的な人生に陥りやすいのです。

0《ゼロ》王星の方で、波乱が少なく息が長い比較的安定した人生を歩むには、反対の星がもたらす願望を「0《ゼロ》」にしてしまうことが必要です。両方の星が咲かせる花や果実を共に享受しようとすると、運命は「欲張りすぎ」を戒め、まるで罰を与えるかのように、ときに両方を奪ってしまうことすらあるからです。

2024年、0《ゼロ》王星の運気

水星（決定）	混在する運気	火星（充実）	冥王星（経済）
氷王星（生長）	混在する運気	火星（充実）	冥王星（経済）
木星（開拓）	混在する運気	金星（再開）	小王星（浮気）
海王星（精算）	混在する運気	金星（再開）	小王星（浮気）
月星（0《ゼロ》地点）	混在する運気	土星（人気）	天王星（健康）
魚王星（背信）	混在する運気	土星（人気）	天王星（健康）
火星（充実）	混在する運気	水星（決定）	氷王星（生長）
冥王星（経済）	混在する運気	水星（決定）	氷王星（生長）
金星（再開）	混在する運気	木星（開拓）	海王星（精算）
小王星（浮気）	混在する運気	木星（開拓）	海王星（精算）
土星（人気）	混在する運気	月星（0《ゼロ》地点）	魚王星（背信）
天王星（健康）	混在する運気	月星（0《ゼロ》地点）	魚王星（背信）

2024年 龍座（辰）年　社会運と開運へのガイド

御射山 令元

2024年は、0《ゼロ》学では年度運星座が龍座です。十二支では辰。2022年に社会運としての大運が『山羊座』期から『ヘラクレス座』期に入り、2024年は、年度運勢の龍座がもたらす上昇機運に乗って、これからの社会全般10年間～22年間に及ぶ方向性が明確化する年になります。

2045年まで続く大運（社会運）の大きな方向が決まる年

2024年は、0《ゼロ》学星座で「龍座」です。龍座の運勢が、社会運に如実に反映されることになります。ヘラクレス座の大運と影響しあうこの年は、日本にとってもアメリカ・中国・インドなどの大国にとっても世界全体の将来にとって、極めて重要なターニングポイントになります。

この年に、これから起こる潮流、事件、社会情勢などの方向が、すでに決してしまう重大な年度運です。

未来への方向とは、見えざる潮流の向きが決まることであり、米中対立・ウクライナ問題・台湾情勢・インド躍進や、日本にこれから訪れる状態も、ここで決まってしまうことであり、行く道を分ける厳しい選択肢に迫られます。

市民レベルでみれば、すでに始まっているサバイバル社会にあって、格差は埋まることはなく、経済的側面だけでみれば大衆にはシビアな社会運が続いてゆき、貴族的思考をする人には異なる運命が訪れるでしょう。

しかしながら、0《ゼロ》学で社会の変化を読み、時代の移り変わりを知って積極的に生かすなら、大きな幸運を招くことが出来るはずです。

世界は、ヘラクレス座の象意であるテクノロジー特にAIとロボットによる大変革が訪れています。変革の真只中にあって、価値観はすでに180度以上に転換しています。富や経済についていえば、金運・財運のありようは「労働」から「投資」に移行しており、長時間働いても苦しく報われず、労働しない投資によって経済的富を増やしてゆく運勢なのです。これまで美徳とされてきた、人一倍働いてコツコツ貯金することで、逆に貧しくなる時代といえるでしょう。仕事への姿勢も「楽をするな!」という喝がアダになり、「上手に楽をしなさい!」が相応しい思考です。《※日本の中高等学校で2022年から金融教育が始まったのは運気通りですが、成果につながる内実が大切になります。》

現在の社会運は、2022年から始まった大きな大運の流れが2023年の「兎座」のもたらす発展運を経て、いよいよすべての方向性が2024年「龍座」のもたらす運勢によって明確化されるのです。

世界の勢力図が大きく塗り替えられ、これからの10年、さらに続いて訪れる大運『鷲座』期に到る今後の22年間を制してゆく大運の王者に見通しのできる年であり、これまで誇った栄光はもはや過去の遺物と化して急転直下、地に落ちることになるでしょう。

人々の暮らしも、一気に変わってゆくことになり、ブロックチェーンという世界を劇的に変革させるテクノロジーがいよいよ表舞台に登場となる年。ブロックチェーンとは、中央集権(小馬座までのシステム)を根本から作り替え、人々をチェーンでつなぐ公平性のあるシステムです。このシステムこそ大運「ヘラクレス座」期の歴史的急所になるのであって、そこから金融のあり方がドラマチックな程に様変わりしてしまうことになります。現行までのような、中央銀行が発行する紙幣としての円やドルなどの通貨ではない新時代の経済及び社会システムの基盤になるものです。このシステムが応用されはじめると、いずれ政治形態すら大幅に様変わりし、先進国を自負している人々が正しいとして拠り所としている議会制度は見直される政治形態となってゆくことを知るでしょう。これに有識者たちが気づき、説きはじめるにはまだ時間がかかりそうですが、0学《ゼロ》では大運の思想分析から予言できるのです。

これまでの発展をリードしてきた選挙制度、中央政府なる場所や形態の多くが不要になる上に、その弊害にさすがに気が付くときが来ることに他なりません。

同時に自らを先進国と自称して、居丈高に世界に序列を押し付けてきた数か国の傲慢さが行き場を次第に失い、発展途上などと言われてきた国々が大きくチェーンでつながり新しい社会システムにおいても一大勢力となるその勢いの始まりでもあるのです。

【「チェーン」という言葉は、大運ヘラクレス座を理解するキーワードの一つです。】

そして、勢力図が大きく塗り替えられている中、2024年、運勢を牽引する龍は威力を見せつけるが如く、傲慢なる者、上にいたがる者同士を敵対させ、お互いが自らを正しいと称して過激に唯我独尊でしかない正義と主張をぶつけ合う運勢を強めます。

特に勢いを得るテクノロジー

この大運はヘラクレス座を象意とするテクノロジーの凄まじい進歩によって社会が様変わりすることにあるわけですが、いよいよ、社会は、ここから魔法のごとき出来事が次々に明るみにされてゆくでしょう。多様な変革の中でもヘラクレス座の大運と龍座の運勢から、2024年に特に急速な一大発展をみせると思われる現象をピックアップしてみましょう。但し、日本での実現はまだ先としても、先進的社会では実現に向かい、ビジネスや投資・クリエーターにとってこれらの活用がヒットや成功に繋がるのです。

★ドローン&空飛ぶ自動車　空を飛翔するものがポイントですが、飛行機やヘリコプターのようなすでに実用化され続けてきたモノには、事故やトラブルの運が生じやすく、大運ヘラクレス座期にマッチするテクノロジーこそ「ドローン」です。ドローンは人を乗せず、荷物を運搬するや、偵察するなどに多くは利用され、小型であることや小回りが利く動きができることも、ビルなどの建造物の屋上やベランダを行き来できるのも、ヘラクレス座の象意に合致します。また、空飛ぶ自動車が日本では遅れていても世界的には、いよいよ利用に向けて実用化が始まるでしょう。

★スマートウォッチ&スマートグラスがさらに進化様々な媒体によって、VR(仮想現実)+AR(拡張現実)の世界に移行してゆくでしょうが、未来においては、関わる世界はもはやバーチャル(仮想)ではなくリアルになります。人間の目による視界や感覚器官を超えて、テクノロジーによる新たな「目」や体感器官を獲得するということです。脳内で思うだけで、機械が反応するテレパシー時代が始まるわけです。

「龍」の飛翔こそ栄光をもたらせる偉大な力

龍座の運勢を言葉で示すならば、「見える物よりはるかに力強い『見えざる勢力』の発現」となるでしょう。運勢という言葉をもっとも至言するに相応しい星座こそ龍座であり、我々の過ごすこの社会が、目には見えない、とてつもなく大きな龍に呑み込まれ風を吹きつけられ、勢いづく者たちは上空高く舞い上がり、天下を取ったかの如き高揚感に浸る。その一方では強風に吹きつけられ高層ビルの上層階から地面に叩きつけられるかのショックを与えてくれるのも偉大な龍の勢力に他なりません。

龍座の力は六王星にも及び、特に月王星や土王星には、波乱が起こりやすく、この星にあって孤独な環境におられる方は、かなり注意したほうが良い。強風にあたっても仲間や家族と支え合っていればこそ、風にも負けず平穏な日々を送ることができるでしょう。

龍の計り知れない影響は、社会全体に及ぶので、龍座の運勢的勢いは、翌年2025年蛇座年にかけてアップダウンが激しく、株価などでは龍座年に急騰すると蛇座年に大暴落が起こりやすい。かと思いきや、龍の高騰に期待すると龍は気紛れにして、真っ逆さまに大暴落の憂き目に合うのも龍神のなせる業なのです。

0《ゼロ》学で解く龍座の激しい一面

0《ゼロ》学で解く「龍座」とは、動きあるもの＝生命体、に見えざる強大な運勢を与えまたは奪い、大海で躍動する大波のように、巨大な積乱雲が大空に巻き起こるように、前日までは平穏だった町並みにハリケーンが襲来するように、信じられないような光景を現出させる神秘の「力」を表すのです。その力は時に情け容赦なく風景を一変させてしまいますが、嵐の後の大空に幻想的な「虹」がかかるような、まさに幻美、神が描きだした一大スペクタクルのごとき「光景」を現出します。それは人間の創造力をはるかに超えた奇跡的な「力」に相当するものです。

0《ゼロ》学で解く「龍座」は、十二支の辰に象意され、動物で言えば「龍」です。西洋ではドラゴンとして、人々に恐怖を与えてきましたが、東洋にあっては、龍の偉大な力こそ、王権を生み出すのであって、古来より、中国の皇帝は「龍」に喩えられるのみか龍の力を授かった者として崇拝されてきたのです。

現代人は、龍を想像上の架空の存在としか見做しておらず、おとぎ話の世界の中の存在と思いこんでいます。ところが、「龍」こそあらゆる世界の営みに「勢い」を与えている実際の「力」なのであって、龍の力を如何にして取り入れ活用するかこそが、古から育まれた東洋思想の根底にあると言っても過言ではありません。

日本中にある「神社」とは龍の力を発動する場であり、注意深い人ならば、神の社に掘られた龍の姿を見るでしょう。

感性より思考が優位な現代人の多くは「龍」を知識として扱い信じていないがゆえに、龍をよく理解できません。古代にあって、卑弥呼が魏の国よりあまたの「鏡」を贈られた意味も理解できないことになります。古代、鏡は現代人の考えるお化粧道具ではなく、「龍の力」を生み出し呼び込み流し、与え、聖なる力をもたらせる現代的な言葉で言えば「呪術道具」だったのです。0学《ゼロ》では、鏡それ自体を「龍座」を表すアイテムとして分類します。

そして、現代においても鏡は他者から見た自分を意識させ自分の姿をできるだけ美しく装うとさせる「自我」を自覚させる道具でもあります。このように「龍座」には、自分を自覚するという大きな意義があるのです。

十二支の動物の中で辰にあたる龍は、実体がなく、想像上の動物とされますが、0学《ゼロ》では、龍は、あってない存在であり、決して「存在しない」動物ではありません。

存在しないから「いない」ではない　それが「龍」

あなたが、高く目標を掲げその実現する姿を描いてみてください。それは想像と架空の世界のものでしかなく、現実とはまったく別ものでしょうか。たとえ想像として描いていても、まさに願いの叶う雄姿なのであって、「時を越えて実現している」姿なのかもしれません。それが単なる空想でしかないのか、時を越えたリアルなのか、龍を知る者は時を知る者であって、そのように「時を越えて」いるのが、龍であり、0学《ゼロ》で解く「龍座」の表す象意なのです。

龍座という星座のもたらす運勢がいかに壮大な力を生み出すかを説明してきたところで、2024年度の開運テーマについて、考えてみましょう。

龍座とは知性を表す象意がありますが、ここでいう知性とは思考ではありません。むしろ思考は迷いを生み、実行を躊躇させ、悩みの種になりかねません。龍座を生かすとは、迷いを断つことに他ならないのです。あれこれ悩んでいても運を損ねチャンスを失うだけだから、即断で決める。そのためには、思考しない。感性で読み取り、感じ取り、直感で決める。これが鍵になる星座。龍座でいう知性とは、躊躇しない決断なのです。

六王星「水王星・木王星・月王星・火王星・金王星・土王星」どの星にとっても、龍座運を生かすためには迷わないことが課題になるわけですが、ことさらここを難題にしているのが月王星の人。この星の方は、あれこれと気持ちが移り何かすることによって他者の気持ちが浮かび心も不安定になりがちで、決断を苦手にしている人が多い。その月王星の方にとって運勢的に潜在する龍と向き合うことこそ2024年の大きな試練でもあり開運への課題ともなるのです。その点、土王星や火王星は好いと思えば、即実行する強さがあって、そこは運気に適うのですが、土王星の陰「天王星」は年運が「健康」期に入るため迷いが生じやすく、逆に勢いよく即断したがために周囲と摩擦しストレスを抱えることも多くなりやすい。

2024年　開運のための心得

龍を生かすということは、感性を活かすことであり、感性無き人には、龍は存在すらしていません。何も感じない人は龍を思考で知ろうとするので、龍を見ることも感じることもありません。

つまるところ、「考えるな・感じとれ」ということろです。

感じるために、何を磨けばいいのでしょうか。0学《ゼロ》の教えではこうです。

「皮膚感覚を磨く」

龍には鱗があり、人間にも鱗があると言われると当惑するでしょう。しかし、龍を感じるためには、鱗である皮膚感覚を養うことが大切だと説いているのです。皮膚感覚は思考ではありません。思考を捨てて皮膚感覚で判断する。ただし、ここでいう肌感覚とは自分自身のものであって、他人の肌に触れたり他人から触れられることで得る感覚ではありません。龍とは、強い自己を発動させるものであって、自己の肌が、空気や風を感じる、良い香りでさえも肌で感じる、感じて悟る。これができれば龍座の力が発動しているのです。

「イマジネーション力を磨く」

感じることと対になるのですが、イマジネーションをビジョンとして創造することが龍座のキーポイントです。イマジネーションの世界は架空とされますが、非現実とは異なります。たとえばSF作家が描いたおとぎ話のようなビジョンの多くが時代を経て実現してきていることに気が付かないでしょうか。これこそ龍の賜物なのです。あまりにも現代人は龍の力を知らなすぎるのです。そして、ここにこれからの社会を逞しく開運の道を進むヒントもあるのですが、現在の大運はAIとロボットが極めて重要だと繰り返し説いてきました。つまり、AIがここから無限ともいうべきイマジネーションの世界を創造し始めるのです。知恵ある人であるなら、AIを活用して天才クリエーターにも魔法使いにもなる道を進めるでしょう。その最大のチャンスは2024年に宿ります。

開運のための相性活用

0《ゼロ》学で説く相性とは、単に人と人の関係だけではありません、0星《ゼロスター》・との間には森羅万象すべての事物や季節・方位・時間との相性がありラッキーな相性に囲まれる人は幸運な運気が強まりタブー相性に囲まれると不運な事柄が多くなります。本年はドリンクとカラー、そして開運につながる旅行先を記しますので、日々の生活に活用して下さい。

2024年の開運ドリンクとカラー

2024年のテーマは、龍座運とどう関わり活用できるかです。本文にも記しましたが、龍座を上手に活用するには感性が大切。そして、0《ゼロ》学において感性を向上させるには「水」（水分）の活用が不可欠と説きます。そこで本年は運気をUPさせる飲料を特集します。また、色を感じることによって感性は豊かになるので、その下にラッキーカラーも記します。何気ない時間にもこれらの水要素やカラーを感じていることで、運気は向上します。支配星別2024年度ラッキードリンク及びカラーとして活用してください。

水王星「陽・水星」…ニンジンジュース、ぶどうジュース／赤
水王星「陰・氷王星」…アロエ飲料、ぶどうジュース／ピンク
木王星「陽・木星」…コーンスープ、ココア／ブラウン
木王星「陰・海王星」…パイナップル飲料、アロエ飲料／青
月王星「陽・月星」…メロン［風味］飲料、レモン飲料／黄
月王星「陰・魚王星」…メロン［風味］飲料、レモン飲料／橙
火王星「陽・火星」…豆乳、メロンソーダ（飲料）／青
火王星「陰・冥王星」…牛乳、イチゴジュース（飲料）／白黒
金王星「陽・金星」…梅酒（梅の飲料）、緑茶／緑
金王星「陰・小王星」…緑茶、桃酒（桃風味の飲料）／黄緑
土王星「陽・土星」…アロエ飲料、炭酸飲料全般／薄い青
土王星「陰・天王星」…コーンスープ、イチゴジュース（飲料）／藤色

2024年の開運につながる旅行先

龍の威力を自身の開運に役立てたいところです。運気の流れを好転させるために、各星の運気をUPさせる場所に旅行をしてみるのも良いでしょう。各地域には0星《ゼロスター》・に影響する好運を生み出す力がありますので、その土地を訪れたり滞在するだけでも運気の流れが変わります。支配星別に場所を記しておきますので、役立ててください。開運のためプラスアルファとなる心得は、その場所の「空気」や「空気感」を感じることです。また、方位取り旅行に出かけて開運に繋げるための方位も記しておきます。方位は、自宅からみること。

水王星「陽・水星」…東京、エンターテイメント会場（各地域）／南
水王星「陰・氷王星」…大阪、四国、伊豆、温泉地（各地域）／南南西
木王星「陽・木星」…九州、金沢、山陰地方、サウナ（各地域）／西南西
木王星「陰・海王星」…長野、太平洋を臨む東南の開けた場所（各地域）／南南東
月王星「陽・月星」…風の心地よい森林や浜辺（各地域）／東
月王星「陰・魚王星」…風の心地よい森林や浜辺（各地域）／東南
火王星「陽・火星」…新潟、佐渡、海岸や砂浜（各地域）／北
火王星「陰・冥王星」…北海道、東北、海岸や砂浜（各地域）／北北東
金王星「陽・金星」…水戸、エンターテイメント会場（各地域）／東北東
金王星「陰・小王星」…沖縄、農園・農業体験・森林（各地域）／東
土王星「陽・土星」…九州、沖縄、海岸や砂浜（各地域）／東南東

土王星「陰・天王星」…山陽、八丈島・石垣島などの離島（各地域）／南南東

2024年度、対人相性運

0《ゼロ》学において対人における相性の分析は、複雑です。0星《ゼロスター》・同士の相性だけではなく、星座との関係も重要で、これを運命相性と呼ぶのですが、ここに運命期に基づく相性が加わるため、多角的になります。組み合わせパターンにすると膨大ですが、ここでは、2024年の注意すべき相性をピックアップしますので、参考にしてください。

2024年、要注意相性

月王星の陰「魚王星」が背信期、月王星の陽「月星」が0《ゼロ》地点期、木王星の陰「海王星」が精算期になり、0《ゼロ》地帯中に当たる方々は、本人も関わる人にとっても、注意が必要です。ご家族にこの星の方がいる場合、本人の願望とは裏腹の結果を招きやすいので、周囲の方は、失敗があっても責めることを控える寛容さを大事にして、できるだけ温かく見守ってあげてください。

月王星の陽と陰「月星（0《ゼロ》地点期）」「魚王星（背信期）」ともに誰かのことをいつも考えて行動する0星《ゼロスター》・なので、この時期は人間関係から不運を招くことも多くなりやすい。思い込みでの同情心や親切は裏切られた結果に繋がりやすく、長く信頼関係を築いてきた人の意見を大事にすることが大切です。

金王星の陰「小王星（浮気期）」も周囲からは信じられないような行動をとりやすく、本人は軽く考えて間違いを意に介さないことも多いですが、この時期は遠慮せず強めに本人に伝えて重大さを示した方がいいでしょう。0《ゼロ》地帯中と違い浮気期は強めの制御が功を奏し尾を引きません。（0《ゼロ》地帯中は、あまり強く指摘するとトラブルが深まります）

土王星の陰「天王星（健康期）」に対しても言えるのですが、注意が必要な運気にある人を非難したり排除するのではなく、サポートする気持ちを持って下さい。自分の運気も落ち目になるときは必ず来ます。自分だけ良ければいいと思い行動するのではなく、良い時も悪い時も助け合いサポートしあうことが、信頼を築き

深め、家族や夫婦ならば、その積み重ねが「愛の実り」になるのです。

2024年度に特に注意しておきたい相性をあげておきますので、参考にしておいてください。両者が0《ゼロ》地帯同士にいる場合は該当しますがここでは、片方が0《ゼロ》地帯にいる場合をあげておきます。

月王星の陽「月星(0《ゼロ》地点)」と土王星の陽「土星(人気)」

お互い普段は興味がない同士なのに何故か、妙に惹かれてしまう。入籍や大きな事業は×。最後は0《ゼロ》に帰することに。寅年生まれや申年生まれの人(身内や関係者)が、間に入って遮断すると悪運も切れます。

月王星の陰「魚王星(背信)」と木王星の陽「木星(開拓)」

春の運気を迎えた木星はこれまで順風だった魚王星と希望を感じて意気が合いやすくなりますが、危険です。魚王星と責任を担う(共有する)者がいてその人が辰年、巳年生まれの人の場合、案外うまくいきます。

木王星の陰「海王星(精算)」と火王星の陽「火星(充実)」

スローペースの海王星は安定志向。充実期の火星が醸し出すムードを信用しやすく、火星も堅実そうな海王星を信頼しやすい。この相性は、初対面や初結成は×。長年の交際があれば、危険を緩和します。2020年に出会った関係ならば、火星が海王星をサポートしペースに乗って吉。

金王星の陰「小王星(浮気)」と「酉生まれの人」

浮気期の小王星が一番信用しやすく裏切られやすいのが酉生まれの人の言葉や勧めです。酉年生まれの人にとって善意のつもりの勧誘は小王星にとって破産や家庭不和の要因になりかねません。軽い気持ちで深い交際×

土王星の陰「天王星(健康)」と「亥年生まれの人」

健康期の天王星が2024年にもっとも健康運を害しやすいのが亥年まれの人との関係です。天王星にとって0《ゼロ》地点という相性になり、普段から注意がいるのですが、2024年は特に要注意です。小さな裏切りや失望(と感じること)が精神を混乱させやすく、天王星はプライドが傷つくことで周囲が思う以上に大きく運命に影響します。

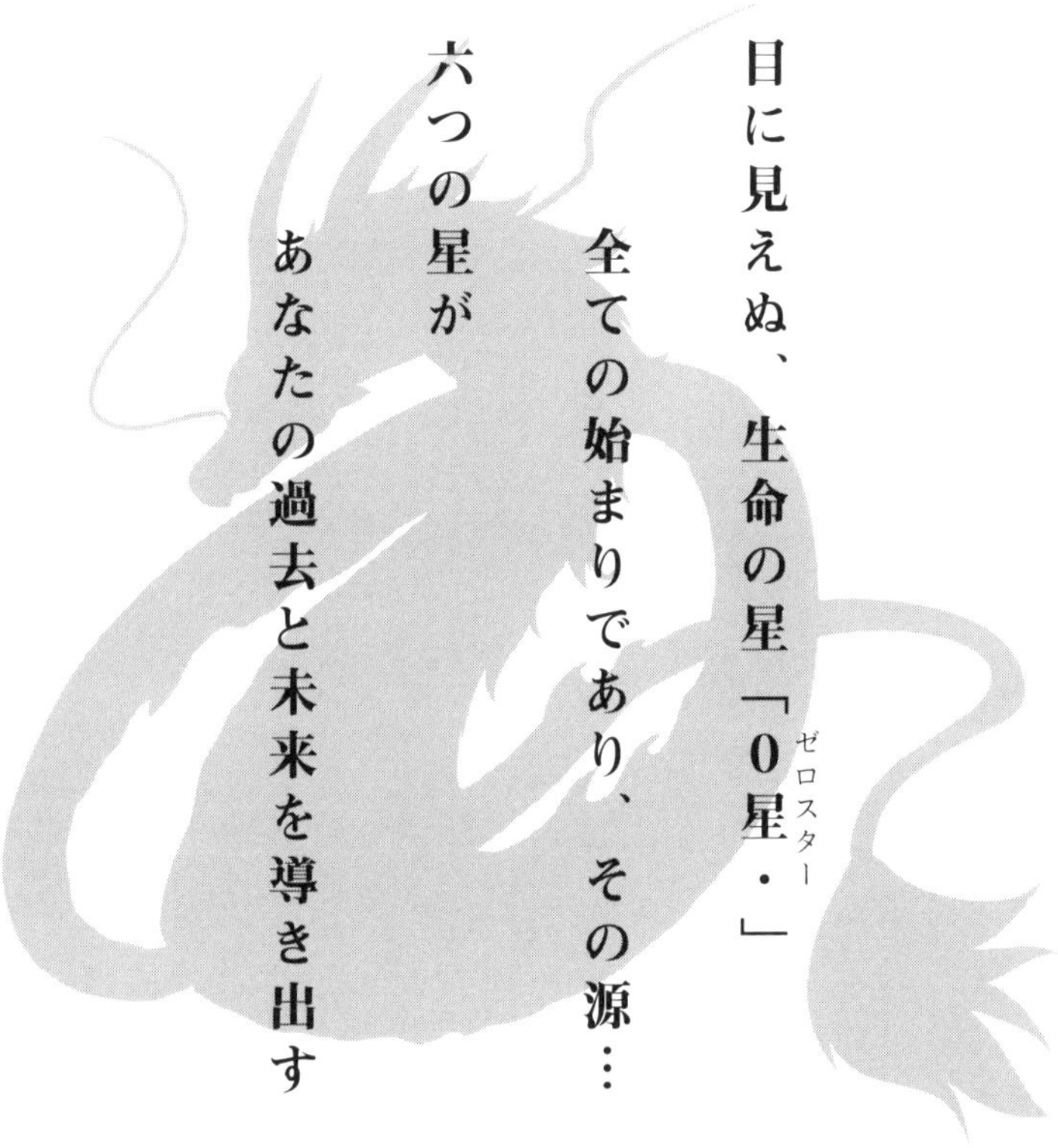

目に見えぬ、生命の星「0星《ゼロスター》・」

全ての始まりであり、その源…

六つの星が

あなたの過去と未来を導き出す

六王星

水王星

水星
氷王星

楽しく周囲を和ませるムードメーカー
目的達成のためには努力を惜しまない

好き嫌いを顔に出さずにうまく交流を図ろう

明るく開放的な性格なゆえに、目立ちたがり屋でもあるので、人からの注目を浴びやすいでしょう。また、賑やかで楽しいことを好み、社交的なところもあって、表面上は誰とでも仲良くなれます。

しかし、内面は繊細で、好き嫌いがはっきりしているので、不満や悩みを抱えることも少なくありません。機嫌を損ねると表情がすぐ顔に出やすいので、場の雰囲気を壊してしまうこともあります。

負けず嫌いでプライドも高く、ライバルがいると燃えるタイプです。好奇心も旺盛であり、自分の好きな事や恋愛に対してはとても熱心ですが、飽きっぽいところもあるでしょう。

また、陰の氷王星は陽の水星に比べて控えめな部分もあり、温和でフワフワした優しい印象を与えます。気配り上手で、人当たりも良く、争いや対立を嫌うため、人に好かれやすいでしょう。慎重派で、忍耐強く妥協しない性格も持ち合わせています。

どちらも、目的達成のためには努力を惜しまないでしょう。稼ぐ才能があり、お金の扱いにも長けているため、使い方も大胆になりがちな時があります。見栄を張って奢ったり、ギャンブルで散財したりすることもありそうです。人に認められたい願望があります。

知識や経験を活かして方向性を決めるとよし

春の運気下にいるので、勢いがある時です。やりたい事が多過ぎるくらいが良いですが、行動へ移せないと運を活かせませんから、積極的に取り組みましょう。

陽の水星は、進むべき道を決める大事な一年になります。ここでまだ迷いがあったり、いい加減な答えを出したりすると、将来が不安になってしまいますから、好きな事ややりたいものを見つけ出すことが大切です。

陰の氷王星は、視野や行動範囲が広がって、勢いが増す時です。交友関係も広がりますから、多くの人から学びを得ましょう。いろんな事に挑戦して、できる限り自分を成長させられるように試みることが大切です。たとえ失敗しても、やり直しが利きます。

人とのコミュニケーションも大事です。

木王星

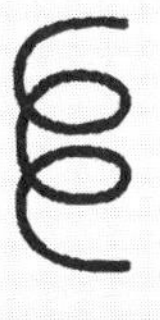

木星
海王星

賢くて統率力も備えるリーダー的存在
経験を重ねて成長していく大器晩成型

●先走ると失敗しやすいので時間を費やそう

手先が器用なため、多趣味で才能も豊かです。頭の回転が速く、実行力や統率力もあり、周囲から頼られるリーダー的存在でしょう。愛嬌があり、おしゃべり上手で人当たりも良いので、人気者になることも。慎重派ではありますが、時にはせっかちなところが災いする場合もあります。

考え方が古くて頑固なところもありますが、仕事熱心で礼儀正しく、ルールやマナーをきちんと守る正統派なので、目上の人からも信頼されやすいでしょう。歴史や伝統、跡継ぎなどに縁がありますから、子供に執着する人もいるかもしれません。

見た目は古風で地味ですが、シックな印象を与え、お洒落で色彩感覚にも優れています。また、声に特徴があったり、うまく操ることができたりするので、歌やモノマネが上手な人もいるでしょう。

お金に堅実で、先を見据えて貯蓄に励みますから、日頃からいざという時に備えています。計画的に物事を進めるタイプなのですが、内に秘めた好奇心が掻き立てられて冒険に出ると、失敗することもあるでしょう。特に恋愛や結婚は、相手を十分に理解せずに先を急ぐと、うまくいかなくなるので気をつけてください。経験を糧に成長していく大器晩成型です。

●心身の負担を軽減することから始めてみて

過去にこだわらず、気持ちの切り替えをしっかりして、前向きに進んでいくことが大切です。物事をポジティブに考えるようにしましょう。

陽の木星は、春の運気に入りましたから、次第に不安や悩みが解消していくはずです。新しいことへ目を向けたり、吸収したりすることが大切ですから、古い考え方にとらわれずに、今必要とされるものを見極めていきましょう。

陰の海王星は、まだ冬の0《ゼロ》地帯から抜けてはいませんが、すでに運気は春に向かって上昇し始めています。古い運命が終わりを告げ、新しいサイクルが始まりますので、スタートの準備を進めておかなければなりません。

気持ちが沈んだままだと前へ進めませんから、心や身の回りを整理しましょう。

月王星と

月星
魚王星

正義感が強く争い事を嫌う平和主義者 優柔不断で意思の弱さが顔を覗かせる

明るく素直で人懐っこい性格であるために、好感が持てるでしょう。正義感が強く責任感もあり、思いやりや包容力も兼ね備えていて、周囲を引っ張っていく力があります。頑張り屋で規則やルールにも忠実ですから、目上の人に可愛がられることも。対立や争いごとを嫌い、協調性もあるので組織の中では重宝されますが、優柔不断でメンタルが弱い部分が顔を覗かせると、頼りなく感じてしまいます。他人思いなので、友人や知り合いの前では相手の意見に従うのですが、恋人や家族など気を許した人の前では、ワガママになってしまうでしょう。

恋愛は一途です。寂しがり屋で人の温もりを求めるタイプなので、いつも好きな人のそばをついて歩くことが多いでしょう。八方美人なところと曖昧な意思表示が災いして、トラブルへと発展してしまうこともあり、自ら厄介な問題を背負い込んでしまいがちです。

●なるべく浪費をしないようにお金を使おう

仕事に対しては一生懸命で、何でもこなすバイタリティがありますから、収入を得るには困らないのですが、お金の使い方が上手ではありません。安価なものを購入して、節約を意識するものの、安いからと言ってあれもこれもと買い込んでしまい、結局浪費してしまうことになるでしょう。

●まずは冷静に対処して困ったら誰かに相談

冬の運気下では、改善しなければならない部分が見えてきますから、問題から逃げることなく、向き合うようにしていきましょう。

陽の月星は、２０２３年から０《ゼロ》地帯に入っていますから、すでにつらい経験をした人もいると思います。心身を癒したくても、なかなか時間をとれないかもしれませんが、引き続きしっかり睡眠をとるようにして、無理をしないように心がけましょう。

陰の魚王星は、２０２４年から０《ゼロ》地帯に入ります。今までとは違って、順調だった事がうまくいかなくなりますから、取り乱すことなく冷静に対処していきましょう。困ったことがあれば、誰かに相談に乗ってもらいましょう。

自らトラブルを招かないように、日頃から意識しておくことも大切です。

火王星

火星
冥王星

**強い信念を持って目的達成に挑む努力家
理想高くいい加減や中途半端が許せない**

●見た目はクールでも内に秘める思いは熱い

神経質で几帳面でもあり、警戒心が強くて心配性です。慎重派で根気があり、強い信念を持って努力を重ねていきます。頭脳明晰で真面目、ルールや秩序も守って堅実的でしょう。

いい加減や中途半端が好きではないので、満足できるまでやるべき事へ打ち込みますが、理想が高く、同時に進化にもこだわるところがあるので、なかなか完璧の域に達することはなさそうです。好き嫌いがはっきりしていて、無駄なことにも関与しないでしょう。

自分の気持ちを表現するのが苦手なため、恋愛には苦労することもありそうです。結婚へも強い憧れを抱くことはなく、そのタイミングが来たらする的な考え方でしょう。一見、クールで大人しい印象を与えますが、責任感が強く強情な面もあり、家庭の中ではかかあ天下や亭主関白になるタイプです。掃除をして身体を動かしたり、栄養を考えて食事を作ったりと、家庭の役目はしっかりこなしますから、身体が丈夫なのもそのお陰なのかもしれません。

倹約家で節約上手です。コツコツ貯金もするので、いざという時も慌てることは少ないでしょう。しかし、ある程度お金が貯まったら、高価なものや大きな買い物をして、大胆にお金を使ってしまうこともあります。

●反動が大きいので現状に胡坐をかかないで

努力の結果が現れたり、評価が上がったりするなど、すでに集大成を迎える秋の運気に入って、気持ちに余裕が生まれているはずです。

陽の火星は、本業へ熱心に取り組んできたのであれば、名声を得て収入や満足度も増えたことでしょう。充実期は、プライベートも疎かにしないように努めておくことも大切ですが、2025年から冬の運気が訪れることも念頭に置いておきましょう。

陰の冥王星は、これまでの行いや積み重ねてきた研究の成果が高い評価を得て、一目置かれる存在になります。収入も増えますが、依頼も多くなるのでゆっくりする時間はないかもしれません。

年運は強運期ではありますが、月運や日運が冬の運気を迎えた時、反動が出やすいので要注意です。

金王星

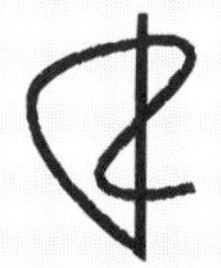

金星
小王星

頭の回転速く感性豊かなアイデアマン
素直だけれど思いやりに欠ける部分も

●素直で優しいのだけれど思いやりを持とう

好奇心が旺盛で楽天家です。積極的で行動範囲も広く、目新しいものを求めて、気の赴くままに過ごすことが多いでしょう。人に命令されることや束縛が苦手で、組織の中では窮屈に感じてしまいます。頭の回転が速くて、感性が優れているところは、アイデアマンとしての素質もあるでしょう。

相手の心情や思いやりに欠けるところがあり、見たまま、感じたままをストレートに言葉で表現して傷つけてしまうことも。目上の人にもはっきりと自己主張をすることがあり、言い出したら聞かない頑固さもあるので、トラブルへと発展することさえあります。基本的に面倒なことが好きではないため、野心がない人もいるかもしれません。

恋愛は情熱的で一途です。恋人と喧嘩や争いごとはしたくないので、強気な態度や言動がなく、気持ちも優しいでしょう。しかし、気が利かないところがあって、相手のペースに合わせたり、手を差し伸べたりすることが少ないので、度々揉めることもありそうです。

お金を稼ぐ能力はあるのですが、使い方が大胆でしょう。貯蓄などを考えることなく、あるだけ全部使ってしまうことさえあります。ギャンブルも好きですから、一瞬で金欠に陥ることがなきにしもあらず。

●しっかり気持ちを切り替えて取り組むべき

浮気期は気分が舞い上がりやすく、集中力や注意力も散漫するため、ミスや失敗を犯しがちになります。

陽の金星は、２０２３年が浮気期でしたから記憶に新しいでしょう。２０２４年の再開期は、汚名返上できるように努力すべき時です。また、簡単に諦めることなく、何度も繰り返すことで、実力がついたり、成功へと近づけたりします。

陰の小王星は、気を引き締めて行動することが大切です。小さな問題であればまだ良いですが、事が大きくなると、立ち直るまでに時間がかかるだけでなく、これまでの努力が無駄になってしまうおそれもあるので気をつけましょう。

それぞれ運気は違いますが、どちらも気持ちの切り替えが重要になりますから、浮ついたままはＮＧです。

土王星

き

土星
天王星

人がタブーでも人に助けられる特殊星
凛とした雰囲気だけど内面はナイーブ

人がタブーになるので、裏切られて苦しむこともありますが、すぐに人から助けてもらえる運勢も有しているので、うまく距離を取って関わっていくことが大切です。

● 理想が高く現実とのギャップに悩みそう

向上心が旺盛で行動力もあり、積極的に物事へ取り組みます。直観力や集中力、そして決断力もあり、並みならぬ根気と強い精神力を持ち合わせているため、周囲から頼られてリーダー的存在になるでしょう。表面的には物静かで温厚に見えますが、短気なところもあり、根っからの負けず嫌いです。プライドが高く上昇志向で、人からの指示や命令、もしくは干渉を嫌うため、人間関係で悩んだり、理想と現実とのギャップに苦しんだりすることもあるでしょう。

気品高く、清潔感があり、頭から指の先までお洒落です。お金に困らない運勢があり、高級志向でもあるでしょう。

小さな事にこだわらず貪欲で、常識にもとらわれることがないので、仕事に熱中し過ぎるあまり、結婚は二の次になることも。凛とした雰囲気を持ちますが、寂しがり屋で情に脆いところもあり、自尊心が傷つけば心の傷が癒えるまでに時間を要します。全身全霊で恋をするため、恋人と別れても諦められずに、執念深さが裏目に出てしまうおそれもあるでしょう。

● 健康に気を配りながら過ごすことも大切

夏の運気に入りましたから、活躍の場が広がりそうです。まだ理想の形ではないので、心底喜べないとは思いますが、現況が悪くなければ順調でしょう。

陽の土星は、目標達成の人気期を迎えます。まだ途中段階なので、まだ満足のいくような結果にはならないかもしれませんが、ここで足を踏み外すことがなければ、成功へと近づけるでしょう。日運が冬の運気に入ると反動が出ます。

陰の天王星は、疲れが出て焦りやすい健康期です。また、心配事ややるべき事も増えて、気が休まらないかもしれません。メンタルは強いほうですが、頑張り過ぎると体調を崩すことにもなり兼ねないので、無理をしないことです。

心身を労りながら日々過ごすことを心がけましょう。

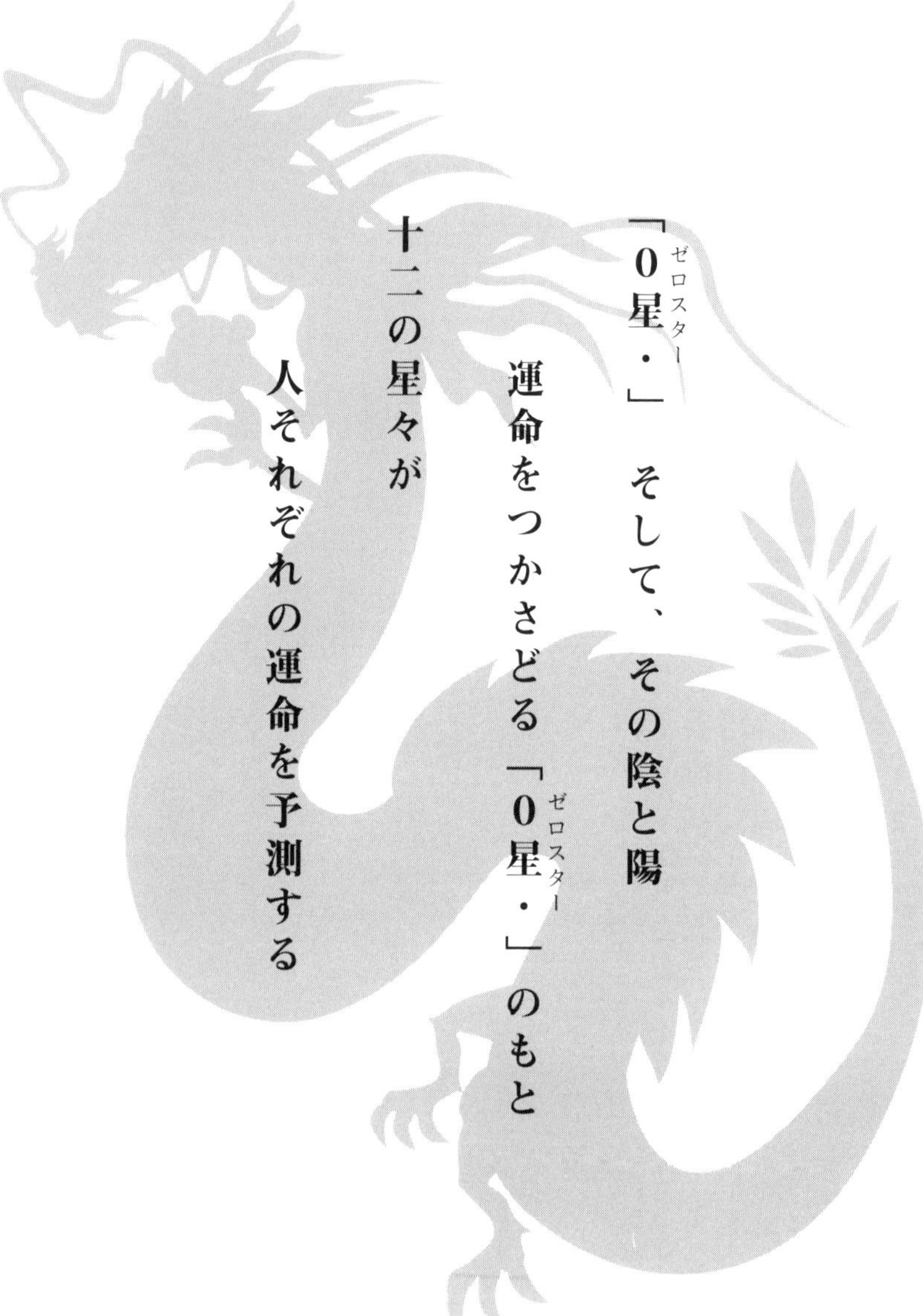

「0星・《ゼロスター》」　そして、その陰と陽

運命をつかさどる「0星・《ゼロスター》」のもと

十二の星々が

人それぞれの運命を予測する

十二支配星

水星

◐

2024年【決定期】

将来を決定づける一年　時間に流されてはダメ

2024年 全体運

●将来を見据えた選択をしよう　早ければ二年後に結果が出る

未来の行方を左右する大事な一年が2024年の決定期です。ここで決めたことは、2030年頃まで続く可能性が高くなるので、将来を見据えた選択が必要になってきます。

2022年に春の運気である開拓期を迎えて以降、多くの事を学び、チャレンジしてきたと思いますから、この先それらとどう関わっていくかを考えましょう。2020年からコロナが流行して、冬の0地帯《ゼロちたい》を悩み、苦しんで努力を重ねてきた人と、困難に向き合おうとしなかった人とでは、選択肢の幅に大きな違いが出てきそうですが、それでもここでの決断を怠れば意味がなくなってしまいます。

毎日同じことの繰り返しで、まだ未来へ目を向けられていないという状況であるならば、1月から4月を日々有意義に過ごしましょう。勉強や仕事の事だけでなく、プライベートについてのプランも立てておくのがおすすめです。全体的に今後のビジョンを描いておくと、早くて2026年の人気期には願いが叶うでしょう。

恋愛・結婚運

●強い意志を持って幸運を掴みとりにいこう

春の運気中は冬の運気に比べて、行動範囲が広がり、出会いのチャンスも多くなります。水星は恋愛に対して情熱的な特徴もありますから、ここ数年で理想のタイプが一人や二人はできたのではないでしょうか。ライバルがいたり、なかなか振り向かせることが難しい相手だったりするとメラメラ燃えるほうなので、陰からそっと見守るだけの恋愛では、つらくて胸が締めつけられてしまうでしょう。

決定期も春の運気下であり、状況が著しく変化しやすい時ですから、まだまだ出会いも期待できますし、偶然の再会なども起こりそうです。もし、この時期に控えめな選択をしたら、これからもチャンスが訪れるのを待つしかなくなってしまうので、恋愛の成功率を高めたいのであれば、待っているだけではダメです。幸せを自らの手で掴みたいという強い気持ちで臨みましょう。

結婚も最適な時ですから、お付き合いしている相手と将来を共にする予定なのであれば、プロポーズを待つのではなく、自分から気持ちを伝えるほうが良いでしょう。決定期に結婚すると、強い縁で結ばれて長続きすることになるのでとてもおすすめです。今すぐにとはいかなくても、見通しを立てておくことが大切です。

仕事・金運

●これまでの経験を踏まえて次のステップへ

コロナ禍で方針や作業内容が変わった人は、慣れるまでに四苦八苦することもあったと思いますが、そこから今日まで多くの刺激を受けて、大きく成長する部分があったはずです。中には、冬の運気中に仕事を辞めなければならない事情を抱えた人もいたはずですから、収入がなくて困った時にどう過ごしてきたのかが大きなポイントにもなるでしょう。

主役になりたい水星なので、自分がやりたい仕事でないと続けられそうにないですが、それを我慢して所得を得てきた人や、稼ぎが少ないのを我慢してでも好きな事を続けてきた人であれば、ステップアップするヒントを得られそうです。

また、人との相性も良いので、困った時には助けてもらうことが多いと思いますが、水星は好き嫌いが激しいこともあり、選り好みするとチャンスを逃す場合があります。これからは多くの人と協力し合うことが望ましいので、一匹狼にならないように気をつけましょう。

●収入を増やす方法を考えてスキルアップを

徐々に収入も増えてきているのではないかと思います。決定期は重大な選択を強いられる時でもありますから、現状のままか、或いは次のステップに進むかで悩む場面もあるかもしれません。水星は特にお金に縁がないと満足できないところがあるので、稼ぎに不満が残るようなら、収入を増やせる方法を考えてスキルアップを目指しましょう。

しかし、一攫千金狙いで増やしていこうとすると、楽をする癖がついてしまいますからおすすめしません。

開運ポイント

好きなことへ一生懸命になれるのだから、とにかく誰にも負けないくらいのレベルになるまで、前向きに取り組むことが大切です。ここで手を抜いてしまうと、中途半端な結果しか出なくなるおそれがあります。一人では限界があるなら、誰かとタッグを組むのが良いでしょう。

勢いのある運気なので、あなたの情熱に応えてくれる相手が現れるはずですから、なるべく偏見や先入観を持たずに、人とも関わっていくことです。

今年のキーマン	辰年、午年、酉年
恋愛運アップ	告白、美容院、マッチングアプリ
仕事運アップ	資格取得、意見交換、決断力を高める
健康運アップ	血圧計、朝食を摂る、疲れない靴
金　運アップ	スキルアップ、クラウドファンディング

水星

2024年

［決定年］

1月
精算月

1月の運勢

物事が不思議なほどトントンと進んで、激動の2023年を過ごした人も多いはず。うまく展開した事が多くあったと思いますが、中には失敗や苦労も経験したのではないでしょうか。水星にとっての1月は、後悔や過去のしがらみを断ち切るための精算の運気です。0《ゼロ》地帯からスタートさせた事や間違った選択をしてしまったものへ悩む傾向もありますが、まだ成長過程なので結果にこだわらないようにしましょう。

キーポイント日

◇1月1日　子　0《ゼロ》地点日
真っ先に行動よりも目標や計画を立ててから

◇1月18日　巳　健康日
何事もコンディションを整えてから臨むこと

◇1月26日　丑　精算日
古い考え方や手段はもう通用しなくなりそう

運を活かすコツ

○1月のアドバイス

年運は春の心地よい運気を過ごしてきて勢いが増している状態ですが、決定期では大きな節目を迎える時でもあります。良い方へ転ぶか、それとも悪い方なのかは、冬の運気をどう過ごしてきたにかかっています。周囲から指摘された欠点をうまく改善できていなければ、いくら自信があっても評価されないことがあります。

○苦しい時が訪れたら……

他人に弱みを見せない水星ですが、自分では気づかない事がたくさんあります。周囲と意見が対立しているとしたら、あなたを思いやる相手の気持ちを無視していないか振り返ってみましょう。

○未来への一歩を踏み出すためには……

もう後戻りはできないので、過去にはこだわらず未来への選択をしましょう。うまくいかなかった事があっても、これから今以上の素晴らしい展開があると期待を持って気持ちを切り替えよう。

○タブー

意見が合わない人を敵に回すようなことは×。協力が不可欠な時代に単独の状態では、いざピンチへ陥った時に手を貸してもらえず不利な状況に。多くの人と関わってこそ成功へ近づけます。

◎＝絶好調日　△▽＝注意日　○＝順調日
⊗＝神秘・波乱含日　▲▼＝不調日

日	曜日	運命日	干支	恋愛結婚	仕事	お金	健康
1	月	0地点	子	⊗	⊗	⊗	⊗
2	火	精算	丑	▲		▲	▲
3	水	開拓	寅		○		
4	木	生長	卯		○		○
5	金	決定	辰	○	○		○
6	土	健康	巳	▲		▲	▲
7	日	人気	午	○	○	○	
8	月	浮気	未	▼		▼	▼
9	火	再開	申		○		○
10	水	経済	酉	○	○	○	
11	木	充実	戌	○	○	○	
12	金	背信	亥		▲	▲	▲
13	土	0地点	子	⊗	⊗	⊗	⊗
14	日	精算	丑	▲		▲	▲
15	月	開拓	寅		○		
16	火	生長	卯		○		○
17	水	決定	辰	○	○		○
18	木	健康	巳	▲		▲	▲
19	金	人気	午	○	○	○	
20	土	浮気	未	▼		▼	▼
21	日	再開	申		○		○
22	月	経済	酉	○	○	○	
23	火	充実	戌	○	○	○	
24	水	背信	亥		▲	▲	▲
25	木	0地点	子	⊗	⊗	⊗	⊗
26	金	精算	丑	▲		▲	▲
27	土	開拓	寅		○		
28	日	生長	卯		○		○
29	月	決定	辰	○	○		○
30	火	健康	巳	▲		▲	▲
31	水	人気	午	○	○	○	

水星

2024年

［決定年］

2月
開拓月

◎＝絶好調日　△▽＝注意日　○＝順調日
⊗＝神秘・波乱含日　▲▼＝不調日

日	曜日	運命日	干支	恋愛結婚	仕事	お金	健康
1	木	浮気	未	○		△	△
2	金	再開	申		○		○
3	土	経済	酉	○	◎	◎	○
4	日	充実	戌	◎	○	◎	
5	月	背信	亥	▲			▲
6	火	0地点	子	⊗		⊗	⊗
7	水	精算	丑	▲			▲
8	木	開拓	寅		○		○
9	金	生長	卯	○	○		○
10	土	決定	辰	○	○		○
11	日	健康	巳	△			△
12	月	人気	午	◎	◎	○	○
13	火	浮気	未	○		△	△
14	水	再開	申		○		○
15	木	経済	酉	○	◎	◎	○
16	金	充実	戌	◎	○	◎	
17	土	背信	亥	▲			▲
18	日	0地点	子	⊗		⊗	⊗
19	月	精算	丑	▲			▲
20	火	開拓	寅		○		○
21	水	生長	卯	○	○		○
22	木	決定	辰	○	○		○
23	金	健康	巳	△			△
24	土	人気	午	◎	◎	○	○
25	日	浮気	未	○		△	△
26	月	再開	申		○		○
27	火	経済	酉	○	◎	◎	○
28	水	充実	戌	◎	○	◎	
29	木	背信	亥	▲			▲

2月の運勢

２０２２年から変化の著しい運気がスタートしましたが、これまでの過程を考慮して大きな決断をするのが２０２４年の決定期です。３月まではまだ刺激を受ける事が起こり迷いも生まれるかもしれませんが、４月は年運と月運が共に決定期を迎えるため、優柔不断や中途半端のままでは未来に期待が持てなくなってしまいます。未だ今後の抱負や目標を確立できていないのなら、２月と３月はやりたい事へ集中してみましょう。

キーポイント日

◇2月8日　寅　開拓日
新しい事へ気持ちが向いていることが大切

◇2月13日　未　浮気日
物欲が高まりそうなので浪費に注意しよう

◇2月24日　午　人気日
理想の人や興味が湧くものに出会えるはず

運を活かすコツ

○2月のアドバイス

的を絞った判断が必要な時期に入りました。これまでに手応えを感じたものを活用して、未来へと繋げたいビジョンを明確にしていきましょう。まずはお試しでもOKですが、決定期である4月にははっきりとした答えを出す必要が出てくるので、無駄な時間を作ることなく、積極的に活動していくと良いでしょう。

○苦しい時が訪れたら……

春の運気は新しい事を取り入れて変化させるのがベストです。毎日、または毎回同じことの繰り返しになっていたら、成長のチャンスを逃してしまいますから、違う方法を取り入れましょう。

○未来への一歩を踏み出すためには……

苦手な相手とはどうしても距離を置いてしまうかもしれませんが、自分にできない事や考えつかないようなアイデアを提供してくれる場合もあります。自分を成長させる機会を失わないように。

○タブー

新鮮さを求めるのは良いけれど、将来へ繋げる目的のない行動は逆効果。決定期は縁を深める流れになるので、興味本位で始めた事は今後やめられなくなってしまう場合もあるので注意しましょう。

水星

2024年

［決定年］

3月
生長月

3月の運勢

ここ数年は新しい事に興味が湧いて、そして挑戦して、多くの経験や人と関わる機会が増えたと思いますが、さらに忙しい日々を過ごすことになりそうです。今まで長続きしなかった事も今回は嘘のように夢中になるでしょう。楽しい事や楽なほうを優先しがちですが、運気が決定期だけに先を見据えた行動を取らなければ誤った選択をしてしまうこともあるので、なるべく即決せずに未来像を描きましょう。

キーポイント日

◇3月4日　卯　生長日
関わる人々や考え方などが大きく変わりそう

◇3月14日　丑　精算日
見返りを求めると期待はずれの結果に終わる

◇3月29日　辰　決定日
人と関わっていない状態なら重い腰を上げて

運を活かすコツ

〇3月のアドバイス

顔見知りではあったけれど、交流する機会がなかった人と関われたり、気になる場所へ足を運べたりしそうです。尊敬する人たちのアドバイスをもらうチャンスが増えたとしたら、レベルアップしている兆し。反対に、悪口や文句を言う回数が多くなっている場合は、取り巻く環境やあなたのコンディションが良くありません。

〇苦しい時が訪れたら……

人と多く関わることが開運へと繋がる水星ですから、意見をたくさん取り入れるようにしましょう。一つの事にこだわっていると、ビジョンが小さくなってしまうので、選択肢を増やすのも手。

〇未来への一歩を踏み出すためには……

平凡でいつも通りや守り抜く信念も大切ではあるけれど、刺激がなくなったら続けられなくなってしまいます。身の回りが進化していくのと同じで、自分のあり方や環境なども工夫していこう。

〇タブー

レベルアップも大切なのですが、基礎が不十分だと努力も実りません。目的から外れるような新たな取り組みは避けるほうが無難。推しや恋愛に夢中になって、やるべき事を疎かにしないように。

◎＝絶好調日　△▽＝注意日　〇＝順調日
⊗＝神秘・波乱含日　▲▼＝不調日

日	曜日	運命日	干支	恋愛結婚	仕事	お金	健康
1	金	0地点	子	⊗		⊗	
2	土	精算	丑	▲			▲
3	日	開拓	寅		〇		〇
4	月	生長	卯	〇	〇		〇
5	火	決定	辰	〇	〇		〇
6	水	健康	巳	△			△
7	木	人気	午	◎	◎	〇	〇
8	金	浮気	未	〇		△	△
9	土	再開	申		〇		〇
10	日	経済	酉	〇	◎	◎	〇
11	月	充実	戌	◎	〇	◎	
12	火	背信	亥	▲			▲
13	水	0地点	子	⊗		⊗	
14	木	精算	丑	▲			▲
15	金	開拓	寅		〇		〇
16	土	生長	卯	〇	〇		〇
17	日	決定	辰	〇	〇		〇
18	月	健康	巳	△			△
19	火	人気	午	◎	◎	〇	〇
20	水	浮気	未	〇		△	△
21	木	再開	申		〇		〇
22	金	経済	酉	〇	◎	◎	〇
23	土	充実	戌	◎	〇	◎	
24	日	背信	亥	▲			▲
25	月	0地点	子	⊗		⊗	
26	火	精算	丑	▲			▲
27	水	開拓	寅		〇		〇
28	木	生長	卯	〇	〇		〇
29	金	決定	辰	〇	〇		〇
30	土	健康	巳	△			△
31	日	人気	午	◎	◎	〇	〇

水　星

2024年

［決定年］

4月
決定月

4月の運勢

今後の運命を左右する分岐点です。未来へと繋がる種蒔きができるのは、春の運気中である決定期までが最適であるので、ここでまだやる気や目標が見出せていないままだと、今後も大きな変化と発展が期待できない流れとなってしまいます。自分の得意な事ややりたいものをピックアップして、将来的にどうして行きたいのかを考えながら実行へ移しておきましょう。過去のしがらみも断ち切っておくことです。

◎＝絶好調日　△▽＝注意日　○＝順調日
⊗＝神秘・波乱含日　▲▼＝不調日

日	曜日	運命日	干支	恋愛結婚	仕事	お金	健康
1	月	浮気	未	○		△	△
2	火	再開	申		○		○
3	水	経済	酉	○	◎	◎	○
4	木	充実	戌	◎	○	◎	
5	金	背信	亥	▲			▲
6	土	0地点	子	⊗		⊗	
7	日	精算	丑	▲		▲	
8	月	開拓	寅		○		○
9	火	生長	卯	○	○		○
10	水	決定	辰	○	○		○
11	木	健康	巳	△			△
12	金	人気	午	◎	◎	○	○
13	土	浮気	未	○		△	△
14	日	再開	申		○		○
15	月	経済	酉	○	◎	◎	○
16	火	充実	戌	◎	○	◎	
17	水	背信	亥	▲			▲
18	木	0地点	子	⊗		⊗	
19	金	精算	丑	▲		▲	
20	土	開拓	寅		○		○
21	日	生長	卯	○	○		○
22	月	決定	辰	○	○		○
23	火	健康	巳	△			△
24	水	人気	午	◎	◎	○	○
25	木	浮気	未	○		△	△
26	金	再開	申		○		○
27	土	経済	酉	○	◎	◎	○
28	日	充実	戌	◎	○	◎	
29	月	背信	亥	▲			▲
30	火	0地点	子	⊗		⊗	

キーポイント日

◇4月1日　未　浮気日
エイプリルフールでもジョークはほどほどに

◇4月11日　巳　健康日
身体に不調のシグナルが出たら見過ごし厳禁

◇4月24日　午　人気日
不満や心配事がないならうまくいっている証

運を活かすコツ

○4月のアドバイス

今後はどうありたいかを設定しておくべき大切な時です。決定期は腹をくくって決断が必要な状況にもなりますから、目標は現在より高く、そしてポジティブに掲げておきましょう。0《ゼロ》地帯中から関わりがあって、春の運気に変化がなかったものは、ここで終わりを迎える場合もありますから、過去にしがみつかないことです。

○苦しい時が訪れたら……

一人で答えを出そうとせずに、多くの人からヒントやアドバイスをもらうと良いでしょう。言われたとおりでなくとも、そこから新しい考えが閃いて自信がつく場合もあるので塞ぎ込まないで。

○未来への一歩を踏み出すためには……

終わった事へ執着するのは良くありません。しかし、リベンジする機会がのちに訪れますから、今の自分よりレベルを上げておくことが何より大切です。美やスキルなど、さらに磨きましょう。

○タブー

大切な人の願いから家庭で過ごす機会が増えそうですが、自由を奪われると不満が募りやすくなります。我慢をし続けて引き込もらないように。買い物や習い事などで外出の時間を作りましょう。

水星

2024年

［決定年］

5月
健康月

5月の運勢

新しい一年を迎えてからすぐにはエンジンがかからなくとも、いざ始動すると怒涛の日々を過ごしてきた人も多いことでしょう。これまで身体を労わる意識や休養が足りなかった場合は、疲れと異変を感じやすくなるので無理は禁物です。ここで大きなケガや病を患うと、長いお付き合いになる可能性があります。すでに繰り返される違和感に気づいているのなら、見逃すことなくトラブルの芽を摘んでおくべきです。

キーポイント日

◇5月3日　卯　生長日
課題や仕事が増えてきたら無理しないように

◇5月17日　巳　健康日
オンオフを切り替えてしっかり身体を労ろう

◇5月23日　亥　背信日
うまく事が進まない時は日時をずらすとよし

運を活かすコツ

○5月のアドバイス

今年に入ってからよく頭を使ってきた人は、精神的に疲れやすいので、睡眠時間を削らないように気をつけたいところ。自分の下した判断が、果たして良かったのかと悩む傾向にもあります。心身が万全でなければ、不安や焦りも生じやすく、思考力も鈍ってしまいますので、気持ちの切り替えはしっかりしましょう。

○苦しい時が訪れたら……

長いお付き合い運を伴わないように、体調の異変は無視しないように日頃から気をつけましょう。何度も同じ事が繰り返されている問題は、4月までに解決が必要だった可能性があります。

○未来への一歩を踏み出すためには……

水星は悩みを抱えたままだと、愚痴や悪口が多くなり、明るさが失われて人が近寄りがたくなってしまいます。もともと行動力がある0星《ゼロスター》ですから、自分らしくいらないものは切り離してみて。

○タブー

4月まで勢いがありましたから、それを保って突っ走る気持ちは抑えましょう。健康期はメンテナンスが必要な時です。ライバルに先を越されたとしても焦ることなく、6月に勝負をかけましょう。

◎＝絶好調日　△▽＝注意日　○＝順調日
⊗＝神秘・波乱含日　▲▼＝不調日

日	曜日	運命日	干支	恋愛結婚	仕事	お金	健康
1	水	精算	丑	▲	▲	▲	▲
2	木	開拓	寅		○		○
3	金	生長	卯	○	○		○
4	土	決定	辰	○	○	○	○
5	日	健康	巳	△			△
6	月	人気	午	◎	◎	○	△
7	火	浮気	未		○		△
8	水	再開	申		○		○
9	木	経済	酉	○	◎	◎	○
10	金	充実	戌	◎	○	◎	
11	土	背信	亥	▲	▲	▲	▲
12	日	0地点	子	⊗		⊗	⊗
13	月	精算	丑	▲	▲	▲	▲
14	火	開拓	寅		○		○
15	水	生長	卯	○	○		○
16	木	決定	辰	○	○	○	○
17	金	健康	巳	△			△
18	土	人気	午	◎	◎	○	△
19	日	浮気	未		○		△
20	月	再開	申		○		○
21	火	経済	酉	○	◎	◎	○
22	水	充実	戌	◎	○	◎	
23	木	背信	亥	▲	▲	▲	▲
24	金	0地点	子	⊗		⊗	⊗
25	土	精算	丑	▲	▲	▲	▲
26	日	開拓	寅		○		○
27	月	生長	卯	○	○		○
28	火	決定	辰	○	○	○	○
29	水	健康	巳	△			△
30	木	人気	午	◎	◎	○	△
31	金	浮気	未		○		△

水星

2024年

［決定年］

6月
人気月

6月の運勢

春の運気である2月から4月をアクティブに過ごしてきた結果が出る時です。水星にとってプラスに作用するものはラッキーな展開を迎えますが、マイナスならば期待はずれの流れになるでしょう。もし、不満がなく今後が楽しみな状況ならば問題ありませんが、愚痴や悪口が多く、泣く機会が増えている場合は方針転換が必要かもしれません。明るく、そして楽しく笑顔でいられる時間を増やすことが大切です。

キーポイント日

◇6月5日　子　0《ゼロ》地点日
周囲に振り回されて遅れをとってしまうかも

◇6月20日　卯　生長日
同じ感覚の理解者が現れる可能性がありそう

◇6月24日　未　浮気日
勘違いで失敗しやすいので注意しておくこと

運を活かすコツ

○6月のアドバイス

今後の目標が明確になったり、周囲から賞賛を受けたりと自信がつく出来事が起こるでしょう。ライバルとも良い関係が築け、また協力者も増えてますます期待が高まります。しかし、人気期は絶好調の裏で運気の波が激しいこともありますから、日頃の過ごし方や人との接し方を間違えると大どんでん返しに遭います。

○苦しい時が訪れたら……

悩んでばかりで運を活かせていない人は、人との接し方を見直してみて。上から目線で物を言ったり、威圧的な態度を取っていたりすると、反感を買って周囲が評価してくれない可能性あり。

○未来への一歩を踏み出すためには……

多くの人に関心を持ってもらえたら◎。チャレンジする機会をあちこちから与えられたら、たとえ自信がないとしても取り組んでみると、さらに様々な事を学べて良い経験になるでしょう。

○タブー

うまくいかないなら、考え方や方法を変えなければ埒があきません。まだ決定期なので、ここで成功できなくても問題はありませんが、大きな不満や失望感を抱えている状況なら早急に改善を。

◎＝絶好調日　△▽＝注意日　○＝順調日
⊗＝神秘・波乱含日　▲▼＝不調日

日	曜日	運命日	干支	恋愛結婚	仕事	お金	健康
1	土	再開	申	○	○		○
2	日	経済	酉	◎	◎	◎	○
3	月	充実	戌	◎	◎	◎	
4	火	背信	亥	▲			▲
5	水	0地点	子	⊗		⊗	
6	木	精算	丑	▲			▲
7	金	開拓	寅	○	○		○
8	土	生長	卯	○	○		○
9	日	決定	辰	○	○	○	○
10	月	健康	巳	△			△
11	火	人気	午	◎	◎	◎	◎
12	水	浮気	未	○		△	△
13	木	再開	申	○	○		○
14	金	経済	酉	◎	◎	◎	○
15	土	充実	戌	◎	◎	◎	
16	日	背信	亥	▲			▲
17	月	0地点	子	⊗		⊗	
18	火	精算	丑	▲			▲
19	水	開拓	寅	○	○		○
20	木	生長	卯	○	○		○
21	金	決定	辰	○	○	○	○
22	土	健康	巳	△			△
23	日	人気	午	◎	◎	◎	◎
24	月	浮気	未	○		△	△
25	火	再開	申	○	○		○
26	水	経済	酉	◎	◎	◎	○
27	木	充実	戌	◎	◎	◎	
28	金	背信	亥	▲			▲
29	土	0地点	子	⊗		⊗	
30	日	精算	丑	▲			▲

水星

2024年

［決定年］

7月
浮気月

7月の運勢

これまでは例え失敗してもやり直しや軌道修正が可能でしたが、決定期は今後の運命にも深く関わることになるので、選択ミスは許されない時です。特に、6月に物事が順調だった人は自信が張っている状態ですから、慎重さや危機感が薄れやすいでしょう。すると、ほんの一瞬の気の緩みが後悔を招く結果へと繋がってしまうので要注意です。趣味や恋愛、事業拡大など、選択肢が増える場合は冷静に判断を！

◎＝絶好調日　△▽＝注意日　○＝順調日
⊗＝神秘・波乱含日　▲▼＝不調日

日	曜日	運命日	干支	恋愛結婚	仕事	お金	健康
1	月	開拓	寅	○	○		○
2	火	生長	卯	○	○		○
3	水	決定	辰	○	○	○	○
4	木	健康	巳	▽			▽
5	金	人気	午	◎	▽	◎	▽
6	土	浮気	未	○		▽	▽
7	日	再開	申	○		○	○
8	月	経済	酉	◎	○	◎	○
9	火	充実	戌	◎	◎	◎	
10	水	背信	亥	▽		▽	
11	木	0地点	子	⊗		⊗	
12	金	精算	丑	▽		▽	▽
13	土	開拓	寅	○	○		○
14	日	生長	卯	○	○		○
15	月	決定	辰	○	○	○	○
16	火	健康	巳	▽			▽
17	水	人気	午	◎	▽	◎	▽
18	木	浮気	未	○		▽	▽
19	金	再開	申	○		○	○
20	土	経済	酉	◎	○	◎	○
21	日	充実	戌	◎	◎	◎	
22	月	背信	亥	▽		▽	
23	火	0地点	子	⊗		⊗	
24	水	精算	丑	▽		▽	▽
25	木	開拓	寅	○	○		○
26	金	生長	卯	○	○		○
27	土	決定	辰	○	○	○	○
28	日	健康	巳	▽			▽
29	月	人気	午	◎	▽	◎	▽
30	火	浮気	未	○		▽	▽
31	水	再開	申	○		○	○

キーポイント日

◇7月8日　酉　経済日
余計なところにお金を使ってしまわないこと

◇7月19日　申　再開日
同じ失敗を繰り返しやすいので気を付けよう

◇7月23日　子　0《ゼロ》地点日
隠し事がバレてトラブルへと発展する場合も

運を活かすコツ

○7月のアドバイス

欲をかかないように気をつけたい時です。6月にある程度満足できる結果を得られた人は、「もう少し…」と高望みをしたくなるかもしれません。しかし、集中してきたからこそ成果が現れたのに、そのパワーを別のものへ使ってしまえば効力が半減してしまうことに。ここで道が逸れてしまうと、これまでの努力が水の泡です。

○苦しい時が訪れたら……

多くの人に評価を求めるのは良いのですが、今までの努力や振る舞いに対して好感が持たれていたので、それ以上のリアクションは控えておくほうが良さそうです。自意識過剰も良くありません。

○未来への一歩を踏み出すためには……

好奇心や向上心が旺盛なので、今以上のことを望みたくなると思いますが、浮気期は現状維持がベスト。一歩踏み間違えれば、積み重ねてきた努力がリセットされてしまう場合もあるくらいです。

○タブー

恋愛にはまり易い特徴があるので、人を好きになると周りが見えなくなってしまうことも。やるべき事をそっちのけで夢中になると、相手が重く感じる場合もありますから、常に〝できる人〟を心がけて。

水星

2024年

［決定年］

8月
再開月

8月の運勢

やるべき事へ集中せずに、必要以上のお金を使う機会が多かったことに気づいたのであれば、改善を試みると良いでしょう。7月に誤った選択をしてしまった場合は、ここで後悔や反省の念に駆られることになり軌道を修正するチャンスが与えられますが、自分のやりたい放題に突き進めば、10月以降にしっぺ返しが訪れます。人を傷つけたり、自己中心的な考えを貫いたりすると、前途多難になってしまうでしょう。

◎＝絶好調日　△▽＝注意日　○＝順調日
⊗＝神秘・波乱含日　▲▼＝不調日

日	曜日	運命日	干支	恋愛結婚	仕事	お金	健康
1	木	経済	酉	○	◎	◎	○
2	金	充実	戌	○	◎	◎	
3	土	背信	亥	▽		▽	
4	日	0地点	子		⊗	⊗	
5	月	精算	丑			▽	▽
6	火	開拓	寅	○	○		○
7	水	生長	卯	○	○		○
8	木	決定	辰	○	○	○	○
9	金	健康	巳	▽			▽
10	土	人気	午	○	◎	○	◎
11	日	浮気	未	○		▽	▽
12	月	再開	申	○		○	○
13	火	経済	酉	○	◎	◎	○
14	水	充実	戌	○	◎	◎	
15	木	背信	亥	▽		▽	
16	金	0地点	子		⊗	⊗	
17	土	精算	丑			▽	▽
18	日	開拓	寅	○	○		○
19	月	生長	卯	○	○		○
20	火	決定	辰	○	○	○	○
21	水	健康	巳	▽			▽
22	木	人気	午	○	◎	○	◎
23	金	浮気	未	○		▽	▽
24	土	再開	申	○		○	○
25	日	経済	酉	○	◎	◎	○
26	月	充実	戌	○	◎	◎	
27	火	背信	亥	▽		▽	
28	水	0地点	子		⊗	⊗	
29	木	精算	丑			▽	▽
30	金	開拓	寅	○	○		○
31	土	生長	卯	○	○		○

キーポイント日

◇8月7日　卯　生長日
繰り返される事には問題が潜んでいるのかも

◇8月18日　寅　開拓日
諦めるのは簡単なのでまずはチャレンジして

◇8月26日　戌　充実日
他人の優しさやアドバイスが身に沁みるはず

運を活かすコツ

○8月のアドバイス

古いものや過去にはこだわらないほうが良い水星ですが、時代運の作用により昔を懐かしむ一時が度々訪れることでしょう。また“あの頃”には戻れませんが、努力を重ねていた自分や感銘を受けた人のことを思い出した時は、現在と思い比べてみると良いかもしれません。以前以上の自分に成長していることが理想。

○苦しい時が訪れたら……

思いどおりにいかない時は、何事も反復してみるのがおすすめです。理解していたつもりでも、振り返ったら見落としていることもありますし、また気付きを得る場合も。基礎を固めるのも大事。

○未来への一歩を踏み出すためには……

同じ現象が続いたり、繰り返さなければならなかったりなど、面倒に思うようなことが実はラッキーな予兆なのです。途中で諦めてしまったら、せっかくのチャンスを逃してしまうので気を付けて。

○タブー

昔と同じものを手に入れようとするのは辞めておくほうが良さそう。進化を追い求める傾向にある水星ですから、旧式や時代遅れ、そして成長を感じないものとは、縁を深めるのが難しいでしょう。

水星

2024年

［決定年］

9月
経済月

9月の運勢

好きな事や信じたものへたくさんお金をかけてきたと思います。望むような結果が出て気持ちが満たされていれば大丈夫！しかし、金欠状態で不満ばかりなら見直す必要があるでしょう。悪知恵を働かせて裏でコソコソするようなら要注意。水星は人目を惹きやすい運命なので、のちに大事へと発展してしまいます。長いこと続けているのに、思いどおりにならないものは、早めに断ち切って方針転換をしましょう。

キーポイント日

◇9月4日　未　浮気日
お金で解決しようとしていないかの確認を

◇9月15日　午　人気日
課題もプライベートも順調ならば問題なし

◇9月22日　丑　精算日
対応を間違えるとせっかくの努力が水の泡

運を活かすコツ

○9月のアドバイス

今あるものをそのまま活用するだけでは物足りなく感じるはずですから、自分なりのアイデアやリメイクを加えて進化させるのがおすすめ。まだ大きな成果は得られていないかもしれませんが、噂や口コミが広がって、活躍の場が増えていく流れになるでしょう。将来のための投資も悪くないのですが、無茶は禁物です。

○苦しい時が訪れたら……

開拓、生長期に学んだ事をもとに、未来のビジョンを思い描けていたかを振り返ってみて。ただいつもどおりに過ごしていたのなら、何も変わり様がありません。取り入れた変化がものを言います。

○未来への一歩を踏み出すためには……

結果が見える9月ですから、状況が芳しくないなら改善を必要とします。明るさを失っていたり、金欠で首が回らない状態であったりするなら、選択を誤っている可能性が高いので見直してみて。

○タブー

決定期も終盤に入ったので、未だに目的が定まらないままの状態では中途半端な結果しか出ません。あれもこれもと抱え込むのはNGです。何でもお金で解決しようとするのは避けましょう。

◎＝絶好調日　△▽＝注意日　○＝順調日
⊗＝神秘・波乱含日　▲▼＝不調日

日	曜日	運命日	干支	恋愛結婚	仕事	お金	健康
1	日	決定	辰	○	○	○	○
2	月	健康	巳	▽			▽
3	火	人気	午	◎	◎	○	◎
4	水	浮気	未	○		▽	▽
5	木	再開	申	○	○	○	○
6	金	経済	酉	◎	◎	◎	○
7	土	充実	戌	◎	◎	◎	
8	日	背信	亥	▽			▽
9	月	0地点	子		⊗	⊗	
10	火	精算	丑			▽	▽
11	水	開拓	寅	○	○		○
12	木	生長	卯	○	○		○
13	金	決定	辰	○	○	○	○
14	土	健康	巳	▽			▽
15	日	人気	午	◎	◎	○	◎
16	月	浮気	未	○		▽	▽
17	火	再開	申	○	○	○	○
18	水	経済	酉	◎	◎	◎	○
19	木	充実	戌	◎	◎	◎	
20	金	背信	亥	▽			▽
21	土	0地点	子		⊗	⊗	
22	日	精算	丑			▽	▽
23	月	開拓	寅	○	○		○
24	火	生長	卯	○	○		○
25	水	決定	辰	○	○	○	○
26	木	健康	巳	▽			▽
27	金	人気	午	◎	◎	○	◎
28	土	浮気	未	○		▽	▽
29	日	再開	申	○	○	○	○
30	月	経済	酉	◎	◎	◎	○

水星

2024年

［決定年］

10月
充実月

◎＝絶好調日　△▽＝注意日　○＝順調日
⊗＝神秘・波乱含日　▲▼＝不調日

日	曜日	運命日	干支	恋愛結婚	仕事	お金	健康
1	火	充実	戌	◎	◎	◎	
2	水	背信	亥	▽			▽
3	木	0地点	子	⊗	⊗	⊗	
4	金	精算	丑			▽	▽
5	土	開拓	寅	○	○		○
6	日	生長	卯	○	○		○
7	月	決定	辰	○	○	○	○
8	火	健康	巳	▽			▽
9	水	人気	午	◎	◎	○	◎
10	木	浮気	未	○		▽	▽
11	金	再開	申	○	○	○	○
12	土	経済	酉	◎	◎	◎	○
13	日	充実	戌	◎	◎	◎	
14	月	背信	亥	▽			▽
15	火	0地点	子	⊗	⊗	⊗	
16	水	精算	丑			▽	▽
17	木	開拓	寅	○	○		○
18	金	生長	卯	○	○		○
19	土	決定	辰	○	○	○	○
20	日	健康	巳	▽			▽
21	月	人気	午	◎	◎	○	◎
22	火	浮気	未	○		▽	▽
23	水	再開	申	○	○	○	○
24	木	経済	酉	◎	◎	◎	○
25	金	充実	戌	◎	◎	◎	
26	土	背信	亥	▽			▽
27	日	0地点	子	⊗	⊗	⊗	
28	月	精算	丑			▽	▽
29	火	開拓	寅	○	○		○
30	水	生長	卯	○	○		○
31	木	決定	辰	○	○	○	○

10月の運勢

向上心を持ち合わせているため、趣味や仕事仲間は多いことが理想です。しかし、不平不満を口にしたり、人と対立ばかりしていると、次第に孤独の時間が増えてくるでしょう。一人でいることをあまり苦としない人もいますが、水星は人に認められなければ満足感を得られませんので、人との距離がとても重要になってきます。周囲の人たちに悪い印象を与えていないか再確認をして、マイナス面を改善しましょう。

キーポイント日

◇10月2日　亥　背信日
人の悪口や愚痴は控えておくほうがよさそう
◇10月12日　酉　経済日
浪費をしないように考えて休日を過ごすべき
◇10月25日　戌　充実日
仲間とコミュニケーションを取ることも大切

運を活かすコツ

○10月のアドバイス

緊張感のある日々を送ってきた人もいると思いますが、ようやくほっと一息つける時間が設けられそうです。中には信頼できる人との出会いもあって、有意義な時を過ごせるでしょう。もともと家族との縁は深い0星《ゼロスター》・なのですが、将来の事で意見が対立したという人も、あなたを思いやる気持ちがわかるようになるはずです。

○苦しい時が訪れたら……

相手の感情を汲もうとしなければ、自分が正しいと思うばかりで平行線のままです。人が離れていく傾向にあるならば、11月から厳しい状況を迎えてしまうので、もう一度話し合いの場を設けて。

○未来への一歩を踏み出すためには……

決定期での思いはなかなか揺らぐことがないので、大切な人が傍にいる状況であるなら、将来を誓うのがおすすめです。恋愛だけでなく、友人や仕事のパートナーも長いお付き合いが可能でしょう。

○タブー

仲間を増やしてスケジュールを詰め込むと、やめておけば良かったという結果になります。気前よくおごることや見栄を張って高価なものを購入するのは、もう冬の運気が目前なので控えて。

水星

2024年

［決定年］

11月
背信月

11月の運勢

勢いのある春の運気も終盤に差し掛かりました。今のうちにやり残しがないように、一気に手をつけたい気持ちにもなりますが、新しいものへ目を向けるのは控えておきましょう。もう意欲的に動くのはタブーになりますから、ペースダウンをして、これ以上縁が深くなったら困るものを断ち切る方向で進めていくべき。問題から目を背けていると、次第に厄介な問題へ発展してしまうのが決定期の定めです。

キーポイント日

◇11月3日　未　浮気日
忘れ物や大切なものを失くさないように注意

◇11月10日　寅　開拓日
うまくいっていた物事が急に黄色信号へ変化

◇11月21日　丑　精算日
残念な思いをしてもすぐ気持ちの切り替えを

運を活かすコツ

○11月のアドバイス

9月、10月と順調だった事が、トラブル発生で焦りを覚えるかもしれません。悪い噂や間違った情報が流れることもあり、相手に歯向かってしまうことも。ここでは自分が正しいとしても、大事にはせず、指摘を改善すればさらに一皮剥けると思って、お言葉を有難く頂戴しましょう。協力者に相談すると落ち着きます。

○苦しい時が訪れたら……

背信期はぶち壊す作用が働くため、選択ミスをすると修復が難しくなってきます。それだけでなく、予定外の無駄な出費も増えるので気をつけましょう。できれば人の知恵や経験を参考にして。

○未来への一歩を踏み出すためには……

力不足な点を思い知らされる時ですから、残念な事が起こった時は、そこに気づけたことをよしとしましょう。なかなか自分に余裕がないですが、他人を思いやる気持ちはいつも忘れないことです。

○タブー

すぐにカッとなって人と対立しないように。自分の話ではないのに、陰口を叩かれていると勘違いしやすいので要注意です。逆に、悪口を言っていると、本人に聞かれてしまう場合もあります。

◎＝絶好調日　△▽＝注意日　○＝順調日
⊗＝神秘・波乱含日　▲▼＝不調日

日	曜日	運命日	干支	恋愛結婚	仕事	お金	健康
1	金	健康	巳	▲		▲	▲
2	土	人気	午	○	○	○	
3	日	浮気	未	▼		▼	▼
4	月	再開	申		○		○
5	火	経済	酉	○	○	○	
6	水	充実	戌	○	○	○	
7	木	背信	亥	▼		▼	▼
8	金	0地点	子	⊗	⊗	⊗	⊗
9	土	精算	丑	▼		▼	▼
10	日	開拓	寅		○		
11	月	生長	卯		○		○
12	火	決定	辰	○	○		○
13	水	健康	巳	▲		▲	▲
14	木	人気	午	○	○	○	
15	金	浮気	未	▼		▼	▼
16	土	再開	申		○		○
17	日	経済	酉	○	○	○	
18	月	充実	戌	○	○	○	
19	火	背信	亥	▼		▼	▼
20	水	0地点	子	⊗	⊗	⊗	⊗
21	木	精算	丑	▼		▼	▼
22	金	開拓	寅		○		
23	土	生長	卯		○		○
24	日	決定	辰	○	○		○
25	月	健康	巳	▲		▲	▲
26	火	人気	午	○	○	○	
27	水	浮気	未	▼		▼	▼
28	木	再開	申		○		○
29	金	経済	酉	○	○	○	
30	土	充実	戌	○	○	○	

水星

2024年

［決定年］

12月
0《ゼロ》地点月

12月の運勢

これまでの考えや行動が今後の運命を左右するとされる決定期最後の月。今から焦りもがくことは、もう0《ゼロ》地点を迎えているので逆効果になります。周囲からの圧力や忠告に耐え忍び、頭を柔らかくして発想の転換をしながら過ごすことです。0《ゼロ》は終わりであるけれど、同時にスタートでもあるので、たとえ大きな節目を迎えたとしても、それがきっかけで次へと繋がっていきますから、意気消沈したままはNGです。

キーポイント日

◇12月2日　子　0《ゼロ》地点日
時には立ち止まって初心にかえることも必要

◇12月19日　巳　健康日
気分転換をして不安やストレスを解消しよう

◇12月30日　辰　決定日
つらい事や面倒なものから逃げてばかりは×

運を活かすコツ

○12月のアドバイス

春の運気中は交際範囲が広く、多くの経験を積んできたはず。目標へ向かって一心不乱に努力してきたなら問題ありませんが、息抜きの仕方を間違えた場合、大きく脱線してしまうことさえあります。決定期は勢いがある時ですから、後戻りできなくなる事態や隠し事が明るみに出やすい時でもあるので要注意です。

○苦しい時が訪れたら……

さらに高みを目指そうと身体を鍛えたり、情報収集に励んだりと寝る間も惜しみたくなりそうですが、冬の運気中は、心身ともに疲れやすいため休養が大事です。オンオフの切り替えしっかり。

○未来への一歩を踏み出すためには……

つらい状況が続くと心細くなり、ネガティブ思考へ転じやすいので、家族や信頼できる人たちと過ごすと良いでしょう。悩みは一人で抱えるのではなく、誰かに相談して解決方法を模索することです。

○タブー

目立とうとすると賛同を得られずに、場の雰囲気を悪くすることもあります。出る杭は打たれますから、なるべく大人しく過ごすことが大切です。自分ではしたつもりでもミスに気がつかない等、失敗しやすいので確認を忘れずに。

◎＝絶好調日　△▽＝注意日　○＝順調日
⊗＝神秘・波乱含日　▲▼＝不調日

日	曜日	運命日	干支	恋愛結婚	仕事	お金	健康
1	日	背信	亥	▼	▼	▼	▼
2	月	0地点	子	⊗	⊗	⊗	⊗
3	火	精算	丑	▼	▼	▼	▼
4	水	開拓	寅		○		
5	木	生長	卯		○		○
6	金	決定	辰	○	○		○
7	土	健康	巳	▲	▲	▲	▲
8	日	人気	午	○	○	○	
9	月	浮気	未	▼		▼	▼
10	火	再開	申		○		○
11	水	経済	酉	○	○	○	
12	木	充実	戌	○	○	○	
13	金	背信	亥	▼	▼	▼	▼
14	土	0地点	子	⊗	⊗	⊗	⊗
15	日	精算	丑	▼	▼	▼	▼
16	月	開拓	寅		○		
17	火	生長	卯		○		○
18	水	決定	辰	○	○		○
19	木	健康	巳	▲	▲	▲	▲
20	金	人気	午	○	○	○	
21	土	浮気	未	▼		▼	▼
22	日	再開	申		○		○
23	月	経済	酉	○	○	○	
24	火	充実	戌	○	○	○	
25	水	背信	亥	▼	▼	▼	▼
26	木	0地点	子	⊗	⊗	⊗	⊗
27	金	精算	丑	▼	▼	▼	▼
28	土	開拓	寅		○		
29	日	生長	卯		○		○
30	月	決定	辰	○	○		○
31	火	健康	巳	▲	▲	▲	▲

氷王星

2024年【生長期】

行動力がツキを呼ぶ年 学びや経験を重ねよう

2024年 全体運

●視野と活動範囲を広げていこう 固定観念にとらわれないように

2020年から2022年の冬の0《ゼロ》地帯は、もろにコロナの影響を受けて苦しんだ人が多いと思います。好きな事を自粛しなくてはならないし、収入も少なくて困ってしまうなど、大きなダメージを食らったことでしょう。

2023年に春の運気を迎えてからは、ようやく思いきり活動できるくらいになりましたが、生活スタイルや自分を取り巻く環境が変わって、世渡りがしにくいと感じた人もいるかもしれません。しかし、氷王星はまだまだ成長過程にありますから、これから多くの事を学んで、経験を重ねながら自信をつけていくと良いでしょう。大きな決断をするのは、2025年の決定期を迎えてからでも大丈夫なので、固定観念にとらわれることなく、視野を広くもって状況を把握していくと、数々のヒントを得られるはずです。

また、人との交流も盛んになりますから、意見やアドバイスを参考にさせてもらうと可能性も広がるので、社交性を高めることも大事なポイントになります。

恋愛・結婚運

●感情の赴くままに悔いの残らない行動を

時代運が大きく変わったことにより、自分と周りの人との考え方に相違が生じることもありますから、ちょっと前までは相当苦労したのではないでしょうか。「コロナ禍では、精神的にピリピリしている状況が続いたので、大切な人と喧嘩をすることもあったはずですし、会う機会があまりなかったために、すれ違いが生じてしまい、お互い別々の選択をした人たちもいるはずです。

生長期は出会いが増える一年でもありますから、つらい過去は忘れて、新たなチャンスを期待すると良い時です。自分の考えを否定しない人が理想的でしょう。しかし、多くの人たちと関わっていくうちに、考え方が未熟だった自分に気づかされる機会もあるかもしれません。その時は、感情の赴くままに行動しても問題ないでしょう。たとえ失敗したとしても、立ち直るチャンスが与えられるので、悔いの残らないように行動していくことが大切です。

多忙を極める生長期ですから、本業やプライベートの時間で、あっという間に一日が過ぎていく感じになりますが、恋人と不満なく有意義に過ごせているのであれば、結婚を考えても悪くはないでしょう。そうと決めたら、一気に話がまとまるはずです。

仕事・金運

●幅を広げてやりたいことへチャレンジを

冬の運気中は本業がうまくいかずに、新しい試みへ挑戦しなければならない人もいたことでしょう。自分はようやくもとの作業に取り掛かれるようになったとしても、取引相手側やお客様の状況が大きく変わって、なかなか昔と同じようにはいかないかもしれません。それでも、氷王星のあなたを慕ってくれる人は多く、交流も深まりますから、一つ一つ丁寧に目の前のことへ向き合っていけば、評判や成績も良くなるはずです。

収入を得るために、戸惑いながらも別の職に就いていた人などは、これからも続けていくか否かを考えさせられる時がきそうです。好きでやっているなら悪くありませんが、嫌々続けているのであれば、自分の時間を有効利用するほうが良いでしょう。仕事で自分の時間を作れなくなるのは、もったいないことです。

家にこもって作業を続けていた人は、外へ足を運んだり、誰かとコラボしたりするなど、幅を広げるようにするのがおすすめです。

●自分をレベルアップさせるための出費は◎

まだお金に余裕のある状態にはなりませんが、趣味やプライベートも満喫したい意欲が漲るようになるでしょう。

今まで好きな事から離れてしまっていた人は、体力の衰えやレベルダウンに気づかされて、また技術や知識の習得へ励む意欲がムクムクと湧き起こり、収入の多くをスキルアップのために使うようになるはずです。自分を高めるための出費なら大いに賛成ですが、努力せずに収入を得ようとするのはおすすめしません。

開運ポイント

古い考え方に固着していると、著しく変化する世の中の流れについていけなくなってしまいます。時代が大きく変わったことを念頭に置いて、物事を捉えるようにしていきましょう。

もし、今の自分が現代のスピードに対応できるようなレベルに達していないのであれば、磨きをかけていくのがおすすめです。多くの刺激があなたにやる気を与えてくれるはずですから、視野を広げたり、人と触れ合ったりして過ごしましょう。

今年のキーマン	辰年、巳年、未年
恋愛運アップ	ケーキ、野球場、意見を尊重してくれる人
仕事運アップ	コラボ、交流を深める、時間を有効利用
健康運アップ	マップ、早寝早起き、三度の食事
金　運アップ	試作品、向上心、仲間と協力する

氷王星

2024年

［生長年］

1月

0《ゼロ》地点月

1月の運勢

２０２３年から見通しが明るくなり、勢いづいてきたことを実感できるはず。生長期はさらに意欲が増して行動の範囲も広がります。しかし、氷王星の1月は、0《ゼロ》地点からのスタートとなるため、いきなりスタートダッシュとはいきません。ここで将来について、深く考えさせられる出来事にも遭遇するでしょう。大きく様変わりする時でもありますから、悩む時間も増えますが、大切な人の存在を忘れないように。

キーポイント日

◇1月4日　卯　開拓日
自信がなくても未経験でも動じないように

◇1月21日　申　浮気日
休日はリラックスできる所をチョイスして

◇1月25日　子　背信日
予定が狂いやすいので約束は控えておこう

運を活かすコツ

○1月のアドバイス

やるべき事がたくさんあるのに、身体がなかなかついていかないかもしれません。知人のお誘いも乗り気になれないでしょう。そんな時は、無理をせずに家で過ごすほうがベスト。体力を温存しておいたら、いざという時に動き回れます。周囲に振り回されやすいですから、時間ができた時は休んでおくように心がけましょう。

○苦しい時が訪れたら……

人に命令や指図ばかりしていると、相手が不満を抱えてしまうようになります。また、苦情や文句を言ってくる人もいますから、トラブルへと発展させないためにも、指摘されたら改善しましょう。

○未来への一歩を踏み出すためには……

開拓期はまだアクティブになれなかったという人は、今年こそやる気を出して行動したいところ。興味があるものをどんどん吸収して、将来への方向性を決める準備へ取り掛かっておくべき。

○タブー

夜更かしをしたり、身体を酷使したりすると、疲れが取れないどころかミスを誘発してしまうおそれさえあります。生長期は多忙になるので、2月までは身体のメンテナンスに力を注ぎましょう。

◎＝絶好調日　△▽＝注意日　○＝順調日
⊗＝神秘・波乱含日　▲▼＝不調日

日	曜日	運命日	干支	恋愛結婚	仕事	お金	健康
1	月	背信	子	▼	▼	▼	▼
2	火	0地点	丑	⊗	⊗	⊗	⊗
3	水	精算	寅	▼	▼	▼	▼
4	木	開拓	卯		○		
5	金	生長	辰		○		○
6	土	決定	巳	○	○		○
7	日	健康	午	▲	▲	▲	▲
8	月	人気	未	○	○	○	
9	火	浮気	申	▼		▼	▼
10	水	再開	酉		○		○
11	木	経済	戌	○	○	○	
12	金	充実	亥	○	○	○	
13	土	背信	子	▼	▼	▼	▼
14	日	0地点	丑	⊗	⊗	⊗	⊗
15	月	精算	寅	▼	▼	▼	▼
16	火	開拓	卯		○		
17	水	生長	辰		○		○
18	木	決定	巳	○	○		○
19	金	健康	午	▲	▲	▲	▲
20	土	人気	未	○	○	○	
21	日	浮気	申	▼		▼	▼
22	月	再開	酉		○		○
23	火	経済	戌	○	○	○	
24	水	充実	亥	○	○	○	
25	木	背信	子	▼	▼	▼	▼
26	金	0地点	丑	⊗	⊗	⊗	⊗
27	土	精算	寅	▼	▼	▼	▼
28	日	開拓	卯		○		
29	月	生長	辰		○		○
30	火	決定	巳	○	○		○
31	水	健康	午	▲	▲	▲	▲

氷王星

氷王星

2024年

[生長年]

2月

精算月

2月の運勢

2024年が始まって早々、慌ただしい日々を送っている人も多いことでしょう。やりたい事へ手をつけられず、周囲に振り回されているような感覚にもなりますが、うまく息抜きをしながら乗り越えるしかありません。冬の0《ゼロ》地帯では、欠点があらわになる時ですから、言葉や態度が災いして問題へと発展してしまうことも。3月に入るまでは、自分を見つめ直したり、弱点や短所を克服したりする時間としましょう。

キーポイント日

◇2月5日　亥　充実日
嫌々取り組むなら次の策を考える必要あり

◇2月11日　巳　決定日
腹立たしい事が起こっても堪えておくこと

◇2月27日　酉　再開日
同じ事の繰り返しなら断ち切ってしまおう

運を活かすコツ

○2月のアドバイス

周りが勢いづいているのを肌で感じるのに、自分は思うような結果が伴わないという人も焦らなくて大丈夫。生長期は昨年以上にアクティブになれます。但し、悩みや不満を多く抱えたままでは、行動のタイミングを逃してしまう場合もあるので、少しでも気を晴らしておくことが大切です。視野を広くして気分一新。

○苦しい時が訪れたら……

つらい事が起こった場合は、引きこもらずに屋外で物思いにふけるほうが良いでしょう。日に当たって新鮮な空気を吸うだけで、早めに気持ちの切り替えが可能に。「次こそは」という気持ちが大事です。

○未来への一歩を踏み出すためには……

春の運気では過去から未来へのシフトチェンジがされるので、繋がりが途絶えてしまうものも出てくるかもしれません。しかし、区切りをつけるだけでなく、これまでの経験や思い出は活かしていきましょう。

○タブー

月運が0《ゼロ》地帯に入っていたので、思うように実力が発揮されなかったり、うまく時間を活用できなかったりで、失敗した事があるとしても自信喪失しないことです。これから挽回のチャンスが訪れます。

◎＝絶好調日　△▽＝注意日　○＝順調日
⊗＝神秘・波乱含日　▲▼＝不調日

日	曜日	運命日	干支	恋愛結婚	仕事	お金	健康
1	木	人気	未	○	○	○	
2	金	浮気	申	▼		▼	▼
3	土	再開	酉		○		○
4	日	経済	戌	○	○	○	
5	月	充実	亥	○	○	○	
6	火	背信	子	▲		▲	▲
7	水	0地点	丑	⊗	⊗	⊗	⊗
8	木	精算	寅	▲			▲
9	金	開拓	卯		○		
10	土	生長	辰		○		○
11	日	決定	巳	○	○		○
12	月	健康	午	▲	▲	▲	▲
13	火	人気	未	○	○	○	
14	水	浮気	申	▼		▼	▼
15	木	再開	酉		○		○
16	金	経済	戌	○	○	○	
17	土	充実	亥	○	○	○	
18	日	背信	子	▲		▲	▲
19	月	0地点	丑	⊗	⊗	⊗	⊗
20	火	精算	寅	▲			▲
21	水	開拓	卯		○		
22	木	生長	辰		○		○
23	金	決定	巳	○	○		○
24	土	健康	午	▲	▲	▲	▲
25	日	人気	未	○	○	○	
26	月	浮気	申	▼		▼	▼
27	火	再開	酉		○		○
28	水	経済	戌	○	○	○	
29	木	充実	亥	○	○	○	

氷王星

2024年

［生長年］

3月
開拓月

3月の運勢

ようやく自分らしく振る舞える時が来ました。異動や引っ越しなどで忙しくなるかもしれませんが、希望に満ち溢れる気持ちが大きいでしょう。2月までにつらい経験をしてしまった人も大丈夫！これから新しい未来がたくさん待っています。ほんの一時に執着しないことが大切ですから、まずはこれからの夢や目標を前向きに描きましょう。生長期は経験が豊富になるので、失敗を糧にして前進することが大切です。

キーポイント日

◇3月2日　丑　0《ゼロ》地点日
行き当たりばったりでなく予めリサーチを

◇3月11日　戌　経済日
考えてばかりはやめて信じて行動あるのみ

◇3月20日　未　人気日
気になる場所へ行くことで刺激になりそう

運を活かすコツ

○3月のアドバイス

2月から状況が変わって、新しい事へ取り組む必要が出てきた人もいるはず。今後はアンラッキーだったことが嘘のように好転していくので、ポジティブに行動していきましょう。異動や卒業などで、変化が著しくなりますが、新しい環境へ身を置くことでステップアップも可能になりますから、悪い意味に捉えないように気をつけて。

○苦しい時が訪れたら……

じっとしている時間が長いと、考え事が多くなってしまうでしょう。行動しておくべき時に立ち止まったままでは運を味方にできないので、服を新調したり、必需品を揃えたりして動き回りましょう。

○未来への一歩を踏み出すためには……

希望が通らなかったとしても、変化を与えられたことはとてもラッキーです。逆に、大きく状況が変わらないとしたら、イメチェンを意識すると効果あり。ダーク系を明るめの服や小物にチェンジ。

○タブー

興味があるのにチャレンジしないままはもったいない。運気にも勢いがあって、とんとん拍子に事が進む可能性もあるのだから、トライしてみるべきです。行動しないことには何も始まりません。

◎＝絶好調日　△▽＝注意日　○＝順調日
⊗＝神秘・波乱含日　▲▼＝不調日

日	曜日	運命日	干支	恋愛結婚	仕事	お金	健康
1	金	背信	子	▲			▲
2	土	0地点	丑	⊗		⊗	⊗
3	日	精算	寅	▲		▲	
4	月	開拓	卯		○		○
5	火	生長	辰	○	○		○
6	水	決定	巳	○	○		○
7	木	健康	午	△			△
8	金	人気	未	◎	◎	○	○
9	土	浮気	申	○		△	△
10	日	再開	酉		○		○
11	月	経済	戌	○	◎	◎	○
12	火	充実	亥	◎	○	◎	
13	水	背信	子	▲			▲
14	木	0地点	丑	⊗		⊗	⊗
15	金	精算	寅	▲		▲	
16	土	開拓	卯		○		○
17	日	生長	辰	○	○		○
18	月	決定	巳	○	○		○
19	火	健康	午	△			△
20	水	人気	未	◎	◎	○	○
21	木	浮気	申	○		△	△
22	金	再開	酉		○		○
23	土	経済	戌	○	◎	◎	○
24	日	充実	亥	◎	○	◎	
25	月	背信	子	▲			▲
26	火	0地点	丑	⊗		⊗	⊗
27	水	精算	寅	▲		▲	
28	木	開拓	卯		○		○
29	金	生長	辰	○	○		○
30	土	決定	巳	○	○		○
31	日	健康	午	△			△

氷王星

2024年
［生長年］

4月
生長月

4月の運勢

新天地への異動や行動範囲が広がるなど、自分の魅力と可能性を引き出せるチャンスが訪れます。しかし、物事をネガティブに捉えるとモチベーションが上がらずに成長を妨げてしまう原因となるので、たとえ気が進まない状況になっても「多くの事を吸収していこう」という気持ちでチャレンジしていきましょう。知り合いも増えていつも以上に神経を使いますが、まだ好き嫌いを区別しないことが大切です。

キーポイント日

◇4月6日　子　背信日
新しい出会いを求めることはやめておこう
◇4月11日　巳　決定日
目的意識を持って行動しておくことが大事
◇4月25日　未　人気日
積極的に活動した甲斐があったと思える日

運を活かすコツ

○4月のアドバイス

抱えていた不安が一気に解消されるくらい、物事が円滑に進みそうです。中には残念なお知らせを耳にするかもしれませんが、逆にそれがプラスへ働くことでしょう。未知の場所へ足を運んだり、知り合いが増えたりするのは、今後の可能性も広がっていくということですから、人に反発や抵抗をしないように気をつけて。

○苦しい時が訪れたら……

冬の運気から引きずっているものがあれば、古い運命をリセットされるような展開になります。うまくいかないものは片づけるか、方針を変えるなどして、同じ状況を続けないようにしていきましょう。

○未来への一歩を踏み出すためには……

悩みが増えた時は、人と交流して意見を求めてみるのがおすすめ。初めは考え方が違う相手にイライラすることもありそうですが、自分の知り得なかった情報を入手できる可能性を秘めています。

○タブー

殻に閉じこもってしまうと出会いのチャンスを逃したり、新鮮な気持ちでいられなかったりと、自分らしさを失いやすいので気をつけて。第一印象が明暗を分けるので、明るく振る舞いましょう。

◎＝絶好調日　△▽＝注意日　○＝順調日
⊗＝神秘・波乱含日　▲▼＝不調日

日	曜日	運命日	干支	恋愛結婚	仕事	お金	健康
1	月	人気	未	◎	◎	○	○
2	火	浮気	申	○		△	△
3	水	再開	酉		○		○
4	木	経済	戌	○	◎	◎	○
5	金	充実	亥	◎	○	◎	
6	土	背信	子	▲			▲
7	日	0地点	丑	⊗		⊗	
8	月	精算	寅	▲		▲	
9	火	開拓	卯		○		○
10	水	生長	辰	○	○		○
11	木	決定	巳	○	○		○
12	金	健康	午	△			△
13	土	人気	未	◎	◎	○	○
14	日	浮気	申	○		△	△
15	月	再開	酉		○		○
16	火	経済	戌	○	◎	◎	○
17	水	充実	亥	◎	○	◎	
18	木	背信	子	▲			▲
19	金	0地点	丑	⊗		⊗	
20	土	精算	寅	▲		▲	
21	日	開拓	卯		○		○
22	月	生長	辰	○	○		○
23	火	決定	巳	○	○		○
24	水	健康	午	△			△
25	木	人気	未	◎	◎	○	○
26	金	浮気	申	○		△	△
27	土	再開	酉		○		○
28	日	経済	戌	○	◎	◎	○
29	月	充実	亥	◎	○	◎	
30	火	背信	子	▲			▲

氷王星

2024年

［生長年］

5月
決定月

5月の運勢

　気持ちの持ちようがとても重要になる時。環境が大きく変わった人は、その状況に慣れ始めてきた頃と思います。心にゆとりが生まれて今後の目標を見出せる人、もしくはそれに反して現状に落胆する人と分かれそうですが、ここで決めたことは短くとも年内まで続くので、できるだけ自分がポジティブでいられる策を講じておきましょう。新しい事を取り入れたり、集中できたりするものを見つけるのがおすすめ。

キーポイント日

◇5月2日　寅　精算日
ある程度予定を立てて行動するほうが無難

◇5月8日　申　浮気日
疲れが取れずに集中力も散漫するので注意

◇5月22日　戌　経済日
仲間や協力者が増える機会が設けられそう

運を活かすコツ

○5月のアドバイス

　「これだ」と思うものに出会ったり、始めはそれ程でもなかったのに、次第にのめり込むようになったりと、今後縁が深まっていくような展開がありそうです。なかなか気持ちがぶれ難い時にいるので、直感を信じて動くことになると思いますが、興味があれば前向きに検討して正解。とりあえずきっかけ作りをしましょう。

○苦しい時が訪れたら……

　無理だと決めつけてしまったら、この先も強い気持ちで挑めなくなってしまいます。たとえ不利な状況になっていても、希望を捨てなければ挽回のチャンスが訪れることを忘れてはいけません。

○未来への一歩を踏み出すためには……

　勢いがある時ですから、多忙な故に慌てて怪我をするおそれも。携帯やパソコンを眺め過ぎていると、効率が悪くなる原因を引き起こしますから、オンとオフの切り替えをしっかりすることです。

○タブー

　趣味や仕事など手広く手掛ける氷王星ですから、あれこれお試しする場合もあると思いますが、決定期で迷ったままはNGです。保留にはせず、一つ一つ答えを出しながら進めていくように心掛けて。

◎＝絶好調日　△▽＝注意日　○＝順調日
⊗＝神秘・波乱含日　▲▼＝不調日

日	曜日	運命日	干支	恋愛結婚	仕事	お金	健康
1	水	0地点	丑	⊗		⊗	
2	木	精算	寅	▲		▲	
3	金	開拓	卯		○		○
4	土	生長	辰	○	○		○
5	日	決定	巳	○	○		○
6	月	健康	午	△			△
7	火	人気	未	◎	◎	○	◎
8	水	浮気	申	○		△	△
9	木	再開	酉		○		○
10	金	経済	戌	○	◎	◎	○
11	土	充実	亥	◎	○	◎	
12	日	背信	子	▲			▲
13	月	0地点	丑	⊗		⊗	
14	火	精算	寅	▲		▲	
15	水	開拓	卯		○		○
16	木	生長	辰	○	○		○
17	金	決定	巳	○	○		○
18	土	健康	午	△			△
19	日	人気	未	◎	◎	○	◎
20	月	浮気	申	○		△	△
21	火	再開	酉		○		○
22	水	経済	戌	○	◎	◎	○
23	木	充実	亥	◎	○	◎	
24	金	背信	子	▲			▲
25	土	0地点	丑	⊗		⊗	
26	日	精算	寅	▲		▲	
27	月	開拓	卯		○		○
28	火	生長	辰	○	○		○
29	水	決定	巳	○	○		○
30	木	健康	午	△			△
31	金	人気	未	◎	◎	○	◎

氷王星

2024年

［生長年］

6月
健康月

◎＝絶好調日　△▽＝注意日　○＝順調日
⊗＝神秘・波乱含日　▲▼＝不調日

日	曜日	運命日	干支	恋愛結婚	仕事	お金	健康
1	土	浮気	申	○			△
2	日	再開	酉		○		○
3	月	経済	戌	○	◎	◎	○
4	火	充実	亥	◎	○	◎	
5	水	背信	子	▲	▲	▲	▲
6	木	0地点	丑	⊗			⊗
7	金	精算	寅	▲	▲	▲	▲
8	土	開拓	卯		○		○
9	日	生長	辰	○	○		○
10	月	決定	巳	○	○	○	○
11	火	健康	午	△			△
12	水	人気	未	◎	◎	○	△
13	木	浮気	申	○			△
14	金	再開	酉		○		○
15	土	経済	戌	○	◎	◎	○
16	日	充実	亥	◎	○	◎	
17	月	背信	子	▲	▲	▲	▲
18	火	0地点	丑	⊗			⊗
19	水	精算	寅	▲	▲	▲	▲
20	木	開拓	卯		○		○
21	金	生長	辰	○	○		○
22	土	決定	巳	○	○	○	○
23	日	健康	午	△			△
24	月	人気	未	◎	◎	○	△
25	火	浮気	申	○			△
26	水	再開	酉		○		○
27	木	経済	戌	○	◎	◎	○
28	金	充実	亥	◎	○	◎	
29	土	背信	子	▲	▲	▲	▲
30	日	0地点	丑	⊗			⊗

6月の運勢

たとえ慌ただしい日々を過ごしていても、やるべき事へ集中していると疲れさえ忘れてしまいそうですが、身体が悲鳴をあげる頃なので注意が必要です。思考能力の低下や注意力の散漫を招くほどになると、課題へ取り組む効率が悪くなるどころか、怪我や事故などを誘発することにもなり兼ねません。焦りや不安で精神的なダメージを受ける場合もありますから、程よくリラックスしながら過ごしましょう。

キーポイント日

◇6月2日　酉　再開日
同じような状況や症状が続くなら早期解決

◇6月11日　午　健康日
イライラして八つ当たりしないように注意

◇6月20日　卯　開拓日
仲間や家族の手を借りることも悪くはない

運を活かすコツ

○6月のアドバイス

人と交流する機会が増えて、ストレスを抱えやすくなる場合があります。氷王星は強引に事を進めるタイプではないので、相手の要求に左右されたり、自分が折れたりの展開になると思いますが、基本信念が強いので、意見が合わないと我慢が必要になります。オフには好きな事をして、リフレッシュするようにしましょう。

○苦しい時が訪れたら……

行動が抑制されるような状況になったら、無理はしないように。ペースダウンや立ち止まることで難を逃れる場合もあります。人を頼ればうまく回る事さえあるので、自力で解決させないように。

○未来への一歩を踏み出すためには……

頑張る気持ちは悪くないですが、リズムを整えることやメリハリをつけるのも大事です。夜型になると氷王星の輝きが失われてしまいますから、昼間に万全な態勢で物事へ取り組めるように準備を。

○タブー

身体を冷やし過ぎると体調を崩すだけでなく、行動意欲も失われやすいので気をつけましょう。水分摂取のバランスが大事な星なので、物事へ集中する時は、室内であろうとも水分補給をしないと、知らぬ間に熱中症にかかるおそれも。

氷王星

2024年

［生長年］

7月
人気月

7月の運勢

多くの人と交流できる機会が増えて刺激になります。興味を抱いていたものへ接触するチャンスも訪れるため、テンションが上がって周りが見えなることもしばしば。どちらかと言えば、課題や仕事に熱が入るのではなく、趣味や恋愛が充実する方向になるかもしれません。人気期は最高の運気と言われますが、その裏には0《ゼロ》が潜んでいますから行け行けドンドンはNG。3月から5月までの結果が出る時です。

キーポイント日

◇7月4日　巳　決定日
この先長く続けられるものと縁が深まりそう

◇7月10日　亥　充実日
お誘いや仕事をもらえる展開に期待が膨らむ

◇7月19日　申　浮気日
対応を間違えると白紙になってしまう場合も

運を活かすコツ

○7月のアドバイス

自分の意見がとおりやすい運気です。笑う回数も多くなるでしょう。勘やくじなどが当たって、臨時収入を得る可能性がなきにしもあらず。昨年から積極的に行動してきた人には嬉しい知らせが入り、ホッと一息つけるかもしれません。逆に、つらい事ばかり続いている場合は、過去にしがみついていないか確認を。

○苦しい時が訪れたら……

良い事など起きないと感じているなら、過去に目標の設定があったかを振り返ってみましょう。願望があらわになる人気期ですから、面倒な事はしたくないという気持ちが反映されているのかも。

○未来への一歩を踏み出すためには……

楽な状況でいたいのか、それとも将来へ繋げたいのか、気持ち次第で行動が変わってきます。目標を達成するための芯がぶれていなければ大丈夫ですが、そうでなければ修正が必要でしょう。

○タブー

クレームや意見を聞き入れずに、我を貫くのは問題。自分の思いどおりになったとしても、周囲に受け入れられなければ、結局孤独に陥る展開に。相手の立場になって考えることも大切です。

◎＝絶好調日　△▽＝注意日　○＝順調日
⊗＝神秘・波乱含日　▲▼＝不調日

日	曜日	運命日	干支	恋愛結婚	仕事	お金	健康
1	月	精算	寅	▲			▲
2	火	開拓	卯	○	○		○
3	水	生長	辰	○	○		○
4	木	決定	巳	○	○	○	○
5	金	健康	午	△			△
6	土	人気	未	◎	◎	◎	◎
7	日	浮気	申	○		△	△
8	月	再開	酉	○	○		○
9	火	経済	戌	◎	◎	◎	○
10	水	充実	亥	◎	◎	◎	
11	木	背信	子	▲			▲
12	金	0地点	丑	⊗		⊗	
13	土	精算	寅	▲			▲
14	日	開拓	卯	○	○		○
15	月	生長	辰	○	○		○
16	火	決定	巳	○	○	○	○
17	水	健康	午	△			△
18	木	人気	未	◎	◎	◎	◎
19	金	浮気	申	○		△	△
20	土	再開	酉	○	○		○
21	日	経済	戌	◎	◎	◎	○
22	月	充実	亥	◎	◎	◎	
23	火	背信	子	▲			▲
24	水	0地点	丑	⊗		⊗	
25	木	精算	寅	▲			▲
26	金	開拓	卯	○	○		○
27	土	生長	辰	○	○		○
28	日	決定	巳	○	○	○	○
29	月	健康	午	△			△
30	火	人気	未	◎	◎	◎	◎
31	水	浮気	申	○		△	△

氷王星

2024年

［生長年］

8月
浮気月

8月の運勢

7月は楽しい時間を過ごす機会が多かったと思いますから、ウキウキ気分を持ち越さないように注意が必要です。また、トントン拍子に物事が進んだ人は、さらに自信とダイナミックさが増して怖いもの知らずになる可能性も。勢いがある運勢だけに、意思の強さや行動力があるのは良いのですが、急ブレーキが効かない時でもあるので、間違った方向へ進んでしまえば引き返せなくなるおそれがあります。

◎＝絶好調日　△▽＝注意日　○＝順調日
⊗＝神秘・波乱含日　▲▼＝不調日

日	曜日	運命日	干支	恋愛結婚	仕事	お金	健康
1	木	再開	酉	○	○		○
2	金	経済	戌	◎	○	◎	○
3	土	充実	亥	◎	◎	◎	
4	日	背信	子	▽		▽	
5	月	0地点	丑	⊗		⊗	
6	火	精算	寅	▽		▽	▽
7	水	開拓	卯	○	○		○
8	木	生長	辰	○	○		○
9	金	決定	巳	○	○	○	○
10	土	健康	午	▽			▽
11	日	人気	未	◎	▽	◎	▽
12	月	浮気	申	○		▽	▽
13	火	再開	酉	○	○		○
14	水	経済	戌	◎	○	◎	○
15	木	充実	亥	◎	◎	◎	
16	金	背信	子	▽		▽	
17	土	0地点	丑	⊗		⊗	
18	日	精算	寅	▽		▽	▽
19	月	開拓	卯	○	○		○
20	火	生長	辰	○	○		○
21	水	決定	巳	○	○	○	○
22	木	健康	午	▽			▽
23	金	人気	未	◎	▽	◎	▽
24	土	浮気	申	○		▽	▽
25	日	再開	酉	○	○		○
26	月	経済	戌	◎	○	◎	○
27	火	充実	亥	◎	◎	◎	
28	水	背信	子	▽		▽	
29	木	0地点	丑	⊗		⊗	
30	金	精算	寅	▽		▽	▽
31	土	開拓	卯	○	○		○

キーポイント日

◇8月6日　寅　精算日
勢い余って一か八かの賭けに出ないように

◇8月11日　未　人気日
浮ついた気持ちだと危険が伴うおそれあり

◇8月19日　卯　開拓日
気持ちを切り替えないとイメージダウンも

運を活かすコツ

○8月のアドバイス

乗り気ではないのに、付き合いでやらなければならない事が出てきそうです。行動が大胆になりやすい時なので、見栄を張る状況になったら要注意。大袈裟な表現をしたり、大盤振る舞いしたりすると、後悔を招く結末になります。本業や本命を疎かにして、せっかくのチャンスを台無しにしてしまわぬように気をつけて。

○苦しい時が訪れたら……

たとえ失敗したとしても、春の運気中はやり直しが可能です。復習や反省をして、次こそは同じミスをしないように気を改めましょう。目上の人の忠告やアドバイスをしっかり聞き入れることです。

○未来への一歩を踏み出すためには……

まだ方向性が決まっていない人は、自信のなさからあれこれ試したくなると思いますが、中途半端になってしまえばクオリティーが低くなるおそれも。うまい話に乗らないように気をつけましょう。

○タブー

軌道に乗ってきた事も、他人任せにしたままや手を抜いてしまっては成果が上がりません。場合によっては、他に気を取られて方針変更などをすれば、振り出しに戻ってやり直しが必要でしょう。

氷王星

2024年

［生長年］

9月
再開月

9月の運勢

課題や目標を設定することなく、ただがむしゃらに走り続けてきた人は、自分の欲求を満たすために8月はいつもより出費が多かったのではないでしょうか?浮気期は気の緩みから何事も脱線してしまいがちになるのですが、氷王星はお金と縁の深い0星《ゼロスター》・であるため、浪費の傾向が強くなります。お金の使い過ぎや失敗したことを反省して軌道修正が必要ですから、見栄やプライドは取り払ってしまいましょう。

キーポイント日

◇9月1日　辰　生長日
偶然に懐かしい人と出会うこともありそう

◇9月18日　酉　再開日
気になっていたものへ再挑戦してみるべき

◇9月26日　巳　決定日
簡単に諦めてしまうのはもったいないです

運を活かすコツ

○9月のアドバイス

6、7月で体調を崩してしまった、もしくは8月に失敗を経験した人は、ここで挽回を狙って欲しい時です。春の運気中は、0《ゼロ》地帯から関わったものを進化させていかなければならないですし、新しい経験が必要になるので、失敗はつきもの。自信を失くしてしまったら、自分を成長させられるチャンスを逃してしまいます。

○苦しい時が訪れたら……

繰り返すことが幸運へと繋がるので、1度や2度うまくいかないとしても諦めないことです。好きな事ならとことん粘ってみましょう。懐かしい場所へ足を運べば、ヒントやパワーをもらえます。

○未来への一歩を踏み出すためには……

大事な時には前もって足を運んでおいたり、何度も確認したりすると良さそうです。忘れないようにメモを声に出して読むと、印象が強くなるでしょう。お世話になった人に会えるとラッキーかも。

○タブー

重複するのが良いとされる時ですが、悪い事も繰り返されてしまうので注意が必要です。自分の欠点が口や態度に出やすく、それがきっかけで同じミスを犯してしまう場合もあるので気をつけて。

◎＝絶好調日　△▽＝注意日　○＝順調日
⊗＝神秘・波乱含日　▲▼＝不調日

日	曜日	運命日	干支	恋愛結婚	仕事	お金	健康
1	日	生長	辰	○	○		○
2	月	決定	巳	○	○	○	○
3	火	健康	午	▽			▽
4	水	人気	未	○	◎	○	◎
5	木	浮気	申	○		▽	▽
6	金	再開	酉	○	○		○
7	土	経済	戌	○	◎	◎	○
8	日	充実	亥	○	◎	◎	
9	月	背信	子	▽			▽
10	火	0地点	丑		⊗	⊗	
11	水	精算	寅			▽	▽
12	木	開拓	卯	○	○		○
13	金	生長	辰	○	○		○
14	土	決定	巳	○	○	○	○
15	日	健康	午	▽			▽
16	月	人気	未	○	◎	○	◎
17	火	浮気	申	○		▽	▽
18	水	再開	酉	○	○		○
19	木	経済	戌	○	◎	◎	○
20	金	充実	亥	○	◎	◎	
21	土	背信	子	▽			▽
22	日	0地点	丑		⊗	⊗	
23	月	精算	寅			▽	▽
24	火	開拓	卯	○	○		○
25	水	生長	辰	○	○		○
26	木	決定	巳	○	○	○	○
27	金	健康	午	▽			▽
28	土	人気	未	○	◎	○	◎
29	日	浮気	申	○		▽	▽
30	月	再開	酉	○	○		○

氷王星

2024年

［生長年］

10月
経済月

10月の運勢

一生懸命取り組んできたことに成果が表れ始めます。周囲から認められるようであれば順調な証ですが、反対や警告を受けるなど、あなたの意思や行動を否定される場合は、誤った方向へ進んでいる可能性があります。これまでの努力がお金に変わる時でもありますから、結果が伴えば満足できるでしょう。出費ばかりで金欠ぎみである、または関わる人との温度差を感じて孤独状態であるとすれば改善が必要です。

キーポイント日

◇10月10日　未　人気日
積極的に動いてこなかったら結果は出ない

◇10月17日　寅　精算日
無駄にお金を使うか修理や治療で大ピンチ

◇10月25日　戌　経済日
仲間やパートナーと良好な関係を築けそう

運を活かすコツ

○10月のアドバイス

開拓期から挑戦してきた事は、少しずつ成果が出始めて自信へと繋がっていきます。収入は冬の運気から比べれば安定はしてきていますが、まだ満足はできないでしょう。新しい試みへチャレンジするための出費は、自分の成長や規模拡大のためには必要な流れでも、単独で判断しての大勝負は控えるようにしましょう。

○苦しい時が訪れたら……

面倒な気持ちが勝ってしまったら、新しいものを習得する機会を逃してしまいますし、ある程度お金がないと好きな事も続けられません。何をすれば自分が成長できるかを考えるようにしましょう。

○未来への一歩を踏み出すためには……

将来への投資も必要ですが、11月後半から氷王星は月運が冬の運気へと入ります。先の事まで考えて行動へ移さないと、本末転倒な結果になるおそれもありますから、備えも忘れずにしてください。

○タブー

徐々に結果が出てくる頃なので、嬉しい知らせが入った時はテンションが高まったり、態度が大きくなったりしやすいので気をつけて。失礼な態度や対応で、評価が下がってしまう場合もあります。

◎＝絶好調日　△▽＝注意日　○＝順調日
⊗＝神秘・波乱含日　▲▼＝不調日

日	曜日	運命日	干支	恋愛結婚	仕事	お金	健康
1	火	経済	戌	◎	◎	◎	○
2	水	充実	亥	◎	◎	◎	
3	木	背信	子	▽			▽
4	金	0地点	丑		⊗	⊗	
5	土	精算	寅			▽	▽
6	日	開拓	卯	○	○		○
7	月	生長	辰	○	○		○
8	火	決定	巳	○	○	○	○
9	水	健康	午	▽			▽
10	木	人気	未	◎	◎	○	◎
11	金	浮気	申	○		▽	▽
12	土	再開	酉	○	○	○	○
13	日	経済	戌	◎	◎	◎	○
14	月	充実	亥	◎	◎	◎	
15	火	背信	子	▽			▽
16	水	0地点	丑		⊗	⊗	
17	木	精算	寅			▽	▽
18	金	開拓	卯	○	○		○
19	土	生長	辰	○	○		○
20	日	決定	巳	○	○	○	○
21	月	健康	午	▽			▽
22	火	人気	未	◎	◎	○	◎
23	水	浮気	申	○		▽	▽
24	木	再開	酉	○	○	○	○
25	金	経済	戌	◎	◎	◎	○
26	土	充実	亥	◎	◎	◎	
27	日	背信	子	▽			▽
28	月	0地点	丑		⊗	⊗	
29	火	精算	寅			▽	▽
30	水	開拓	卯	○	○		○
31	木	生長	辰	○	○		○

氷王星

2024年

［生長年］

11月

充実月

11月の運勢

今日までお世話になった人との繋がりが深くなりやすい時です。暮れに近づいているので年末の予定を立てたり、早い人は年始の準備や計画を進めたりと、スケジュールを組む必要が出てきて、やる事も増える一方でしょう。しかし、挨拶やお声がけできる人が多いのは、相手とうまくコミュニケーションを取って友情や信頼を育んできた証。まだ関わる人が少ない人も、挨拶は丁寧にしておくことが大切です。

キーポイント日

◇11月3日　未　人気日
大切な人と過ごすと関係が深まるでしょう

◇11月12日　辰　生長日
イベント計画やお誘いは早いうちがベスト

◇11月20日　子　背信日
相手の状況をよく見て判断することが大切

運を活かすコツ

○11月のアドバイス

新しく知り合った人や取引先の方、協力者たちと信頼関係を築ける流れになりそうです。困っている人を助けたり、自分のピンチを救ってもらったりもあるでしょう。周りをよく見渡すと、意外にサポートできる事が多くあるので、自分だけに集中するのではなく、他人を気遣うことも忘れないように過ごしましょう。

○苦しい時が訪れたら……

2024年の集大成の月に関わる人が近くにいないのは、まだ上昇運気に乗れていない証。人に手を貸したり頼ったりも大事なことなので、2025年の決定期までにもう少し外向的に動いてみましょう。

○未来への一歩を踏み出すためには……

12月から月運が0《ゼロ》地帯に入るので、今月のうちから課題や作業を急ピッチで進めておくべき。イベントや約束の時に、気持ちに余裕がなくて楽しめないどころか、参加も危うくなってきます。

○タブー

スマホに集中し過ぎていると、大事な内容を聞き逃す場合もあるので気をつけて。人との会話を楽しむことで友情や愛情が育めるので、同時に何かをしながらの行為は控えるようにしましょう。

◎＝絶好調日　△▽＝注意日　○＝順調日
⊗＝神秘・波乱含日　▲▼＝不調日

日	曜日	運命日	干支	恋愛結婚	仕事	お金	健康
1	金	決定	巳	○	○	○	○
2	土	健康	午	▽			▽
3	日	人気	未	◎	◎	○	◎
4	月	浮気	申	○		▽	▽
5	火	再開	酉	○	○	○	○
6	水	経済	戌	◎	◎	◎	○
7	木	充実	亥	◎	◎	◎	
8	金	背信	子	▽			▽
9	土	0地点	丑	⊗	⊗	⊗	
10	日	精算	寅			▽	▽
11	月	開拓	卯	○	○		○
12	火	生長	辰	○	○		○
13	水	決定	巳	○	○	○	○
14	木	健康	午	▽			▽
15	金	人気	未	◎	◎	○	◎
16	土	浮気	申	○		▽	▽
17	日	再開	酉	○	○	○	○
18	月	経済	戌	◎	◎	◎	○
19	火	充実	亥	◎	◎	◎	
20	水	背信	子	▽			▽
21	木	0地点	丑	⊗	⊗	⊗	
22	金	精算	寅			▽	▽
23	土	開拓	卯	○	○		○
24	日	生長	辰	○	○		○
25	月	決定	巳	○	○	○	○
26	火	健康	午	▽			▽
27	水	人気	未	◎	◎	○	◎
28	木	浮気	申	○		▽	▽
29	金	再開	酉	○	○	○	○
30	土	経済	戌	◎	◎	◎	○

氷王星

2024年

［生長年］

12月
背信月

12月の運勢

月の0《ゼロ》地帯に入りましたから、積極的な行動は裏目に出ます。自分だけが忙しいという訳ではなく、関わる相手も同じ状況にある可能性が高いですから、強引になり過ぎないように気をつけましょう。タイミングが合わなかった時は、別の日を設けるか、相手を優先させるような心配りをすると無難です。わがままを言うと、相手を困らせてしまうどころか、築いてきた信頼さえも失い兼ねませんから注意しましょう。

キーポイント日

◇12月6日　辰　生長日
簡単に相手を信じてしまうと騙されるかも

◇12月15日　丑　0《ゼロ》地点日
予定をすっぽかさないように力を借りよう

◇12月24日　戌　経済日
予想外の結果になる場合もあるので要注意

運を活かすコツ

○12月のアドバイス

やっと相手を理解できたのに、急に離れなければならなくなったり、別の課題や業務に携わることになったりする必要が出てきそうです。突然の予定変更が入りやすいので、期待を膨らませ過ぎると拍子抜けしてしまう展開も。次第に自分の時間が持てなくなりますから、日頃から生活のリズムを崩さないように気をつけて。

○苦しい時が訪れたら……

一人では解決が難しい問題に直面することもあります。困った時はダメ元で人に頼るようにしてみてください。自分の都合のいいように話を進めると、イメージダウンやマイナス評価へと繋がります。

○未来への一歩を踏み出すためには……

仲間や家族を放っておけない状況にもなりやすいでしょう。大切な人のために尽くすことは最高です。日頃から感謝の気持ちを口にしていないのなら、言葉に出して伝えると相手も安心します。

○タブー

出会いが多い時ですから、簡単にうまい話を信じると騙されることさえあります。大金を持ち歩いたり、高価な物を身に付けたりするのは控えておく方が無難です。詐欺も他人事ではありません。

◎＝絶好調日　△▽＝注意日　○＝順調日
⊗＝神秘・波乱含日　▲▼＝不調日

日	曜日	運命日	干支	恋愛結婚	仕事	お金	健康
1	日	充実	亥	○	○	○	
2	月	背信	子	▼		▼	▼
3	火	0地点	丑	⊗	⊗	⊗	⊗
4	水	精算	寅	▼		▼	▼
5	木	開拓	卯			○	
6	金	生長	辰		○		○
7	土	決定	巳	○	○		○
8	日	健康	午	▲		▲	▲
9	月	人気	未	○	○	○	
10	火	浮気	申	▼		▼	▼
11	水	再開	酉		○		○
12	木	経済	戌	○	○	○	
13	金	充実	亥	○	○	○	
14	土	背信	子	▼		▼	▼
15	日	0地点	丑	⊗	⊗	⊗	⊗
16	月	精算	寅	▼		▼	▼
17	火	開拓	卯			○	
18	水	生長	辰		○		○
19	木	決定	巳	○	○		○
20	金	健康	午	▲		▲	▲
21	土	人気	未	○	○	○	
22	日	浮気	申	▼		▼	▼
23	月	再開	酉		○		○
24	火	経済	戌	○	○	○	
25	水	充実	亥	○	○	○	
26	木	背信	子	▼		▼	▼
27	金	0地点	丑	⊗	⊗	⊗	⊗
28	土	精算	寅	▼		▼	▼
29	日	開拓	卯			○	
30	月	生長	辰		○		○
31	火	決定	巳	○	○		○

木星 ㊂ 2024年【開拓期】

前向きに進むべき一年　過去にこだわらないで

2024年 全体運

●焦らずに進んでいけば大丈夫 知識や経験を活かしていこう

ようやく冬の運気から春へと転じて、つらい状況から抜け出せるようになるでしょう。

木星は冬の0《ゼロ》地帯に入る前から、コロナ禍の影響を受けることになって、戸惑った人もいるかもしれませんが、先を見据えて行動するタイプなので、貯金や保険、そして補助などを活用することができて、何とか凌げたはずです。どちらかと言えば、人々の考え方が変わったり、最新技術に触れていかなければならなかったりと、大きく変化したものへ対応するほうが難しく感じて、新しい時代へついていくのがやっとかもしれません。しかし、器用なこともあり、一度慣れれば順応できますから、焦らずについていけば大丈夫です。

これからは、木王星が十分に輝ける時代になるので、0《ゼロ》地帯に学んだことと、これから吸収する技術や知識を活かしていくことが大切です。伝統を守ることも、もちろん大事ですが、時代に通用する方法を取り入れていけると良いでしょう。

恋愛・結婚運

●ゆっくり時間をかけて相手を理解しよう

木星は仕事が生きがいという人も多いので、コロナ禍であっても、連日作業場へ出向く機会が少なからずあったのではないでしょうか。世の中は自宅待機などで停滞ムードであったため、周囲との温度差を感じることもあり、恋愛などする気にはなれなかったという人もいて当然です。中には、仕事を休むきっかけが与えられたことにより、大切な人と過ごす機会が設けられて満足できたという人もいて、冬の運気下であっても、悪い事ばかりが起こるわけではないことに気づけたはずです。

すでに春の運気に入りましたから、これから多くの出会いがありそうです。フリーの人は価値観が合う人を選ぶのがおすすめですが、いきなり初対面の人より、長い付き合いのある仲間やすでに交流のある人たちへ目を向けると、安心してつき合える恋人が見つかります。新しい人を求めるとなると、時間をかけて相手を知る必要があるでしょう。

環境や気持ちの変化が現れる時でもありますから、すでに恋人がいる人は、目移りしないように気をつけることです。また、恋人がいる人もフリーの人も、結婚を急ぐと失敗する確率が高くなりますから、ゆっくり相手を理解していきましょう。

仕事・金運

●進化やスキルアップしていくことが大切

コロナ禍で非常事態宣言が発令された時も、木星は食にまつわる業務や物流関係、役所仕事など、稼働が必要な業務に就いていた人が多いと思いますから、充電が必要な冬の運気下であっても、忙しい日々を過ごしていたことでしょう。その反面、経営難に陥って、会社を辞めなくてはならない人もいたはずです。

収入が不安定で、つらい経験をすることもあったかもしれませんが、ようやく0《ゼロ》地帯を抜けたので、また得意な事へチャレンジしていけるようになります。しかし、今までと同じレベルでは、周囲から必要とされない場合もありますから、スキルアップや進化をしていかなければならないでしょう。

開拓期は多くの刺激を受ける一年になりますから、オフの日や時間ができた時など、気になる場所へ足を運んでみたり、ネットでリサーチしたりするなど、新しいものへ目を向ける取り組みをしてみると、今後へ活かせる手掛かりを得られやすくなります。

●自分を高めるためならケチらないように

金運は徐々に上昇はしますが、安定するのはまだ先になるでしょう。新しい時代へついていくために、知識を得る必要がでてきますし、コロナ禍で好きな事へ思うように取り組めなかったこともあり、活動意欲が湧いて出費もかさみそうです。

しかし、ストレスを解消する目的やスキルアップのためならば、ケチらないほうが可能性は広がります。体力をつけたり、気になるところをメンテナンスしたりも忘れずに。

開運ポイント

器用で素晴らしい才能を持ち合わせているのに、自信のなさやアピールする機会がないことが災いして、実力を活かしきれていない人がいるはずです。春の運気下では、好奇心が湧いてくるので、視野を広げて行動するようにしましょう。そうすることで、特技を生かすチャンスが訪れますし、友人や仲間も増えるようになります。

ただし、目的を持つことを忘れると、中途半端に終わってしまうので気をつけましょう。

今年のキーマン	辰年、巳年、午年
恋愛運アップ	時間、水族館、グループ交際
仕事運アップ	進化、リサーチ、チャレンジ
健康運アップ	果物、水分補給、運動する
金　運アップ	刺激、自己投資、趣味特技を活かす

木星

2024年

［開拓年］

1月
背信月

1月の運勢

春の運気を迎えて、早速気分一新したいと考えているところかもしれませんが、1月から3月までは慎重さを要する時です。計画的に行動する木星でも、2023年までは自分の思うように時間が取れなかったため、手が付けられないままの課題や後回しになっている問題が今もあるはず。まずは、「しまった！」と思う前にそれらを片付けておきましょう。まだ時間に余裕はない時ですが、放置したままはよくありません。

キーポイント日

◇1月1日　子　充実日
ちょっとだけゆっくり過ごす時間を作れそう

◇1月10日　酉　浮気日
予定外のものを買い込んでしまいやすいかも

◇1月18日　巳　生長日
動き回る必要ができたら時間に余裕を持って

運を活かすコツ

○1月のアドバイス

年運は冬の0《ゼロ》地帯を抜けましたが、まだ解決していない問題に悩まされそうです。年運だけでなく、月運までも考慮しなければ、思いがけない出来事に大きなショックを受けてしまうおそれも。今まで見えなかったものに気付くようになるので、将来的に不安になった事は、今後も継続していくのかを考えておくほうが良さそうです。

○苦しい時が訪れたら……

聞きたくない話を耳にしたり、見てはいけないものが目に入ったりするかもしれません。早とちりや勘違いの場合もあるので、誰かの力を借りるようにすると、相談もできて落ち着けるでしょう。

○未来への一歩を踏み出すためには……

4月からアクティブに動けるように、3月までは控えめに過ごしましょう。課題や仕事のスケジュールに余裕を持たせることや、趣味や旅行を満喫してリフレッシュしておくのがおすすめです。

○タブー

課題が増えたり、圧をかけられたりもあるかもしれませんが、ヒートアップして反発したらトラブルへと発展してしまいます。無駄にエネルギーを使うと、心身の不調をきたすおそれがあります。

◎＝絶好調日　△▽＝注意日　○＝順調日
⊗＝神秘・波乱含日　▲▼＝不調日

日	曜日	運命日	干支	恋愛結婚	仕事	お金	健康
1	月	充実	子	○	○	○	
2	火	背信	丑	▼		▼	▼
3	水	0地点	寅	⊗	⊗	⊗	⊗
4	木	精算	卯	▼		▼	▼
5	金	開拓	辰		○		
6	土	生長	巳		○		○
7	日	決定	午	○	○		○
8	月	健康	未	▲		▲	▲
9	火	人気	申	○	○	○	
10	水	浮気	酉	▼		▼	▼
11	木	再開	戌		○		○
12	金	経済	亥	○	○	○	
13	土	充実	子	○	○	○	
14	日	背信	丑	▼		▼	▼
15	月	0地点	寅	⊗	⊗	⊗	⊗
16	火	精算	卯	▼		▼	▼
17	水	開拓	辰		○		
18	木	生長	巳		○		○
19	金	決定	午	○	○		○
20	土	健康	未	▲		▲	▲
21	日	人気	申	○	○	○	
22	月	浮気	酉	▼		▼	▼
23	火	再開	戌		○		○
24	水	経済	亥	○	○	○	
25	木	充実	子	○	○	○	
26	金	背信	丑	▼		▼	▼
27	土	0地点	寅	⊗	⊗	⊗	⊗
28	日	精算	卯	▼		▼	▼
29	月	開拓	辰		○		
30	火	生長	巳		○		○
31	水	決定	午	○	○		○

木星

⊜ 木　星

2024年

［開拓年］

2月
0《ゼロ》地点月

◎＝絶好調日　△▽＝注意日　○＝順調日
⊗＝神秘・波乱含日　▲▼＝不調日

日	曜日	運命日	干支	恋愛結婚	仕事	お金	健康
1	木	健康	未	▲	▲	▲	▲
2	金	人気	申	○	○	○	
3	土	浮気	酉	▼		▼	▼
4	日	再開	戌		○		○
5	月	経済	亥	○	○	○	
6	火	充実	子	○	○	○	
7	水	背信	丑	▼	▼	▼	▼
8	木	0地点	寅	⊗	⊗	⊗	⊗
9	金	精算	卯	▼	▼	▼	▼
10	土	開拓	辰		○		
11	日	生長	巳		○		○
12	月	決定	午	○	○		○
13	火	健康	未	▲	▲	▲	▲
14	水	人気	申	○	○	○	
15	木	浮気	酉	▼		▼	▼
16	金	再開	戌		○		○
17	土	経済	亥	○	○	○	
18	日	充実	子	○	○	○	
19	月	背信	丑	▼	▼	▼	▼
20	火	0地点	寅	⊗	⊗	⊗	⊗
21	水	精算	卯	▼	▼	▼	▼
22	木	開拓	辰		○		
23	金	生長	巳		○		○
24	土	決定	午	○	○		○
25	日	健康	未	▲	▲	▲	▲
26	月	人気	申	○	○	○	
27	火	浮気	酉	▼		▼	▼
28	水	再開	戌		○		○
29	木	経済	亥	○	○	○	

2月の運勢

家の事をやって、そして課題や仕事もこなす日々を繰り返す木星ですから、休む暇を設ける時間があまりないはず。春の運気を迎えたので、やりたい事が徐々に増えてきたと思いますが、2月はまだスタートには向いていない時です。周りからの要望でやらなければならない事が舞い込みやすく、多く予定を入れてしまうと心身共に休まらなくなるので気をつけましょう。リラックスする時間を作るのがベストです。

キーポイント日

◇2月3日　酉　浮気日
アイデアを振り絞ってうまく節約をしよう

◇2月10日　辰　開拓日
良くも悪くも新しい展開がありそうな予感

◇2月25日　未　健康日
疲れている時は無理な行動を控えておこう

運を活かすコツ

○2月のアドバイス

終わりがあると同時に始まりを迎える0《ゼロ》地点です。つらく苦しい冬の0《ゼロ》地帯を抜けて本格的に春の運気を迎える時なので、悲しくて残念に思うような出来事の中にも、どこか緊張がとけてほっとする部分もあるはず。新しい事へ挑戦していかなければならない時でもあるので、気疲れしやすいですが、焦らずに進めていきましょう。

○苦しい時が訪れたら……

無理をせずに身体を休めたり、ミスを防ぐためにもペースを落としたりすることも大切です。計画どおりに進まない時は、自分だけで何とかするのではなく、他の人に確認なり助けを求めて。

○未来への一歩を踏み出すためには……

旅行や興味のあるお店へ足を運んでみるなど、休みが取れないと行けないような場所へ行ってみると気分転換になります。たまには好きな事をする時間を作って、気力を回復させましょう。

○タブー

新しい事へ興味が湧いてくるので、無駄遣いをする傾向にあります。冬の運気を抜けると、徐々に利用頻度が少なくなりますから、今買わなくても間に合うものは購入を見送るほうが無難です。

木星

2024年

［開拓年］

3月
精算月

3月の運勢

すでに春の運気である開拓年に入っているにも関わらず、まだ運の良さを実感できないという人も多いはず。木星は4月に入らないと新しいスタートが切れない星回りなので、3月までは精算年に纏わる出来事も起こりやすくなります。冬の0《ゼロ》地帯中に悩み続けてきた問題がある場合は、早めに解決できるように動いておきましょう。胸に引っかかるものをすっきりさせられたら、たちまち状況が変化していきます。

キーポイント日

◇3月2日　丑　背信日
状況の変わり様に気持ちがついていかない

◇3月18日　巳　生長日
第三者の意見を取り入れてトラブル解決を

◇3月23日　戌　再開日
またかと思うことには問題が潜んでいそう

運を活かすコツ

○3月のアドバイス

進学や異動、引っ越しがつきものなので、慣れ親しんだ場所を離れることになって、複雑な思いを抱く状況になるかもしれません。しかし、4月から春の運気が訪れると同時に、新しい運命が本格的に始まるので、良い兆候の可能性が高いですから、今後へ期待を寄せましょう。不安や心配事は少しでも減らしておくことです。

○苦しい時が訪れたら……

無駄な努力はありませんから、やってダメだったのなら気持ちの整理がつくはずです。反対に、やらなくて諦めると心残りになってしまうので、できる限りのことは試しておくほうが良いでしょう。

○未来への一歩を踏み出すためには……

不要なものを処分するのは良いのですが、リサイクルやリメイクなどで、価値があるものもあります。家族や友人に相談して意見を求めると、知らなかった情報を教えてくれることがあります。

○タブー

運気が上昇するからといって、大胆に方向転換してしまうのは良くありません。これまでの努力や経験の上に、新たなステージが構築されていくことを忘れないように。一からでは時間を要します。

◎＝絶好調日　△▽＝注意日　○＝順調日
⊗＝神秘・波乱含日　▲▼＝不調日

日	曜日	運命日	干支	恋愛結婚	仕事	お金	健康
1	金	充実	子	○	○	○	
2	土	背信	丑	▲		▲	▲
3	日	0地点	寅	⊗	⊗	⊗	⊗
4	月	精算	卯	▲		▲	▲
5	火	開拓	辰		○		
6	水	生長	巳		○		○
7	木	決定	午	○	○		○
8	金	健康	未	▲		▲	▲
9	土	人気	申	○	○	○	
10	日	浮気	酉	▼		▼	▼
11	月	再開	戌		○		○
12	火	経済	亥	○	○	○	
13	水	充実	子	○	○	○	
14	木	背信	丑	▲		▲	▲
15	金	0地点	寅	⊗	⊗	⊗	⊗
16	土	精算	卯	▲		▲	▲
17	日	開拓	辰		○		
18	月	生長	巳		○		○
19	火	決定	午	○	○		○
20	水	健康	未	▲		▲	▲
21	木	人気	申	○	○	○	
22	金	浮気	酉	▼		▼	▼
23	土	再開	戌		○		○
24	日	経済	亥	○	○	○	
25	月	充実	子	○	○	○	
26	火	背信	丑	▲		▲	▲
27	水	0地点	寅	⊗	⊗	⊗	⊗
28	木	精算	卯	▲		▲	▲
29	金	開拓	辰		○		
30	土	生長	巳		○		○
31	日	決定	午	○	○		○

木星

2024年

［開拓年］

4月
開拓月

◎＝絶好調日　△▽＝注意日　○＝順調日
⊗＝神秘・波乱含日　▲▼＝不調日

日	曜日	運命日	干支	恋愛結婚	仕事	お金	健康
1	月	健康	未	△			△
2	火	人気	申	◎	◎	○	○
3	水	浮気	酉	○		△	△
4	木	再開	戌		○		○
5	金	経済	亥	○	◎	◎	○
6	土	充実	子	◎	○	◎	
7	日	背信	丑	▲			▲
8	月	0地点	寅	⊗		⊗	⊗
9	火	精算	卯	▲		▲	
10	水	開拓	辰		○		○
11	木	生長	巳	○	○		○
12	金	決定	午	○	○		○
13	土	健康	未	△			△
14	日	人気	申	◎	◎	○	○
15	月	浮気	酉	○		△	△
16	火	再開	戌		○		○
17	水	経済	亥	○	◎	◎	○
18	木	充実	子	◎	○	◎	
19	金	背信	丑	▲			▲
20	土	0地点	寅	⊗		⊗	⊗
21	日	精算	卯	▲		▲	
22	月	開拓	辰		○		○
23	火	生長	巳	○	○		○
24	水	決定	午	○	○		○
25	木	健康	未	△			△
26	金	人気	申	◎	◎	○	○
27	土	浮気	酉	○		△	△
28	日	再開	戌		○		○
29	月	経済	亥	○	◎	◎	○
30	火	充実	子	◎	○	◎	

4月の運勢

昨年までとは全然違う運気の変化を感じるでしょう。不安や悩み事が多く、なかなか身体も休まらなかったのに、これからは夢や希望に満ち溢れて、アクティブに動けるようになります。木星は慎重派であるため、新しい環境に身を置くと場慣れするまでに時間を要するのですが、開拓年の2024年はすんなり馴染めてしまうはずです。冬の0《ゼロ》地帯を耐えて来たからこそ、精神的に強くなっているので自信を持ちましょう。

キーポイント日

◇4月5日　亥　経済日
悩みが多いとスタートが遅れてしまいます

◇4月10日　辰　開拓日
行動へ移せなくても計画だけは立てるべき

◇4月20日　寅　0《ゼロ》地点日
気になるものを発見できたら情報収集して

運を活かすコツ

○4月のアドバイス

一日の過ごし方やルーティンが決まっている人も、新しい知識を得る機会が増えて、考え方に変化が現れてくるでしょう。頭が固いところがあるので、こうと決めたら簡単に動じないこともあるのですが、魅力を感じるものが出てきて、まっしぐらに進む可能性も。初めは失敗して当たり前ですから、積極的に経験を積みましょう。

○苦しい時が訪れたら……

未来へ繋がらないものは、早めに断ち切りましょう。スタートしなければならない時に、できる状況にないのでは出遅れてしまうことに。時代も環境も変化しているので、新しいことへ目を向けて。

○未来への一歩を踏み出すためには……

失敗はしたくないという思いでも、ちょっと別の方法を取り入れてみると良いヒントを得られそうです。イメージチェンジや買い替えも有効なので、今までとは違うものへ興味を持ちましょう。

○タブー

展開が早くなりそうな状況下にいるので、迷ったまま事を進めるのだけはやめましょう。一つに執着すると、周りが見えなくなってしまう場合もあるので、今は広く浅くくらいがおすすめです。

木星

2024年

［開拓年］

5月
生長月

5月の運勢

4月はまだ警戒心が解けずに自分らしく振る舞えなかった人も、周囲と自然体で交流できるようになったり、行動範囲を広げたりできそうです。苦手な人とも関わらなければならない場合もありますが、直感で相手の良し悪しを判断することだけはやめましょう。大きく環境が変わった人は、気の使い過ぎで疲れも出やすい時なので、程よく気分転換する時間を設けると吉です。新しい事をたくさん吸収しましょう。

キーポイント日

◇5月3日　卯　精算日
ある程度リサーチしておかないと出費に泣く

◇5月18日　午　決定日
初対面の人とも会話が弾んで楽しく過ごせる

◇5月20日　申　人気日
気になっていたものに関われるチャンスあり

運を活かすコツ

○5月のアドバイス

自ら変化を求めないとしても、家族や上司、関係者に動かされる場合があるでしょう。今までとは違う場所へ足を運ぶことになったら、その先に新しい出会いや交流が待っているので、よく周りを見渡してください。足を使うことも悪くないですから、いつも以上に歩くのもおすすめ。憧れの人やライバルに刺激されるでしょう。

○苦しい時が訪れたら……

自分の事だけでなく、周囲の影響も受けやすくなる時です。一見好ましくないような出来事でも、あなたが成長する意味も含んでいるので、目の前で起きることを深く考えるようにしてください。

○未来への一歩を踏み出すためには……

多くの人が安定を求めますが、春の運気では変化や工夫が必要になってきます。今ある物をさらに良い形へ作り変える技を持ち合わせている木星ですから、価値を高める取り組みをしましょう。

○タブー

固定観念にとらわれて、時代の変化を受け入れないのは良くありません。分からなければ聞けば良いですし、できなければ手伝ってもらって、徐々に新技術への理解を深めていくことが大切です。

◎＝絶好調日　△▽＝注意日　○＝順調日
⊗＝神秘・波乱含日　▲▼＝不調日

日	曜日	運命日	干支	恋愛結婚	仕事	お金	健康
1	水	背信	丑	▲			▲
2	木	0地点	寅	⊗		⊗	
3	金	精算	卯	▲		▲	
4	土	開拓	辰		○		○
5	日	生長	巳	○	○		○
6	月	決定	午	○	○		○
7	火	健康	未	△			△
8	水	人気	申	◎	◎	○	○
9	木	浮気	酉	○		△	△
10	金	再開	戌		○		○
11	土	経済	亥	○	◎	◎	○
12	日	充実	子	◎	○	◎	
13	月	背信	丑	▲			▲
14	火	0地点	寅	⊗		⊗	
15	水	精算	卯	▲		▲	
16	木	開拓	辰		○		○
17	金	生長	巳	○	○		○
18	土	決定	午	○	○		○
19	日	健康	未	△			△
20	月	人気	申	◎	◎	○	○
21	火	浮気	酉	○		△	△
22	水	再開	戌		○		○
23	木	経済	亥	○	◎	◎	○
24	金	充実	子	◎	○	◎	
25	土	背信	丑	▲			▲
26	日	0地点	寅	⊗		⊗	
27	月	精算	卯	▲		▲	
28	火	開拓	辰		○		○
29	水	生長	巳	○	○		○
30	木	決定	午	○	○		○
31	金	健康	未	△			△

木星

木星

2024年

［開拓年］

6月
決定月

6月の運勢

4月と5月に学び得た事をもとに、今後の計画や目標を立てると良い時です。冬の0《ゼロ》地帯中に何度も悩み続けた問題も、ここで解決しておかなければなりません。木星は世間体や評価を気にするあまり、我慢し続けてしまう場合もあると思いますが、時代が大きく変わっている影響もあって、孤独に陥るのだけは良くないので、長い付き合いのある人や専門家などに相談をして、答えを出していくようにしましょう。

キーポイント日

◇6月2日　酉　浮気日
約束を破ると信用を失い兼ねないので要注意

◇6月11日　午　決定日
勘だけを頼りに行動すると失敗を招く可能性も

◇6月20日　卯　精算日
不満や悩みは誰かに相談して解決策を探そう

運を活かすコツ

○6月のアドバイス

決定期は大事なポイントです。これからも関わっていきたいものは大事に扱い、もう手を引きたいことにはけじめを付けると、しばらくは面倒な問題から解放されます。ややこしい状態が続くものがあるとしたら、ここできっぱりと決着をつけて、将来性のあるものへ目を向けるほうが、上昇運にいち早く乗れるでしょう。

○苦しい時が訪れたら……

噂や評価も気になりますが、今は人の意見も賛否両論になりますし、他人事だと思ってばかりはいられませんから、すぐに結果は出ないと思いますが、挑戦したいなら実行も悪くありません。

○未来への一歩を踏み出すためには……

新しい環境にも慣れて、ようやく自分らしさを発揮できる頃でしょう。根はまじめだけれど明朗な木星ですから、笑顔で周囲とコミュニケーションが取れている状況であるならば心配要りません。

○タブー

長い間関わりがある人とも、言葉に出さなければ思いが通じない場合も。自分の考えは誰かを介して伝えるのではなく、直接打ち明けるようにしないと、気持ちが届かなくなってしまうでしょう。

◎＝絶好調日　△▽＝注意日　○＝順調日
⊗＝神秘・波乱含日　▲▼＝不調日

日	曜日	運命日	干支	恋愛結婚	仕事	お金	健康
1	土	人気	申	◎	◎	○	◎
2	日	浮気	酉	○		△	△
3	月	再開	戌		○		○
4	火	経済	亥	○	◎	◎	○
5	水	充実	子	◎	○	◎	
6	木	背信	丑	▲			▲
7	金	0地点	寅	⊗		⊗	
8	土	精算	卯	▲		▲	
9	日	開拓	辰		○		○
10	月	生長	巳	○	○		○
11	火	決定	午	○	○		○
12	水	健康	未	△			△
13	木	人気	申	◎	◎	○	◎
14	金	浮気	酉	○		△	△
15	土	再開	戌		○		○
16	日	経済	亥	○	◎	◎	○
17	月	充実	子	◎	○	◎	
18	火	背信	丑	▲			▲
19	水	0地点	寅	⊗		⊗	
20	木	精算	卯	▲		▲	
21	金	開拓	辰		○		○
22	土	生長	巳	○	○		○
23	日	決定	午	○	○		○
24	月	健康	未	△			△
25	火	人気	申	◎	◎	○	◎
26	水	浮気	酉	○		△	△
27	木	再開	戌		○		○
28	金	経済	亥	○	◎	◎	○
29	土	充実	子	◎	○	◎	
30	日	背信	丑	▲			▲

木星

2024年

［開拓年］

7月

健康月

7月の運勢

新年度から慣れない事をたくさん行ってきた人は、疲れが出やすい時期です。課題や仕事へ夢中になり過ぎて、水分の補給や食事を疎かにすると体調を崩してしまうので気をつけましょう。冬の0《ゼロ》地帯中に身体の異変を感じたのだけれど、検診に行くタイミングを逃していた人は、病院で診てもらうのがおすすめ。春の運気下では、病の種も育つのが早いこともあるので、体調管理にも気を配ることが大切です。

キーポイント日

◇7月1日　寅　0《ゼロ》地点日
慣れない事をする時は細心の注意を払おう

◇7月10日　亥　経済日
トラブル抱えたら最優先で解決を図るべき

◇7月30日　未　健康日
リラックスする時間を作ることがおすすめ

運を活かすコツ

○7月のアドバイス

6月に決意や目標が定まったにも関わらず、トラブルの発生やライバルの出現などで、焦りを感じるようになるかもしれません。しかし、ここで慌てて余計なことをしてしまうと思いがけない事態へと発展する場合もありますから、コロコロ方針転換するのは控えることです。心身のコンディションを整えて、不安を和らげましょう。

○苦しい時が訪れたら……

とにかく過去にはこだわらないように。失敗をして後悔している事があっても、これからどう挽回するかを考えるべきです。8月はほんの少し努力が実る時ですから、今後に期待を寄せましょう。

○未来への一歩を踏み出すためには……

解決が難しい問題は、他の人の意見を参考にしてみると良さそうです。自分だけで何とかしようとすると、力や情報不足で不満が残る結果に。知識が豊富な人のアドバイスや助けを借りましょう。

○タブー

手を抜いたり諦めたりすると、これまでの努力が無駄になってしまうことも。暑くて身が入らない日やプライベートのことで頭がいっぱいの時は、ミスをしないように心掛ける必要があります。

◎＝絶好調日　△▽＝注意日　○＝順調日
⊗＝神秘・波乱含日　▲▼＝不調日

日	曜日	運命日	干支	恋愛結婚	仕事	お金	健康
1	月	0地点	寅	⊗			⊗
2	火	精算	卯	▲	▲	▲	▲
3	水	開拓	辰		○		○
4	木	生長	巳	○	○		○
5	金	決定	午	○	○	○	○
6	土	健康	未	△			△
7	日	人気	申	◎	◎	○	△
8	月	浮気	酉	○			△
9	火	再開	戌		○		○
10	水	経済	亥	○	◎	◎	○
11	木	充実	子	◎	○	◎	
12	金	背信	丑	▲	▲	▲	▲
13	土	0地点	寅	⊗			⊗
14	日	精算	卯	▲	▲	▲	▲
15	月	開拓	辰		○		○
16	火	生長	巳	○	○		○
17	水	決定	午	○	○	○	○
18	木	健康	未	△			△
19	金	人気	申	◎	◎	○	△
20	土	浮気	酉	○			△
21	日	再開	戌		○		○
22	月	経済	亥	○	◎	◎	○
23	火	充実	子	◎	○	◎	
24	水	背信	丑	▲	▲	▲	▲
25	木	0地点	寅	⊗			⊗
26	金	精算	卯	▲	▲	▲	▲
27	土	開拓	辰		○		○
28	日	生長	巳	○	○		○
29	月	決定	午	○	○	○	○
30	火	健康	未	△			△
31	水	人気	申	◎	◎	○	△

木星

2024年

［開拓年］

8月
人気月

◎＝絶好調日　△▽＝注意日　○＝順調日
⊗＝神秘・波乱含日　▲▼＝不調日

日	曜日	運命日	干支	恋愛結婚	仕事	お金	健康
1	木	浮気	酉	○		△	△
2	金	再開	戌	○	○		○
3	土	経済	亥	◎	◎	◎	○
4	日	充実	子	◎	◎	◎	
5	月	背信	丑	▲			▲
6	火	0地点	寅	⊗		⊗	
7	水	精算	卯	▲			▲
8	木	開拓	辰	○	○		○
9	金	生長	巳	○	○		○
10	土	決定	午	○	○	○	○
11	日	健康	未	△			△
12	月	人気	申	◎	◎	◎	◎
13	火	浮気	酉	○		△	△
14	水	再開	戌	○	○		○
15	木	経済	亥	◎	◎	◎	○
16	金	充実	子	◎	◎	◎	
17	土	背信	丑	▲			▲
18	日	0地点	寅	⊗		⊗	
19	月	精算	卯	▲			▲
20	火	開拓	辰	○	○		○
21	水	生長	巳	○	○		○
22	木	決定	午	○	○	○	○
23	金	健康	未	△			△
24	土	人気	申	◎	◎	◎	◎
25	日	浮気	酉	○		△	△
26	月	再開	戌	○	○		○
27	火	経済	亥	◎	◎	◎	○
28	水	充実	子	◎	◎	◎	
29	木	背信	丑	▲			▲
30	金	0地点	寅	⊗		⊗	
31	土	精算	卯	▲			▲

8月の運勢

4月以降努力してきた事が報われる時です。成績や業績が上がり、あなたを慕う人も増えて、周囲から一目置かれる存在になるでしょう。さらに、重要な役割を担う可能性も出てきます。たとえ自信がなくとも、多くの経験が木星を成長させてくれるので、要望があった場合は快く引き受けることです。反対に、周囲と馬が合わないと感じて距離を取っている状態であるなら、早急に原因を探って改善しましょう。

キーポイント日

◇8月5日　丑　背信日
伝え方がきつくならないように気をつけて

◇8月10日　午　決定日
あちこちから多くお声がかかり嬉しい悲鳴

◇8月19日　卯　精算日
自分勝手な判断をするとトラブルを起こす

運を活かすコツ

○8月のアドバイス

人気期は願望が成就する時でもあるので、思いどおりに事が運んでいれば良いのですが、イライラが募って精神的に不安定な状態ならば問題ありです。古い考えに執着したままの状態であったり、人に物事を押し付けたりする行為は、周囲も不愉快な思いをして溝が生まれてしまいますから、自己中心的に進めないように。

○苦しい時が訪れたら……

手を動かさずに口が達者になっていたら要注意。人を動かすポジションに就いている場合は、周囲もあなたの対応や能力を見ていますから、不信感を与えるような行動は陰でも取らないことです。

○未来への一歩を踏み出すためには……

簡単に人を信用しないところがある木星ですが、仲間や協力者とは日頃からコミュニケーションを取っておくべきです。相手を理解する機会が増えると、次第に打ち解けられるようになるでしょう。

○タブー

相手にも話したくない事情や考え方の違いもありますから、むやみに内情を聞き出すのはやめましょう。自分の意見を押し付けるのもダメです。いろんな形があるので、答えに正解はありません。

木星

2024年

［開拓年］

9月
浮気月

9月の運勢

2023年までは控えめに過ごしてきた人も、次第に気持ちが軽やかになり、好奇心も旺盛になってきているはず。今年に入って新しく知り合った人とも話が弾みそうです。もともと話し上手で、人との交流も苦にしない木星ですから、きっと多くの人から情報を得る機会があることでしょう。聞いた話をすぐ鵜呑みにして拡散すると、間違った情報を伝えた場合に評判が悪くなるおそれもあるので気をつけてください。

キーポイント日

◇9月2日　巳　生長日
確認を怠ると自ら面倒な問題を抱えてしまう

◇9月12日　卯　精算日
時間にズレが生まれやすいので余裕を持って

◇9月18日　酉　浮気日
気移りやおしゃべりになるなど落ち着かない

運を活かすコツ

○9月のアドバイス

集団の中で過ごしたり、人と接したりすることが多いので、日々仲間や取引先担当者と会話をする機会があると思いますが、余計なことを言ってしまいやすい時でもあります。また、目に入った情報だけで物事を判断すると、見えなかった部分に気づけず失敗を招くおそれも。失敗してしまった場合は、すぐに謝罪しましょう。

○苦しい時が訪れたら……

言い方ひとつで相手へ与える印象が変わりますから、語尾が強くならないように気をつけましょう。自分ではそんなつもりはないとしても、相手の捉え方は様々です。態度にも注意を払って。

○未来への一歩を踏み出すためには……

ストレスが溜まる頃でもあるので、気分転換しておくのがおすすめ。たまには、仲の良い人と出かけると会話も弾むでしょう。美味しいものを食べれば、嫌なことも吹っ飛んでまた気合いが入ります。

○タブー

春の運気下では、前向きに挑戦したい思いが強くなってくるので、新しい自分へ変身したい願望が生まれてきます。しかし、将来に繋がらないものや安売りをすることだけはやめておきましょう。

◎＝絶好調日　△▽＝注意日　○＝順調日
⊗＝神秘・波乱含日　▲▼＝不調日

日	曜日	運命日	干支	恋愛結婚	仕事	お金	健康
1	日	開拓	辰	○	○		○
2	月	生長	巳	○	○		○
3	火	決定	午	○	○	○	○
4	水	健康	未	▽			▽
5	木	人気	申	◎	▽	◎	▽
6	金	浮気	酉	○		▽	▽
7	土	再開	戌	○	○		○
8	日	経済	亥	◎	○	◎	○
9	月	充実	子	◎	◎	◎	
10	火	背信	丑	▽		▽	
11	水	0地点	寅	⊗		⊗	
12	木	精算	卯	▽		▽	▽
13	金	開拓	辰	○	○		○
14	土	生長	巳	○	○		○
15	日	決定	午	○	○	○	○
16	月	健康	未	▽			▽
17	火	人気	申	◎	▽	◎	▽
18	水	浮気	酉	○		▽	▽
19	木	再開	戌	○	○		○
20	金	経済	亥	◎	○	◎	○
21	土	充実	子	◎	◎	◎	
22	日	背信	丑	▽		▽	
23	月	0地点	寅	⊗		⊗	
24	火	精算	卯	▽		▽	▽
25	水	開拓	辰	○	○		○
26	木	生長	巳	○	○		○
27	金	決定	午	○	○	○	○
28	土	健康	未	▽			▽
29	日	人気	申	◎	▽	◎	▽
30	月	浮気	酉	○		▽	▽

木星

2024年
［開拓年］

10月
再開月

10月の運勢

今年に入って運気の上昇や気持ちの変化を感じ取れていない人は、初心にかえってみると良いでしょう。これまで成果が上がらないからと一度は諦めたものの、どうしても納得がいかない、もしくはもう一度チャレンジしたい事があれば、リトライしてみると良い時です。しかし、2021年から2023年の0《ゼロ》地帯中からスタートさせたものがうまくいかなくなった場合は、執着せずに別の方法を取り入れるほうがベストでしょう。

キーポイント日

◇10月1日　戌　再開日
同じミスを繰り返さないように気をつけて

◇10月7日　辰　開拓日
躊躇って時間を無駄にすることなく再挑戦

◇10月23日　申　人気日
熱意や意欲が周囲に伝わって頼りにされる

運を活かすコツ

○10月のアドバイス

9月は失敗もしやすい運気でしたので、人様に迷惑をかけてしまった人もいるのではないでしょうか。ましてや春の運気中ですから、知識や経験も浅く、自分の力不足に自信を無くしてしまう場面もあったかもしれませんが、ミスを挽回できる根性の持ち主でもあり、今月は運気も味方してくれるので、信頼回復に努めましょう。

○苦しい時が訪れたら……

仲間や上司が厳しく評価する場合もありますが、能力を買ってくれているからこそ。期待していなければ、とやかく言うことはないでしょう。気になるところは、質問していくと成長できます。

○未来への一歩を踏み出すためには……

一人でいるより、仲間や家族と共に時間を過ごすと勇気づけられます。課題を外でこなしていたり、仕事で家に帰る時間が遅くなったりしても、家では挨拶や顔を見るようにしておきましょう。

○タブー

才能がないと思うのは間違いです。これから経験を積んで成長していくので、力不足だと思うなら、何度も繰り返して自信をつけるようにしましょう。コロコロ方向性を変えると身に付きません。

◎＝絶好調日　△▽＝注意日　○＝順調日
⊗＝神秘・波乱含日　▲▼＝不調日

日	曜日	運命日	干支	恋愛結婚	仕事	お金	健康
1	火	再開	戌	○	○		○
2	水	経済	亥	○	◎	◎	○
3	木	充実	子	○	◎	◎	
4	金	背信	丑	▽			▽
5	土	0地点	寅		⊗	⊗	
6	日	精算	卯			▽	▽
7	月	開拓	辰	○	○		○
8	火	生長	巳	○	○		○
9	水	決定	午	○	○	○	○
10	木	健康	未	▽			▽
11	金	人気	申	○	◎	○	◎
12	土	浮気	酉	○		▽	▽
13	日	再開	戌	○	○		○
14	月	経済	亥	○	◎	◎	○
15	火	充実	子	○	◎	◎	
16	水	背信	丑	▽			▽
17	木	0地点	寅		⊗	⊗	
18	金	精算	卯			▽	▽
19	土	開拓	辰	○	○		○
20	日	生長	巳	○	○		○
21	月	決定	午	○	○	○	○
22	火	健康	未	▽			▽
23	水	人気	申	○	◎	○	◎
24	木	浮気	酉	○		▽	▽
25	金	再開	戌	○	○		○
26	土	経済	亥	○	◎	◎	○
27	日	充実	子	○	◎	◎	
28	月	背信	丑	▽			▽
29	火	0地点	寅		⊗	⊗	
30	水	精算	卯			▽	▽
31	木	開拓	辰	○	○		○

木星

2024年

［開拓年］

11月
経済月

11月の運勢

0《ゼロ》地帯中は思うように外出できなかったり、収入も不安定だったりと先の見通しが立たずに心配したと思いますが、ようやく落ち着きを取り戻せるでしょう。課題や仕事にのめり込む性質上、多忙なくらいでないと安心できませんから、これまでより有意義に過ごせるはずです。もし、失敗や支出が多い場合は、確認や見直しが必要ですから軽視しないように。精神的に追い詰められていないなら問題ないでしょう。

キーポイント日

◇11月7日　亥　経済日
大きな課題や不安がなければ問題なさそう

◇11月13日　巳　生長日
苦しんでいる状況ならば人の助けを借りて

◇11月22日　寅　0《ゼロ》地点日
痛い出費をしやすいので節約を心掛けよう

運を活かすコツ

○11月のアドバイス

2024年の努力の結果が出ると言っても過言ではない時です。今後も春の運気は続きますから、まだ満足はできないとしても、やりたい事や目標が定まって続けてこられたのなら、うまく上昇運に乗れています。今までやってきた事が通用しなくなったり、新しく始めてもすぐに飽きてしまったりの状態なら、方針転換が必要です。

○苦しい時が訪れたら……

歴史やルールを守る使命のある木星なので、冒険をして失敗することは許されない場合もあるかもしれませんが、時代にとり残されてしまったら通用しなくなることも。アレンジを加えてみては？

○未来への一歩を踏み出すためには……

アナログでも十分なものは今でもありますが、様々なものが進化しているので、扱い方で節約に繋がったり、収入を増やせたりも可能です。投資は気が引けるとしても、知識を得るのがおすすめ。

○タブー

自分を成長させるための出費なら良いですが、恋愛や娯楽へのめり込んでしまうと、のちに経済的に厳しくなります。金欠状態になれば精神面も不安定になってくるので、使い方を考えましょう。

◎＝絶好調日　△▽＝注意日　○＝順調日
⊗＝神秘・波乱含日　▲▼＝不調日

日	曜日	運命日	干支	恋愛結婚	仕事	お金	健康
1	金	生長	巳	○	○		○
2	土	決定	午	○	○	○	○
3	日	健康	未	▽			▽
4	月	人気	申	◎	◎	○	◎
5	火	浮気	酉	○		▽	▽
6	水	再開	戌	○	○	○	○
7	木	経済	亥	◎	◎	◎	○
8	金	充実	子	◎	◎	◎	
9	土	背信	丑	▽			▽
10	日	0地点	寅		⊗	⊗	
11	月	精算	卯			▽	▽
12	火	開拓	辰	○	○		○
13	水	生長	巳	○	○		○
14	木	決定	午	○	○	○	○
15	金	健康	未	▽			▽
16	土	人気	申	◎	◎	○	◎
17	日	浮気	酉	○		▽	▽
18	月	再開	戌	○	○	○	○
19	火	経済	亥	◎	◎	◎	○
20	水	充実	子	◎	◎	◎	
21	木	背信	丑	▽			▽
22	金	0地点	寅		⊗	⊗	
23	土	精算	卯			▽	▽
24	日	開拓	辰	○	○		○
25	月	生長	巳	○	○		○
26	火	決定	午	○	○	○	○
27	水	健康	未	▽			▽
28	木	人気	申	◎	◎	○	◎
29	金	浮気	酉	○		▽	▽
30	土	再開	戌	○	○	○	○

木星

2024年

［開拓年］

12月
充実月

◎＝絶好調日　△▽＝注意日　○＝順調日
⊗＝神秘・波乱含日　▲▼＝不調日

日	曜日	運命日	干支	恋愛結婚	仕事	お金	健康
1	日	経済	亥	◎	◎	◎	○
2	月	充実	子	◎	◎	◎	
3	火	背信	丑	▽			▽
4	水	0地点	寅	⊗	⊗	⊗	
5	木	精算	卯			▽	▽
6	金	開拓	辰	○	○		○
7	土	生長	巳	○	○		○
8	日	決定	午	○	○	○	○
9	月	健康	未	▽			▽
10	火	人気	申	◎	◎	○	◎
11	水	浮気	酉	○		▽	▽
12	木	再開	戌	○	○	○	○
13	金	経済	亥	◎	◎	◎	○
14	土	充実	子	◎	◎	◎	
15	日	背信	丑	▽			▽
16	月	0地点	寅	⊗	⊗	⊗	
17	火	精算	卯			▽	▽
18	水	開拓	辰	○	○		○
19	木	生長	巳	○	○		○
20	金	決定	午	○	○	○	○
21	土	健康	未	▽			▽
22	日	人気	申	◎	◎	○	◎
23	月	浮気	酉	○		▽	▽
24	火	再開	戌	○	○	○	○
25	水	経済	亥	◎	◎	◎	○
26	木	充実	子	◎	◎	◎	
27	金	背信	丑	▽			▽
28	土	0地点	寅	⊗	⊗	⊗	
29	日	精算	卯			▽	▽
30	月	開拓	辰	○	○		○
31	火	生長	巳	○	○		○

12月の運勢

わがままになって周囲と対立したり、孤立したりもあったけれど、久々に人の温もりや優しさを感じられる時です。人と交流する機会が少なかったコロナ流行の頃が思い出話となるでしょう。なかなか会うことができなかった人とも、一緒に楽しい時間を過ごせそうです。年末は多忙であるけれどイベントも多く、人とコミュニケーションを取るだけでもプラスに働きますから、チャンスがあったら関わりましょう。

キーポイント日

◇12月3日　丑　背信日
タイミングが合わずに残念な思いをしやすい

◇12月8日　午　決定日
時間があったらイベントの予定や約束をして

◇12月24日　戌　再開日
少しだけアレンジを加えると通年以上になる

運を活かすコツ

○12月のアドバイス

ゆっくり身体を休める時間が少ない人も多く、家ではあまり会話がない時もあるかもしれませんが、今月はコミュニケーションを図る機会が設けられるでしょう。仕事熱心な木星は、世間は休みでも働くことがあるでしょうから、月の前半に家族や知り合いと時間を共にする計画を立てましょう。新年早々に月運は0《ゼロ》地帯に入ります。

○苦しい時が訪れたら……

周囲の状況を把握していないと、相手の気持ちが理解できなくて力になれません。忙しい素振りは控えめにして、声がけを意識しましょう。一緒に物事へ取り組んで会話するのも効果的です。

○未来への一歩を踏み出すためには……

大事な予定を月の後半へ充てると、保留や達成できない状況になりやすいので、なるべく早めに実行しておくことが大切です。背信期に入る1月は、スケジュールを過密に組まないでおきましょう。

○タブー

うまく事が回らないからと、気分を害して人に強く当たるのは間違い。冬の運気を目前にして、あなたの欠点がちらほら見え始めてくるので、人に受け入れられない部分は直す必要があります。

海王星

♒

2024年【精算期】

気持ちの整理をする年　過去にこだわらないで

2024年 全体運

●古い運命を断ち切っていこう コンディションも整えるべき

2022年から問題点や力足らずな面が浮き彫りになる冬の0《ゼロ》地帯に入ったため、幾度となくつらい経験をしてきた人も多いと思いますが、2024年の精算期は冬の運気最後の年となります。

すでに運気は底から上昇し始めているので、未来へのスタートが切られていますが、古い運命を断ち切らなくてはならないこともあり、少なからず心身へ負担がかかる時でもあるでしょう。しかし、苦しみや悲しみを長い間引きずるよりは、速やかに気持ちを切り替えて前進するほうが、いち早く幸運を引き寄せられますから、過去の栄光や古い考えにとらわれないようにすることが大切です。

コロナの影響を今になって受ける可能性や、心労がたたって体調を崩したり、注意力が散漫したりするおそれもありますから、慎重に行動することを心がけましょう。心身をしっかり充電してこなかった人は、春の運気を迎える前に、コンディションを整えることも視野に入れて過ごしてください。

恋愛・結婚運

●春の運気を迎えるまでは焦らないこと

まだ冬の運気下にいるので、恋愛どころではなかったり、たとえ恋人がいても関係がギクシャクしてしまっていたりもするでしょう。気持ちに余裕がないと恋愛をする気にはならないかもしれません。

また、つらい時に頼れる恋人がいたという人も、運気が上昇すると共に、考え方や性格の不一致が生じてくる可能性があります。もし、相手への感情がなくなってしまったのであれば、話し合いの場を設けるようにしましょう。ダラダラと関係を続けても、お互いにメリットがありません。もしかしたら、相手の裏切りに遭って、別れを選択せざるを得なくなる場合もあります。どちらにせよ、春の運気を迎える前に、気持ちを煩わすものは整理しておくほうが良い時ですから、限界がきたのであれば決着をつけましょう。

海王星は新しい人を受け入れる際は、ゆっくり時間をかけて相手を理解していかないと、騙されたり、後悔したりすることになります。ですから、知り合ったばかりの人へすぐに気を許してしまうことだけはやめましょう。

結婚は、春の運気を迎えてからがおすすめなのですが、恋人の運勢と経済面も考慮しつつ、協力的でリードしてくれるのであればアリです。

仕事・金運

●先を見据えて資格やノウハウの習得を

２０２２年から冬の運気に入った海王星ですが、コロナの影響を受けるのが最小限だった人と、もろに受けた人とで分かれるでしょう。手に職をつけることを目標にする傾向にあるので、個人事業や自営の人も多く、たとえ収入が少ないとしても、貯めてきたお金でやりくりするなど、逆境に強い長所があります。

その一方で、会社勤めの人は業績に左右されて、辞めなくてはならない状況に追い込まれた人もいると思いますが、それでもすぐに転職先を見つけたり、自分にできる事を積極的に進めたりして、忍耐強く努めてきたはずです。

不安定な世の中を目の当たりにしたことで、２０２４年の精算期は先を見据えた数々の決断をすることになるかもしれません。資格を増やして、異業界でも通用するノウハウを習得したり、独立を視野に入れて行動したりも良いでしょう。情報を得て準備へ取り掛かるべきですが、知識や実力が伴ってもいないのに駆け出してしまわないように。

●健康な心と身体の土台作りを忘れずに

収入はあっても出費が多くて、なかなか貯蓄へ回す余裕はなさそうです。体調を崩して治療費が必要になったり、気分転換をするための費用へ充てたりすることになるでしょう。無駄遣いはおすすめしない時期ではありますが、身体のメンテナンスを目的とするなら全然問題ありません。

身体が資本ですから、春を迎える前に、健康な心と身体の土台作りをしておきましょう。でも、衝動買いをするのは控えておくように。

開運ポイント

コロナ禍でも数々の不安を抱えたと思いますが、海王星は冬の0《ゼロ》地帯に入ってからのほうがつらさを感じたのではないでしょうか。人々の考え方や感覚が変わってしまったことに対応しきれなかったり、新しいシステムやルールの導入についていくのが精一杯だったりするはずです。

嫌なことを避けて通ると、大きな成果を得られなくなり、逃げた問題がネックとなって行く手を阻まれるので、しっかり向き合いましょう。

今年のキーマン	辰年、巳年、戌年
恋愛運アップ	整理、相談相手、意見を尊重する
仕事運アップ	準備、情報収集、整理整頓
健康運アップ	酸味、悩み相談、ストレス解消
金　運アップ	有名店、リサイクル、質を上げる

海王星

2024年

［精算年］

1月
充実月

1月の運勢

本来ならほっと一息つける充実期なのですが、年運が精算であるため、気持ちがついていかない状態になるかもしれません。それでもあなたを思いやってくれる人がいますから、意固地になったり、傲慢な態度を取ったりして、相手の気持ちを踏みにじらないように気をつけましょう。無理をして頑張り過ぎるのも良くありません。周囲から心配されるような状況であるなら、忠告やアドバイスに従うことが大切です。

キーポイント日

◇1月3日　寅　背信日
出費が多いけれど楽しい時間を過ごすため

◇1月12日　亥　再開日
昔の思い出が蘇るような出来事がありそう

◇1月21日　申　健康日
少しでも不安や緊張をほぐすように努めて

運を活かすコツ

○1月のアドバイス

近年は新年の挨拶回りや初参りなど、毎年行ってきたことにも時間を割けなかったという人もいるはずです。今年もゆっくりとはいかないので、用事は早めに済ましましょう。1月下旬から月運も背信の影響を受け始めます。まだ緊張の日々が続きますので、不安や悩みを信頼できる人へ打ち明けて、安心感を得ておくことです。

○苦しい時が訪れたら……

自分で何とかしようとすると、打開策が見つからなくて余計につらくなってしまうことも。2月から月運も冬の運気に入るので、先延ばしはNGです。誰かの知恵や力を借りる方向で考えましょう。

○未来への一歩を踏み出すためには……

すれ違いが生じやすくなるので、大事な人とは意思の疎通を図っておくほうが良いでしょう。いつもと変わらない状況でも、協力者には挨拶や感謝の気持ちを伝えるようにしておくことです。

○タブー

周囲の人が声を掛けてくれるのに、忙しいとか、放っておいてなどの返事をしないように気をつけて。年明け早々からカリカリしていると、あなたに近寄り難くなって溝が生まれてしまいます。

◎＝絶好調日　△▽＝注意日　○＝順調日
⊗＝神秘・波乱含日　▲▼＝不調日

日	曜日	運命日	干支	恋愛結婚	仕事	お金	健康
1	月	経済	子	◎	◎	◎	○
2	火	充実	丑	◎	◎	◎	
3	水	背信	寅	▽			▽
4	木	0地点	卯	⊗	⊗	⊗	
5	金	精算	辰			▽	▽
6	土	開拓	巳	○	○		○
7	日	生長	午	○	○		○
8	月	決定	未	○	○	○	○
9	火	健康	申	▽			▽
10	水	人気	酉	◎	◎	○	◎
11	木	浮気	戌	○		▽	▽
12	金	再開	亥	○	○	○	○
13	土	経済	子	◎	◎	◎	○
14	日	充実	丑	◎	◎	◎	
15	月	背信	寅	▽			▽
16	火	0地点	卯	⊗	⊗	⊗	
17	水	精算	辰			▽	▽
18	木	開拓	巳	○	○		○
19	金	生長	午	○	○		○
20	土	決定	未	○	○	○	○
21	日	健康	申	▽			▽
22	月	人気	酉	◎	◎	○	◎
23	火	浮気	戌	○		▽	▽
24	水	再開	亥	○	○	○	○
25	木	経済	子	◎	◎	◎	○
26	金	充実	丑	◎	◎	◎	
27	土	背信	寅	▽			▽
28	日	0地点	卯	⊗	⊗	⊗	
29	月	精算	辰			▽	▽
30	火	開拓	巳	○	○		○
31	水	生長	午	○	○		○

海王星

2024年

[精算年]

2月
背信月

2月の運勢

1月に人との関わりが強かった人は、気の緩みに気をつけたいところ。気持ちに余裕ができている状態は悪くないのだけれど、注意力や警戒心が薄れてしまうと予期せぬ方向へ進むおそれも出てきます。知り合いからのお誘いや頼まれ事は、すぐに答えを出すことなく、時間をもらってゆっくり考えるようにしましょう。何事も「大丈夫だろう」と思わずに、万が一ダメな時のことまで考えておくようにすると安心です。

キーポイント日

◇2月7日　丑　充実日
状況の変化を感じ取ったら冷静に行動しよう

◇2月11日　巳　開拓日
都合よくいかなくても焦ることのないように

◇2月20日　寅　背信日
改善すべき点が表れてミス連発に注意が必要

運を活かすコツ

○2月のアドバイス

欠点や改善する点が浮き彫りになりやすい時です。口調が強くなりやすかったり、状況を把握せずに行動してしまったりする場合もあるでしょう。間違った選択をしないためにも、自分勝手に事を進めないように気をつけてください。そして、万が一ミスをしてしまったら、すぐに謝罪をすること。噂話も控えるほうが無難です。

○苦しい時が訪れたら……

誰かを頼りたくても、声を掛けにくい状況になりやすいので、ストレスを解消できる方法を探しておきましょう。好きなものを作って食べたり、落ち着ける音楽を聴いたりして過ごすのがおすすめ。

○未来への一歩を踏み出すためには……

まだ経験のないものに携わることにもなるでしょう。予め準備できる時間があるなら、知識を頭に入れておくのがおすすめです。中途半端なものが提示されますから、焦らずに対処してください。

○タブー

うまい話に飛びつくと騙されやすいでしょう。冬の運気中に大冒険するのは危険です。自分の知識や能力が通用する状態をキープするほうが安心。注意事項などの見落としにも気をつけましょう。

◎＝絶好調日　△▽＝注意日　○＝順調日
⊗＝神秘・波乱含日　▲▼＝不調日

日	曜日	運命日	干支	恋愛結婚	仕事	お金	健康
1	木	決定	未	○	○		○
2	金	健康	申	▲		▲	▲
3	土	人気	酉	○	○	○	
4	日	浮気	戌	▼		▼	▼
5	月	再開	亥		○		○
6	火	経済	子	○	○	○	
7	水	充実	丑	○	○	○	
8	木	背信	寅	▼		▼	▼
9	金	0地点	卯	⊗	⊗	⊗	⊗
10	土	精算	辰	▼		▼	▼
11	日	開拓	巳		○		
12	月	生長	午		○		○
13	火	決定	未	○	○		○
14	水	健康	申	▲		▲	▲
15	木	人気	酉	○	○	○	
16	金	浮気	戌	▼		▼	▼
17	土	再開	亥		○		○
18	日	経済	子	○	○	○	
19	月	充実	丑	○	○	○	
20	火	背信	寅	▼		▼	▼
21	水	0地点	卯	⊗	⊗	⊗	⊗
22	木	精算	辰	▼		▼	▼
23	金	開拓	巳		○		
24	土	生長	午		○		○
25	日	決定	未	○	○		○
26	月	健康	申	▲		▲	▲
27	火	人気	酉	○	○	○	
28	水	浮気	戌	▼		▼	▼
29	木	再開	亥		○		○

海王星

2024年

［精算年］

3月
0《ゼロ》地点月

3月の運勢

複雑な心境になりやすい時です。苦労から逃れられる一方で、状況や環境が大きく変わることもあり、不安が募る場合もあるでしょう。どうにかしたい事情があっても、自分だけでは力が足りずにもどかしさを感じることも。0《ゼロ》地点では周囲の知恵や力が必要な時ですから、独走しないように気をつける必要があります。良かれと思う行為が、相手にはお節介だったりもするので、空気を読んで人と接しましょう。

キーポイント日

◇3月1日　子　経済日
複雑な気持ちだけれど受け入れるしかない
◇3月10日　酉　人気日
周囲の要望にうまく答えられない可能性も
◇3月29日　辰　精算日
門出に向けて身の回りと気持ちを整えよう

運を活かすコツ

○3月のアドバイス

古いものから新しいものへと、変化のタイミングを迎える0《ゼロ》地点です。学校や職場では、卒業、または異動の時期なので、準備と整理で忙しくなることでしょう。複雑な気持ちで事に当たる人もいると思いますが、ゆっくりする時間もなく、すぐにリスタートされますので心機一転を図りましょう。無理はしなくて大丈夫です。

○苦しい時が訪れたら……

自ら意欲的に動くと、体力を無駄に使ったり、情報不足に悩まされたりするので、周囲からの指示を待つほうが無難です。居心地の良い場所が見つからない場合は、周辺をリサーチしてみましょう。

○未来への一歩を踏み出すためには……

タイミングが悪いと思うようなことがありそうです。いつもの場所やお気に入りをキープできない時は、別のものを選択してみましょう。今まで気付かなかった事を知るきっかけになります。

○タブー

精算期の運気を受けて、区切りがつく出来事があるかもしれません。望まない方向へ事が進んでも、相手の要望であるなら受け入れるべきです。欲や意地を貫き通すと、散々な結果になるおそれも。

◎＝絶好調日　△▽＝注意日　○＝順調日
⊗＝神秘・波乱含日　▲▼＝不調日

日	曜日	運命日	干支	恋愛結婚	仕事	お金	健康
1	金	経済	子	○	○	○	
2	土	充実	丑	○	○	○	
3	日	背信	寅	▼	▼	▼	▼
4	月	0地点	卯	⊗	⊗	⊗	⊗
5	火	精算	辰	▼	▼	▼	▼
6	水	開拓	巳		○		
7	木	生長	午		○		○
8	金	決定	未	○	○		○
9	土	健康	申	▲	▲	▲	▲
10	日	人気	酉	○	○	○	
11	月	浮気	戌	▼		▼	▼
12	火	再開	亥		○		○
13	水	経済	子	○	○	○	
14	木	充実	丑	○	○	○	
15	金	背信	寅	▼	▼	▼	▼
16	土	0地点	卯	⊗	⊗	⊗	⊗
17	日	精算	辰	▼	▼	▼	▼
18	月	開拓	巳		○		
19	火	生長	午		○		○
20	水	決定	未	○	○		○
21	木	健康	申	▲	▲	▲	▲
22	金	人気	酉	○	○	○	
23	土	浮気	戌	▼		▼	▼
24	日	再開	亥		○		○
25	月	経済	子	○	○	○	
26	火	充実	丑	○	○	○	
27	水	背信	寅	▼	▼	▼	▼
28	木	0地点	卯	⊗	⊗	⊗	⊗
29	金	精算	辰	▼	▼	▼	▼
30	土	開拓	巳		○		
31	日	生長	午		○		○

海王星

2024年

［精算年］

4月
精算月

◎＝絶好調日　△▽＝注意日　○＝順調日
⊗＝神秘・波乱含日　▲▼＝不調日

日	曜日	運命日	干支	恋愛結婚	仕事	お金	健康
1	月	決定	未	○	○		○
2	火	健康	申	▲		▲	▲
3	水	人気	酉	○	○	○	
4	木	浮気	戌	▼		▼	▼
5	金	再開	亥		○		○
6	土	経済	子	○	○	○	
7	日	充実	丑	○	○	○	
8	月	背信	寅	▲		▲	▲
9	火	0地点	卯	⊗	⊗	⊗	⊗
10	水	精算	辰	▲		▲	▲
11	木	開拓	巳		○		
12	金	生長	午		○		○
13	土	決定	未	○	○		○
14	日	健康	申	▲		▲	▲
15	月	人気	酉	○	○	○	
16	火	浮気	戌	▼		▼	▼
17	水	再開	亥		○		○
18	木	経済	子	○	○	○	
19	金	充実	丑	○	○	○	
20	土	背信	寅	▲		▲	▲
21	日	0地点	卯	⊗	⊗	⊗	⊗
22	月	精算	辰	▲		▲	▲
23	火	開拓	巳		○		
24	水	生長	午		○		○
25	木	決定	未	○	○		○
26	金	健康	申	▲		▲	▲
27	土	人気	酉	○	○	○	
28	日	浮気	戌	▼		▼	▼
29	月	再開	亥		○		○
30	火	経済	子	○	○	○	

4月の運勢

これまでと同じ状況ではいられなくなるような変化が訪れるでしょう。環境の違いや方針転換などで身体がついていかない場合もあるので注意が必要です。長年続けて来たことをこのままキープするか、それとも断念かの選択を迫られそうですが、周囲や相手が望んでいるのであれば、たとえ自分の意とは反していても従うほうが大事にはなりません。独断で決めるより、頼れる人の意見を参考にするのがおすすめです。

キーポイント日

◇4月1日　未　決定日
確認を念入りにして時間には余裕を持とう

◇4月12日　午　生長日
苦手な事をせざるを得ない状況になるかも

◇4月26日　申　健康日
気になるところはスルーしないことが大切

運を活かすコツ

○4月のアドバイス

冬の運気中であるから落ち着いて過ごそうと心得ていても、周囲の影響を受けて、結局は慌ただしい日々を送ることになりそうです。特に、慣れない場所でスタートを切った人は、気力体力共に消耗しやすいでしょう。新しい事を受け入れていく必要があるのに、不安や悩みを引きずったままでは、心身の疲労を招いてしまいます。

○苦しい時が訪れたら……

情報に乏しくて我慢をしやすい星なので、ネットで自分なりに知識を得たり、人に話を聞いたりして、少しでも心配事を取り除くようにしておくことです。気持ちの切り替えも素早くしましょう。

○未来への一歩を踏み出すためには……

自分から片づけるのも悪くありません。面倒な問題を抱える状況にもなるので、理解に苦しむ事は手を引く方向で検討しましょう。気分が憂鬱なら、断捨離をしてすっきりさせるのがおすすめです。

○タブー

日課をこなすことに一生懸命で、自分の身の回りへの意識が疎かになっていないか確認を。片づけるほうが良いものはないか、大切な人と意思疎通が図れているかなど、無視してはいけません。

海王星

2024年

［精算年］

5月
開拓月

5月の運勢

年始からつらい状況にいた人も、少しずつ緊張や焦りから解放される流れになりそうです。3月から4月に変化を迎えた環境にも慣れて、新しいスタートが切れるチャンスも訪れます。しかし、年運はまだ冬の精算期なので、アクティブに動き回るのは未だ時期尚早。気持ちの整理や身体のコンディションが整っていないのに、新しいものを無理に受け入れようとすると時間を無駄にする方向へ進んでしまうでしょう。

キーポイント日

◇5月2日　寅　背信日
人と対立しないように気をつける必要あり

◇5月12日　子　経済日
つらい事が吹き飛ぶような瞬間がありそう

◇5月22日　戌　浮気日
人に丸投げや頼りきりは失敗を招く原因に

運を活かすコツ

○5月のアドバイス

まだ0《ゼロ》地帯の中ではありますが、精算は春の一歩手前です。月運は一足先に冬を抜けましたから、アクティブに動くための調整が入るでしょう。0《ゼロ》地点よりは運気が高まっているのでプラスに働くのですが、過去へのこだわりが強いと立ち往生してしまう場合も。すぐに気持ちを切り替えて、受け入れ態勢を整えることが大切です。

○苦しい時が訪れたら……

気持ちが晴れずに、焦りやすい時でもあります。何とかしようと動き始めたくなるかもしれませんが、新しいものを取り入れるより、今あるものを活用するなり処分するなりして、工夫をしましょう。

○未来への一歩を踏み出すためには……

0《ゼロ》地帯での出費は、必要であるのなら仕方ないのですが、将来への投資目的には向きません。少しでも不安や心配を取り除けるような行動を始めることです。周囲の意見も取り入れてみましょう。

○タブー

高価なものをローンで購入したり、深刻な状況を隠したりするのはやめましょう。世間体や評価を気にしていると、我慢を強いられてしまう場合もあります。ありのままの自分でいることです。

◎＝絶好調日　△▽＝注意日　○＝順調日
⊗＝神秘・波乱含日　▲▼＝不調日

日	曜日	運命日	干支	恋愛結婚	仕事	お金	健康
1	水	充実	丑	◎	○	◎	
2	木	背信	寅	▲			▲
3	金	0地点	卯	⊗		⊗	⊗
4	土	精算	辰	▲		▲	
5	日	開拓	巳		○		○
6	月	生長	午	○	○		○
7	火	決定	未	○	○		○
8	水	健康	申	△			△
9	木	人気	酉	◎	◎	○	○
10	金	浮気	戌	○		△	△
11	土	再開	亥		○		○
12	日	経済	子	○	◎	◎	○
13	月	充実	丑	◎	○	◎	
14	火	背信	寅	▲			▲
15	水	0地点	卯	⊗		⊗	⊗
16	木	精算	辰	▲		▲	
17	金	開拓	巳		○		○
18	土	生長	午	○	○		○
19	日	決定	未	○	○		○
20	月	健康	申	△			△
21	火	人気	酉	◎	◎	○	○
22	水	浮気	戌	○		△	△
23	木	再開	亥		○		○
24	金	経済	子	○	◎	◎	○
25	土	充実	丑	◎	○	◎	
26	日	背信	寅	▲			▲
27	月	0地点	卯	⊗		⊗	⊗
28	火	精算	辰	▲		▲	
29	水	開拓	巳		○		○
30	木	生長	午	○	○		○
31	金	決定	未	○	○		○

海王星

海王星

2024年

［精算年］

6月
生長月

6月の運勢

2023年から海王星は、新しい運命を作りだす工程が始まっていて、2025年から積極的に活動するための準備を整えるのが精算期なのですが、今後縁が薄くなっていくものがちらほら見えてくるようになります。これまでお付き合いしていた人との別れや長く続けてきたものを断念しなければならない状況など大きな局面を迎えるかもしれませんが、ものの考え方次第で気持ちをコントロールできますし、自分を成長させられます。

キーポイント日

◇6月2日　酉　人気日
新しいアイデアが好評で不安が少し消えそう

◇6月12日　未　決定日
会話の中で心を打つ言葉にハッとさせられる

◇6月20日　卯　0《ゼロ》地点日
遅れをとってしまったような感覚になるかも

運を活かすコツ

○6月のアドバイス

新しい課題へ取り組むようになったり、依頼が多く入ったりで忙しくなりそうです。人と多く関わる機会が訪れ、考え方の違いに気づかされることも。自分にはない発想を吸収していくと良いでしょう。意地を貫き通すと相手と対立してしまうこともあり、精算だけに修復が不可能になる場合もありますから気をつけてください。

○苦しい時が訪れたら……

去りゆくものは追いかけないことです。相手も次のステージへ行くために、もしくはレベルアップを図るための答えを出したのですから、自分も今以上になることを誓って、快く送り出しましょう。

○未来への一歩を踏み出すためには……

焦りが先行すると、目に狂いが生じてしまいます。出会いも多い時ですから、趣味や恋愛に熱中できる可能性が高まりますが、先を急ぐと失敗します。何事もゆっくり時間をかけて進めてください。

○タブー

急展開になりやすい時でもありますが、今はまだ精算期であることを忘れてはいけません。信じられないような事が起こったり、人から心配されたりするような場合は、警戒心を強めるべきです。

◎＝絶好調日　△▽＝注意日　○＝順調日
⊗＝神秘・波乱含日　▲▼＝不調日

日	曜日	運命日	干支	恋愛結婚	仕事	お金	健康
1	土	健康	申	△			△
2	日	人気	酉	◎	◎	○	○
3	月	浮気	戌	○		△	△
4	火	再開	亥		○		○
5	水	経済	子	○	◎	◎	○
6	木	充実	丑	◎	○	◎	
7	金	背信	寅	▲			▲
8	土	0地点	卯	⊗		⊗	
9	日	精算	辰	▲		▲	
10	月	開拓	巳		○		○
11	火	生長	午	○	○		○
12	水	決定	未	○	○		○
13	木	健康	申	△			△
14	金	人気	酉	◎	◎	○	○
15	土	浮気	戌	○		△	△
16	日	再開	亥		○		○
17	月	経済	子	○	◎	◎	○
18	火	充実	丑	◎	○	◎	
19	水	背信	寅	▲			▲
20	木	0地点	卯	⊗		⊗	
21	金	精算	辰	▲		▲	
22	土	開拓	巳		○		○
23	日	生長	午	○	○		○
24	月	決定	未	○	○		○
25	火	健康	申	△			△
26	水	人気	酉	◎	◎	○	○
27	木	浮気	戌	○		△	△
28	金	再開	亥		○		○
29	土	経済	子	○	◎	◎	○
30	日	充実	丑	◎	○	◎	

海王星

2024年
［精算年］
7月
決定月

7月の運勢

2022年から海王星は冬の運気が始まっていたのですが、つらい状況や残念な事など起こることもなく、逆に順調過ぎて怖いくらいだった人は要注意です。0《ゼロ》地帯は充電やメンテナンスが必要な期間でもありますから、体力が消耗したまま行動し続けていると、注意力の散漫や体調に異変をきたすおそれがあります。身体や精神的ダメージを受けないように「まさか」の発想はせずに、諦めたり見送ったりする判断が必要です。

キーポイント日

◇7月2日　卯　0《ゼロ》地点日
良かれと思ったことが逆効果になりやすい

◇7月15日　辰　精算日
表現の仕方を間違えると反感を買う流れに

◇7月22日　亥　再開日
同じ状態が繰り返されるなら考え直すこと

運を活かすコツ

○7月のアドバイス

どうしたものかと悩んでいた事に答えを出す時がきました。これ以上引きずると、また迷い続けるだけでなく、さらに深刻な状況にもなり兼ねないので、問題としっかり向き合いましょう。もう精神的につらいなら、手を引くのもおすすめ。もうすぐ自分の望むようなスタートが切れますから、足を引っ張るものは片づけましょう。

○苦しい時が訪れたら……

人を頼って失敗することがあるかもしれません。信じていたのに、期待と反した結果になることも。必ずしも原因があるはずですから、今後は同じ展開にならないように肝に銘じておくことです。

○未来への一歩を踏み出すためには……

力不足である点や直す必要がある部分が見えてくると思います。ここを軽視すると、今後も同じことを繰り返すおそれがあるので、メモを取るなどして改善部分を忘れないようにしておきましょう。

○タブー

選択を誤るとしばらく引き返せない状況になってしまうので、勢いで答えを出さないことです。まだ知り合って間もない相手より、長年の付き合いである人の意見のほうが信憑性はあるでしょう。

◎＝絶好調日　△▽＝注意日　○＝順調日
⊗＝神秘・波乱含日　▲▼＝不調日

日	曜日	運命日	干支	恋愛結婚	仕事	お金	健康
1	月	背信	寅	▲			▲
2	火	0地点	卯	⊗		⊗	
3	水	精算	辰	▲		▲	
4	木	開拓	巳		○		○
5	金	生長	午	○	○		○
6	土	決定	未	○	○		○
7	日	健康	申	△			△
8	月	人気	酉	◎	◎	○	◎
9	火	浮気	戌	○		△	△
10	水	再開	亥		○		○
11	木	経済	子	○	◎	◎	○
12	金	充実	丑	◎	○	◎	
13	土	背信	寅	▲			▲
14	日	0地点	卯	⊗		⊗	
15	月	精算	辰	▲		▲	
16	火	開拓	巳		○		○
17	水	生長	午	○	○		○
18	木	決定	未	○	○		○
19	金	健康	申	△			△
20	土	人気	酉	◎	◎	○	◎
21	日	浮気	戌	○		△	△
22	月	再開	亥		○		○
23	火	経済	子	○	◎	◎	○
24	水	充実	丑	◎	○	◎	
25	木	背信	寅	▲			▲
26	金	0地点	卯	⊗		⊗	
27	土	精算	辰	▲		▲	
28	日	開拓	巳		○		○
29	月	生長	午	○	○		○
30	火	決定	未	○	○		○
31	水	健康	申	△			△

海王星

海王星

2024年

［精算年］

8月

健康月

8月の運勢

課題や仕事に精を出す海王星ですから、滅多なことがない限り日課をこなさない時がないと思いますが、0《ゼロ》地帯中は自分では思うようにならないため、身体が悲鳴を上げる可能性も。頼れる人に任せられれば良いのですが、人様に迷惑をかけたくない気持ちもあって無理をしやすいでしょう。しかし、精算期は春を迎えるまでに身体を整えておかなければならない期間なので、ダメージを最小限に抑えることも大切です。

キーポイント日

◇8月2日　戌　浮気日
自分なりに検討せず答えを出すと失敗する

◇8月12日　申　健康日
リラックスできるどころかストレス溜まる

◇8月20日　辰　精算日
やるべき事へ手を付けられなくなる場合も

運を活かすコツ

○8月のアドバイス

場に馴染めなくてストレスを感じるようになるかもしれません。お決まりだったものが無くなったり、今までとは方向性が変わったりと、残念な知らせを聞く機会がありそうです。状況や環境の変化を苦手とする海王星なので、しばらくは気持ちが落ち着かないと思います。無理をして付いていこうとせず、ゆっくり慣れましょう。

○苦しい時が訪れたら……

心身が疲弊していると、的確な判断ができません。睡眠時間まで削るとなると、さらに悪循環に。日頃のルーティーンは、できるだけ狂わすことのないようにしましょう。深呼吸をして気分転換を。

○未来への一歩を踏み出すためには……

迷惑を掛けたくない思いから無理をすると、周囲も気が気でなくなりますから、しっかり調子を整えることも大切です。春の運気を迎えると多忙になるので、今のうちにできる事をやっておくべき。

○タブー

現在悩まされている事は、必ず早めに解決が必要な問題。先送りにしないことです。2025年まで持ち越してしまうと、開拓期に入ってからのスタートが遅れてしまうので、課題解決を優先しましょう。

◎＝絶好調日　△▽＝注意日　○＝順調日
⊗＝神秘・波乱含日　▲▼＝不調日

日	曜日	運命日	干支	恋愛結婚	仕事	お金	健康
1	木	人気	酉	◎	◎	○	△
2	金	浮気	戌	○			△
3	土	再開	亥		○		○
4	日	経済	子	○	◎	◎	○
5	月	充実	丑	◎	○	◎	
6	火	背信	寅	▲	▲	▲	▲
7	水	0地点	卯	⊗			⊗
8	木	精算	辰	▲	▲	▲	▲
9	金	開拓	巳		○		○
10	土	生長	午	○	○		○
11	日	決定	未	○	○	○	○
12	月	健康	申	△			△
13	火	人気	酉	◎	◎	○	△
14	水	浮気	戌	○			△
15	木	再開	亥		○		○
16	金	経済	子	○	◎	◎	○
17	土	充実	丑	◎	○	◎	
18	日	背信	寅	▲	▲	▲	▲
19	月	0地点	卯	⊗			⊗
20	火	精算	辰	▲	▲	▲	▲
21	水	開拓	巳		○		○
22	木	生長	午	○	○		○
23	金	決定	未	○	○	○	○
24	土	健康	申	△			△
25	日	人気	酉	◎	◎	○	△
26	月	浮気	戌	○			△
27	火	再開	亥		○		○
28	水	経済	子	○	◎	◎	○
29	木	充実	丑	◎	○	◎	
30	金	背信	寅	▲	▲	▲	▲
31	土	0地点	卯	⊗			⊗

海王星

2024年

［精算年］

9月
人気月

9月の運勢

人気期は晴れやかな運気なのですが、海王星は年運が精算期とまだ雪解けを待つ時ですから、大きな期待をすると残念な気持ちになりやすいので気を付ける必要があります。好きなものが手に入るというよりは、欲しいものを得るために余計なものを手放していくほうが良いでしょう。無駄なものにお金をかけ続けていたり、問題を放置したままの状態だったりすると、さらに頭を悩まされる状況になるので気をつけて。

キーポイント日

◇9月2日　巳　開拓日
多くが関心を持ってくれていることに感謝

◇9月13日　辰　精算日
新しいものを手に入れるには片づけも必要

◇9月22日　丑　充実日
肩の荷が下りた勢いで浪費をしないように

運を活かすコツ

○9月のアドバイス

努力してきた結果が表れるので、良い知らせが入る場合もありますが、何かを手に入れることで、失わなければならないものもありそうです。自分の事を口にする時、相手はあなたと同じ状況にない可能性もあるので、会話は控えめにしておきましょう。空気を読まずに行動すると、反感を買ってしまうことにもなり兼ねません。

○苦しい時が訪れたら……

感情の起伏が激しい状態にあるならば、7月の決定期にはっきりとした答えが出せていなかった可能性があります。今回の結果を見て、マイナスになっているものから手を引く方向で進めるべきです。

○未来への一歩を踏み出すためには……

ようやく緊張が解け始めるかもしれませんが、まだ油断は禁物です。自分の中ではけりがついているとしても、周囲からの影響を受けやすいですから、率直な気持ちを説明して理解を求めましょう。

○タブー

思いが伝わりやすい人気期でも、冬の運気下では0《ゼロ》の影響を受けます。周囲と感覚がずれていると、失敗を招くおそれもありますから注意が必要です。独断で行動するのはまだ控えておきましょう。

◎＝絶好調日　△▽＝注意日　○＝順調日
⊗＝神秘・波乱含日　▲▼＝不調日

日	曜日	運命日	干支	恋愛結婚	仕事	お金	健康
1	日	精算	辰	▲			▲
2	月	開拓	巳	○	○		○
3	火	生長	午	○	○		○
4	水	決定	未	○	○	○	○
5	木	健康	申	△			△
6	金	人気	酉	◎	◎	◎	◎
7	土	浮気	戌	○		△	△
8	日	再開	亥	○	○		○
9	月	経済	子	◎	◎	◎	○
10	火	充実	丑	◎	◎	◎	
11	水	背信	寅	▲			▲
12	木	0地点	卯	⊗		⊗	
13	金	精算	辰	▲			▲
14	土	開拓	巳	○	○		○
15	日	生長	午	○	○		○
16	月	決定	未	○	○	○	○
17	火	健康	申	△			△
18	水	人気	酉	◎	◎	◎	◎
19	木	浮気	戌	○		△	△
20	金	再開	亥	○	○		○
21	土	経済	子	◎	◎	◎	○
22	日	充実	丑	◎	◎	◎	
23	月	背信	寅	▲			▲
24	火	0地点	卯	⊗		⊗	
25	水	精算	辰	▲			▲
26	木	開拓	巳	○	○		○
27	金	生長	午	○	○		○
28	土	決定	未	○	○	○	○
29	日	健康	申	△			△
30	月	人気	酉	◎	◎	◎	◎

海王星

2024年

[精算年]

10月
浮気月

◎＝絶好調日　△▽＝注意日　○＝順調日
⊗＝神秘・波乱含日　▲▼＝不調日

日	曜日	運命日	干支	恋愛結婚	仕事	お金	健康
1	火	浮気	戌	○		▽	▽
2	水	再開	亥	○	○		○
3	木	経済	子	◎	○	◎	○
4	金	充実	丑	◎	◎	◎	
5	土	背信	寅	▽		▽	
6	日	0地点	卯	⊗		⊗	
7	月	精算	辰	▽		▽	▽
8	火	開拓	巳	○	○		○
9	水	生長	午	○	○		○
10	木	決定	未	○	○	○	○
11	金	健康	申	▽			▽
12	土	人気	酉	◎	▽	◎	▽
13	日	浮気	戌	○		▽	▽
14	月	再開	亥	○	○		○
15	火	経済	子	◎	○	◎	○
16	水	充実	丑	◎	◎	◎	
17	木	背信	寅	▽		▽	
18	金	0地点	卯	⊗		⊗	
19	土	精算	辰	▽		▽	▽
20	日	開拓	巳	○	○		○
21	月	生長	午	○	○		○
22	火	決定	未	○	○	○	○
23	水	健康	申	▽			▽
24	木	人気	酉	◎	▽	◎	▽
25	金	浮気	戌	○		▽	▽
26	土	再開	亥	○	○		○
27	日	経済	子	◎	○	◎	○
28	月	充実	丑	◎	◎	◎	
29	火	背信	寅	▽		▽	
30	水	0地点	卯	⊗		⊗	
31	木	精算	辰	▽		▽	▽

10月の運勢

大切なものを失わないように気をつけたい時。課題や仕事で「忙しい」と自分だけが苦労しているように振る舞うと周囲の好意を無駄にしてしまうおそれがあります。あなたが見えていないことを相手が教えてくれる瞬間もあるので、自分の考えだけが正しいと思い込まないように。精算の運気なので離れていくものがいくつかありますが、信頼関係やチームワークなど、努力して手に入れたものは大切にしましょう。

キーポイント日

◇10月3日　子　経済日
先月と同じつもりでいるとミスをしやすい

◇10月10日　未　決定日
今必要ないものは手に入れないほうが無難

◇10月17日　寅　背信日
手を抜いたり嘘で誤魔化したりは信用失う

運を活かすコツ

○10月のアドバイス

0《ゼロ》地帯中につらい思いをしてきた人は、つかの間ホッとできる時間が設けられそうです。運気的に100%満足とはいかない内容かもしれませんが、大きな変化を感じ取ることができるでしょう。緊張の糸が切れて、モチベーションが上がらない無気力な状態になるおそれもあります。そんな時は、身体を休めてリズムを整えることが大切です。

○苦しい時が訪れたら……

忍耐力のある海王星なので、悲しみやつらい感情を表に出さないことが多いと思いますが、涙を流すことでストレス解消にも繋がります。我慢をせずに、ありのままの感情を表現してください。

○未来への一歩を踏み出すためには……

9月の人気期に嬉しい出来事があった人は、気の緩みに気をつけなければなりません。やるべき課題や仕事を二の次にしてしまうと、選択ミスで春の運気を台無しにするおそれもあります。

○タブー

まだ悔しい思いをする場面があるかもしれませんが、間もなく0《ゼロ》地帯を抜けることができます。ネガティブに物事を考えるのはやめにして、今後の可能性へ挑戦していくようにしましょう。

海王星

2024年

［精算年］

11月
再開月

11月の運勢

0《ゼロ》地帯中に片づけられなかった問題が再浮上してくるかもしれません。運気が低迷している時は、自力での解決は困難な場合が多いのですが、精算期は春を迎える準備が必要な期間になるためじっとしていられません。間もなく2023年も終わりを迎えますから、片付けや整理するものが出てくると思いますが、それと同様にずっと溜め込んできた我慢とストレスも、少しずつ開放できるように取り組んでおきましょう。

キーポイント日

◇11月2日　午　生長日
懐かしい場所へ足を運ぶと気晴らしできる

◇11月15日　未　決定日
また頑張ろうという気持ちになる展開あり

◇11月20日　子　経済日
悩むのではなく考えるほうへ切り替えよう

運を活かすコツ

○11月のアドバイス

10月はリラックスできる時期を迎えていたのですが、精算の運気下ではそれどころじゃなかった人もいるはずです。心身が疲れたままではモチベーションが上がらないので、気分が落ち込んでいる場合は、空いた時間を利用して好きな場所へ足を運ぶなど、気分転換してから課題や仕事へ取り組むようにすると良いでしょう。

○苦しい時が訪れたら……

不要なものを削っていくだけで、少し気分が楽になります。大事なものだけを見失わないように守るのがおすすめ。開拓期を迎えたら、また新しいスタートが始まるので、もうひと踏ん張りです。

○未来への一歩を踏み出すためには……

一から復習をしたり、思い出に浸ってみたりするだけでも再開の効果が現れますから、焦らなくても大丈夫。多くの問題を抱えていたら、それらが解決するように努めて、身軽な状態を作りましょう。

○タブー

諦めたほうが良いものには何度も悩まされる展開になりますから、ここで考え直すほうが賢い選択です。古いものを守るためには、興味を持ってもらえるように工夫することも必要でしょう。

◎＝絶好調日　△▽＝注意日　○＝順調日
⊗＝神秘・波乱含日　▲▼＝不調日

日	曜日	運命日	干支	恋愛結婚	仕事	お金	健康
1	金	開拓	巳	○	○		○
2	土	生長	午	○	○		○
3	日	決定	未	○	○	○	○
4	月	健康	申	▽			▽
5	火	人気	酉	○	◎	○	◎
6	水	浮気	戌	○		▽	▽
7	木	再開	亥	○	○		○
8	金	経済	子	○	◎	◎	○
9	土	充実	丑	○	◎	◎	
10	日	背信	寅	▽			▽
11	月	0地点	卯		⊗	⊗	
12	火	精算	辰			▽	▽
13	水	開拓	巳	○	○		○
14	木	生長	午	○	○		○
15	金	決定	未	○	○	○	○
16	土	健康	申	▽			▽
17	日	人気	酉	○	◎	○	◎
18	月	浮気	戌	○		▽	▽
19	火	再開	亥	○	○		○
20	水	経済	子	○	◎	◎	○
21	木	充実	丑	○	◎	◎	
22	金	背信	寅	▽			▽
23	土	0地点	卯		⊗	⊗	
24	日	精算	辰			▽	▽
25	月	開拓	巳	○	○		○
26	火	生長	午	○	○		○
27	水	決定	未	○	○	○	○
28	木	健康	申	▽			▽
29	金	人気	酉	○	◎	○	◎
30	土	浮気	戌	○		▽	▽

海王星

2024年

［精算年］

12月
経済月

12月の運勢

改善や修理が必要な箇所があらわになりそうです。欠点が失敗を招いて、痛い出費が重なることもあります。2024年の辰年は、優柔不断のままより、きっぱりさっぱり判断するのが吉ですから、自分のミスであれば言い訳などはせずにしっかり謝罪をして、また、支払いが必要であるならケチらないことが大切です。有利になるように悪知恵を働かせると、のちに後悔する展開になってしまうので気をつけましょう。

キーポイント日

◇12月2日　子　経済日

立て続けの値上げや支払いに泣かされそう

◇12月17日　卯　0《ゼロ》地点日

ストレスが溜まりに溜まってやぶれかぶれ

◇12月24日　戌　浮気日

予めリサーチしないと無駄な出費が増える

運を活かすコツ

○12月のアドバイス

努力してきたことは報われて、嬉しい知らせやご褒美が舞い込む時期です。これまでつらい状況が続いたのにも関わらず、逃げずに立ち向かってきた人は、肩の荷が下りる展開が待っているでしょう。反対に、面倒な問題から逃げ続けてきた場合は、大事なものを手放さなければならないという選択が必要になりそうです。

○苦しい時が訪れたら……

楽な選択をしてこなかったか、まずは確認してみましょう。今のうちに問題を解決しておかなければ、来年以降さらに悩みが増えるおそれがありますから、今は何ができるかを考えるべきです。

○未来への一歩を踏み出すためには……

今が良くなくても、来年からは春の運気を迎えて、状況が大きく変化していきます。新しいものを取り込むことができる気持ちのスペース作りをしておきましょう。ネガティブ思考も取り払うこと。

○タブー

損失を取り戻そうと思って、大きな賭けに出ると失敗に終わりやすいでしょう。開拓期を待ってチャレンジするほうが、選択肢も増えて成功する可能性が高まるので、手探りで進めないことです。

◎＝絶好調日　△▽＝注意日　○＝順調日
⊗＝神秘・波乱含日　▲▼＝不調日

日	曜日	運命日	干支	恋愛結婚	仕事	お金	健康
1	日	再開	亥	○	○	○	○
2	月	経済	子	◎	◎	◎	○
3	火	充実	丑	◎	◎	◎	
4	水	背信	寅	▽			▽
5	木	0地点	卯		⊗	⊗	
6	金	精算	辰			▽	▽
7	土	開拓	巳	○	○		○
8	日	生長	午	○	○		○
9	月	決定	未	○	○	○	○
10	火	健康	申	▽			▽
11	水	人気	酉	◎	◎	○	◎
12	木	浮気	戌	○		▽	▽
13	金	再開	亥	○	○	○	○
14	土	経済	子	◎	◎	◎	○
15	日	充実	丑	◎	◎	◎	
16	月	背信	寅	▽			▽
17	火	0地点	卯		⊗	⊗	
18	水	精算	辰			▽	▽
19	木	開拓	巳	○	○		○
20	金	生長	午	○	○		○
21	土	決定	未	○	○	○	○
22	日	健康	申	▽			▽
23	月	人気	酉	◎	◎	○	◎
24	火	浮気	戌	○		▽	▽
25	水	再開	亥	○	○	○	○
26	木	経済	子	◎	◎	◎	○
27	金	充実	丑	◎	◎	◎	
28	土	背信	寅	▽			▽
29	日	0地点	卯		⊗	⊗	
30	月	精算	辰			▽	▽
31	火	開拓	巳	○	○		○

月星

2024年【0《ゼロ》地点期】

0《ゼロ》からスタートする年　新たな運命の種が宿る

2024年 全体運

●0《ゼロ》は悪いことばかりではない　すぐ新たなスタートが始まる

2023年から冬の運気に入りました。今まで順調だったものが急にうまくいかなくなって、落ち込むことが増えたのではないでしょうか。本来は人がラッキーになる月星ですが、自分と相手との考え方に相違が生じて、人間関係に悩んだこともあったはずです。相手が望んでいないなら、余計なお世話にしかならないので、深く立ち入らないようにしましょう。

0《ゼロ》地点期に入ると、物事が新たにスタートを迎える時でもありますが、突然の出来事だったり、想定外のことが起こりやすくなったりします。冬の運気だからと言って、悪い事ばかりではないのが0《ゼロ》地点の特徴です。

もちろん、0《ゼロ》で終わるものが出てきますが、同時に始まりを迎えるので、立ち止まったままはいけません。たとえ人に裏切られたとしても、すぐ人に助けてもらうことになるだろうし、好きな事を一時は断念しなくてはならないけれど、家庭を築いて子供を授かるなど、新たな挑戦が始まる時でもあります。

恋愛・結婚運

●自分の思いを押し付けるとうまくいかない

物事が順調で、気持ちに余裕がある時は、単独で行動するのも苦にはならないですが、自信がなかったり、不安を抱えたりすると人に頼りがちになります。大人しく傍にいるのならまだ良いのですが、余計な口出しをすると迷惑がられてしまうので気をつけましょう。

2023年の背信期から、関係がギクシャクしてしまったカップルは、恋人と新しい関係を築くことになるかもしれません。すぐに気持ちを切り替えるのは難しいかもしれませんが、無茶振りさえしなければ、引き続き良好な関係を築けているでしょう。周囲に良いイメージを与えている月星ならば、すぐに手を差し伸べてくれる人が現れると思いますから、格好悪い行動は控えるようにしておくことです。

フリーの人は、容姿端麗な人に一目惚れしやすい時でもあります。近くにいる人の場合もありますし、テレビで見る有名人の可能性も。どちらにしても、夢中になりやすく、推しのために多額の出費をすることさえありますから注意が必要です。

恋人と結婚を考えているのであれば、冬の0《ゼロ》地帯を抜けてからがおすすめですが、誰かの願いを叶えるためや、生まれてくる新しい命のためなら躊躇することはありません。

月星

仕事・金運

●欠点や力不足なところを補う必要がある時

月星は人に自分を合わせるタイプなので、仕事に関しても、辞めたいのに辞めることができないとか、作業自体は好きではないけれど、居心地の良い職場であるからという理由で、何となく続けてしまっている人もいるはずです。冬の0《ゼロ》地帯には、困難が立ちはだかることもあり、そこから逃げたい感情が湧いてくることもありますから、2023年の背信期には、転職を考えた人もいたのではないでしょうか。

冬の運気下では、無理をすることなく、充電を心がけることも必要なのですが、ここで思いきった行動にでると、なかなか理想的な展開になりそうもありません。0《ゼロ》地点は、欠点や改善点が浮き彫りになる時なので、そこを直すようにしていくことが大切です。

また、苦手な作業をしていかなければならないことも多く、まるで嫌がらせを受けているように考えてしまいがちですが、まだ力不足である部分を補う必要が出てくる時でもあるのが0《ゼロ》地点の特徴です。

●使った金額を把握しておかなければ金欠に

浪費に走りやすいので気をつける必要があります。特に、一人で過ごす時間は、スマホを眺める機会が多くなるので、ショッピングサイトには要注意です。電子マネーやカード決済に頼りがちである場合は、使った金額をしっかり把握しておかないと、とんでもない額の請求が来て金欠に陥ります。

また、スマホが壊れたり、どこかへ置き忘れたりする可能性もありますから、バッグアップしておくと良いでしょう。

開運ポイント

時間や気持ちに余裕を持って行動しないと、思いどおりにならなくなります。時間にルーズなところや人に頼りがちな部分は、指摘される機会が多くなるかもしれません。すぐに改善できれば良いのですが、それを面倒に思い始めると相手の気持ちが離れてしまう場合もあることを忘れないようにしましょう。

また、嫌なことを抱え込むのではなく、しっかり意思表示をしたり、誰かに助けを求めたりすることも大切です。

今年のキーマン	辰年、亥年
恋愛運アップ	海、意思表示、口出ししない
仕事運アップ	セミナー、弱点克服、時間厳守
健康運アップ	魚料理、情緒安定、十分な睡眠
金　運アップ	お手伝い、閉店間際、浪費しない

月星

2024年

［0《ゼロ》地点年］

1月
経済月

1月の運勢

2023年からやるべき事へ身が入らなかったり、何度か失敗を繰り返したりして、気が抜けてしまう状態が続いた人もいたと思います。状況がガラリと変わる冬の0《ゼロ》地帯に入ったためですが、めげずに努力を続けてきたものの結果が現れる時を迎えました。自分の力不足である面や欠点が浮き彫りになる時期でもありましたから、面倒なことから逃げずにクリアしてきたのなら、過去の経験が活きて自信が湧くでしょう。

キーポイント日

◇1月2日　丑　経済日
初売りやセールの誘惑には負けないように

◇1月10日　酉　健康日
気になる事は後回しにせずスッキリさせて

◇1月24日　亥　浮気日
残念な結果を目の当たりにしても焦らない

運を活かすコツ

○1月のアドバイス

壊れたり失ったりするものが出てきて、残念な気持ちになる場面もあるかもしれませんが、0《ゼロ》地点ではリセット以降、新しい展開が始まります。いつまでもクヨクヨすることなく、訪れる幸運を期待して待つようにしましょう。あれもこれもとキープしたままでは、すべてが中途半端になってしまいます。出費は控えめがベストです。

○苦しい時が訪れたら……

嫌なことから逃げてばかりいたら、何も解決しません。0《ゼロ》地点は欠点を改善しなければならない期間でもありますから、他人に指摘されたことくらいは真剣に考え直していくようにしましょう。

○未来への一歩を踏み出すためには……

他人のためと思って、自分を犠牲にしている人がいるかもしれませんが、断る勇気も時には必要です。できない事を抱え込み過ぎてしまうと、親切な行為も迷惑へと変わってしまう場合があります。

○タブー

経験が豊富で勘違いしやすい時でもありますから、高飛車な態度は取らないように。自分よりレベルが高い人たちと関わる場面が訪れるので、多く事を低姿勢で学ぶようにしていきましょう。

◎＝絶好調日　△▽＝注意日　○＝順調日
⊗＝神秘・波乱含日　▲▼＝不調日

日	曜日	運命日	干支	恋愛結婚	仕事	お金	健康
1	月	再開	子	○	○	○	○
2	火	経済	丑	◎	◎	◎	○
3	水	充実	寅	◎	◎	◎	
4	木	背信	卯	▽			▽
5	金	0地点	辰		⊗	⊗	
6	土	精算	巳			▽	▽
7	日	開拓	午	○	○		○
8	月	生長	未	○	○		○
9	火	決定	申	○	○	○	○
10	水	健康	酉	▽			▽
11	木	人気	戌	◎	◎	○	◎
12	金	浮気	亥	○		▽	▽
13	土	再開	子	○	○	○	○
14	日	経済	丑	◎	◎	◎	○
15	月	充実	寅	◎	◎	◎	
16	火	背信	卯	▽			▽
17	水	0地点	辰		⊗	⊗	
18	木	精算	巳			▽	▽
19	金	開拓	午	○	○		○
20	土	生長	未	○	○		○
21	日	決定	申	○	○	○	○
22	月	健康	酉	▽			▽
23	火	人気	戌	◎	◎	○	◎
24	水	浮気	亥	○		▽	▽
25	木	再開	子	○	○	○	○
26	金	経済	丑	◎	◎	◎	○
27	土	充実	寅	◎	◎	◎	
28	日	背信	卯	▽			▽
29	月	0地点	辰		⊗	⊗	
30	火	精算	巳			▽	▽
31	水	開拓	午	○	○		○

月星

2024年
[0《ゼロ》地点年]

2月
充実月

◎＝絶好調日　△▽＝注意日　○＝順調日
⊗＝神秘・波乱含日　▲▼＝不調日

日	曜日	運命日	干支	恋愛結婚	仕事	お金	健康
1	木	生長	未	○	○		○
2	金	決定	申	○	○	○	○
3	土	健康	酉	▽			▽
4	日	人気	戌	◎	◎	○	◎
5	月	浮気	亥	○		▽	▽
6	火	再開	子	○	○	○	○
7	水	経済	丑	◎	◎	◎	○
8	木	充実	寅	◎	◎	◎	
9	金	背信	卯	▽			▽
10	土	0地点	辰	⊗	⊗	⊗	
11	日	精算	巳			▽	▽
12	月	開拓	午	○	○		○
13	火	生長	未	○	○		○
14	水	決定	申	○	○	○	○
15	木	健康	酉	▽			▽
16	金	人気	戌	◎	◎	○	◎
17	土	浮気	亥	○		▽	▽
18	日	再開	子	○	○	○	○
19	月	経済	丑	◎	◎	◎	○
20	火	充実	寅	◎	◎	◎	
21	水	背信	卯	▽			▽
22	木	0地点	辰	⊗	⊗	⊗	
23	金	精算	巳			▽	▽
24	土	開拓	午	○	○		○
25	日	生長	未	○	○		○
26	月	決定	申	○	○	○	○
27	火	健康	酉	▽			▽
28	水	人気	戌	◎	◎	○	◎
29	木	浮気	亥	○		▽	▽

2月の運勢

人間関係が大きく様変わりする人が出てきそうです。引っ越しや転職などで、気の合う仲間たちと距離ができたり、中には人と関わる機会が減る傾向になったり。人との相性は良い月星ですが、0《ゼロ》地帯を迎えたために、あえて距離を置きたくなるような状況にもなります。「嫌われているかも」と考え始めると、やるべき事へ手が付かなくなりますから、「迷惑をかけないように」と考えるほうが集中できるでしょう。

キーポイント日

◇2月9日　卯　背信日
いつもギリギリセーフがアウトになりやすい

◇2月12日　午　開拓日
高価な物を買わずに素直な気持ちを伝えよう

◇2月27日　酉　健康日
ストレスを溜めないようにこまめに息抜きを

運を活かすコツ

○2月のアドバイス

人と関わっておくのが良い充実期ですが、年運の影響から距離ができてしまいやすく、単独の時間が増えてくる可能性があります。他人を頼っていた部分を改善しなければならない時だと思って、自分で物事を進めていくようにしましょう。もし、自分の行為や態度が原因で孤立することになったのなら、すぐに改めるように。

○苦しい時が訪れたら……

直さなければならない部分が出てくるはずですから、問題から目を背けないようにしなければなりません。また、準備や確認を怠ることなく、時間に余裕を持って行動することが大切です。

○未来への一歩を踏み出すためには……

今やらなければならないものは、後回しにすることなく手を付けておくように。0《ゼロ》地帯に入ると、気持ちや行動に余裕がなくなるため、気づいた時には遅かったという結果になってしまいます。

○タブー

人に流されやすい時ですから、自分の意と反していることはやらないようにしてください。嫌われないことが大切なのではなく、間違った方向へ進まない、または立ち止まる勇気が必要です。

月星

2024年

［0《ゼロ》地点年］

3月
背信月

3月の運勢

仲間や大切な人と意見が分かれるようになって、溝が生じる展開になるかもしれません。外では目の前の事に一生懸命取り組む月星ですから、家に帰ってくるとぐったりモードで動きたくなくなってしまう人も多いはず。ましてや、0《ゼロ》地帯中は心身共に疲れやすいので余計です。「疲れているから」とやるべき事を後回しにしていくと、次第に周囲の人と歩調が合わなくなっていきますから、気をつけるようにしましょう。

キーポイント日

◇3月6日　巳　精算日
人を頼り過ぎている部分が明確になりそう
◇3月14日　丑　経済日
期待していないほうがサプライズ感アップ
◇3月20日　未　生長日
多くの人の行動や会話から学びを得られる

運を活かすコツ

○3月のアドバイス

いつもお世話になっていた場所や人たちとお別れしなければならない場合も。希望が持てないような心情になるかもしれませんが、ステップアップを図る時期にきているということを忘れないように。高望みはしない性格でも、努力が評価されないと不満を抱えてしまうはずですから、自分の可能性を信じて邁進してください。

○苦しい時が訪れたら……

同じ人間とは言え、育ちや考え方の違いで十人十色だということを実感するでしょう。真似はできなくても、気持ちの持ち様で自分を変えられるきっかけにもなるので、簡単に諦めないように。

○未来への一歩を踏み出すためには……

良かれと思った事が逆効果だったりもします。全てが自分と同じだと考えてはいけません。また、自分と違うタイプだとしても、共通する部分がある可能性もあるので、線引きはしないことです。

○タブー

離れていくものに縋らないことです。無理に追いかけても、迷惑がられるだけでなく、さらに関係を悪化させてしまうでしょう。自分のやるべき事へ集中して、新しいことを受け入れる準備を。

◎＝絶好調日　△▽＝注意日　○＝順調日
⊗＝神秘・波乱含日　▲▼＝不調日

日	曜日	運命日	干支	恋愛結婚	仕事	お金	健康
1	金	再開	子		○		○
2	土	経済	丑	○	○	○	
3	日	充実	寅	○	○	○	
4	月	背信	卯	▼		▼	▼
5	火	0地点	辰	⊗	⊗	⊗	⊗
6	水	精算	巳	▼		▼	▼
7	木	開拓	午		○		
8	金	生長	未		○		○
9	土	決定	申	○	○		○
10	日	健康	酉	▲		▲	▲
11	月	人気	戌	○	○	○	
12	火	浮気	亥	▼		▼	▼
13	水	再開	子		○		○
14	木	経済	丑	○	○	○	
15	金	充実	寅	○	○	○	
16	土	背信	卯	▼		▼	▼
17	日	0地点	辰	⊗	⊗	⊗	⊗
18	月	精算	巳	▼		▼	▼
19	火	開拓	午		○		
20	水	生長	未		○		○
21	木	決定	申	○	○		○
22	金	健康	酉	▲		▲	▲
23	土	人気	戌	○	○	○	
24	日	浮気	亥	▼		▼	▼
25	月	再開	子		○		○
26	火	経済	丑	○	○	○	
27	水	充実	寅	○	○	○	
28	木	背信	卯	▼		▼	▼
29	金	0地点	辰	⊗	⊗	⊗	⊗
30	土	精算	巳	▼		▼	▼
31	日	開拓	午		○		

月星
2024年
[0《ゼロ》地点年]
4月
0《ゼロ》地点月

4月の運勢

意見が対立する場面があるかもしれません。3月から予兆はあったと思いますが、ついに怒りや感情が爆発してしまいそうです。しかし、近況を振り返ってよく考えてみてください。大切なものに、しっかり向き合えていたかどうかを。自分中心に物事を考えて、時間を無駄に過ごしていませんでしたか?自分より人のために尽くすのが良い時期ですから、相手を思いやれなかったという結果が出る場合もあります。

キーポイント日

◇4月2日　申　決定日
欠点や問題に気づいたらすぐに改善しよう
◇4月10日　辰　0《ゼロ》地点日
過去にこだわるより将来を見据えた行動を
◇4月18日　子　再開日
家族や頼れる人と一緒にいると安心できる

運を活かすコツ

○4月のアドバイス

未経験への挑戦や馴染みのない人との交流など、不安が尽きない期間ではありますが、人との壁を作らなければ大丈夫です。いつもどおりに笑顔で対応すれば、気の合う仲間がすぐにできるはず。険しい表情をしていると、近寄りがたくなってしまうので気をつけましょう。積極的に動かなくても、相手が気にしてくれます。

◎＝絶好調日　△▽＝注意日　○＝順調日
⊗＝神秘・波乱含日　▲▼＝不調日

日	曜日	運命日	干支	恋愛結婚	仕事	お金	健康
1	月	生長	未		○		○
2	火	決定	申	○	○		○
3	水	健康	酉	▲	▲	▲	▲
4	木	人気	戌	○	○	○	
5	金	浮気	亥	▼		▼	▼
6	土	再開	子		○		○
7	日	経済	丑	○	○	○	
8	月	充実	寅	○	○	○	
9	火	背信	卯	▼	▼	▼	▼
10	水	0地点	辰	⊗	⊗	⊗	⊗
11	木	精算	巳	▼	▼	▼	▼
12	金	開拓	午		○		
13	土	生長	未		○		○
14	日	決定	申	○	○		○
15	月	健康	酉	▲	▲	▲	▲
16	火	人気	戌	○	○	○	
17	水	浮気	亥	▼		▼	▼
18	木	再開	子		○		○
19	金	経済	丑	○	○	○	
20	土	充実	寅	○	○	○	
21	日	背信	卯	▼	▼	▼	▼
22	月	0地点	辰	⊗	⊗	⊗	⊗
23	火	精算	巳	▼	▼	▼	▼
24	水	開拓	午		○		
25	木	生長	未		○		○
26	金	決定	申	○	○		○
27	土	健康	酉	▲	▲	▲	▲
28	日	人気	戌	○	○	○	
29	月	浮気	亥	▼		▼	▼
30	火	再開	子		○		○

○苦しい時が訪れたら……

運命がリセットされる時ですから、つらい出来事も起こり得るでしょう。しかし、新しいスタートを切るためには、古いものを整理する必要があります。気持ちは素早く切り替えるように。

○未来への一歩を踏み出すためには……

自分で何とかしようとしても力不足なので、周囲の手や知恵を借りることです。お世話になったら、感謝やお礼を伝えるのも忘れないように。当たり前のことを当たり前にやれないのは問題です。

○タブー

残念な事が続いたとしても、リセットできればすぐにまた頑張れるような出来事が舞い込みますから、悲観しないようにしましょう。注目を浴びやすい時でもあるので、悪い噂が流れないように気をつけて。

月星

2024年

［0《ゼロ》地点年］

5月

精算月

5月の運勢

ライバルに先を越されたり、精神的にダメージを受けたりするような状況になりやすいでしょう。0《ゼロ》地点の年運だけに、古い過去がリセットされて、未来の種が育つところにいるので、将来性がないものとは疎遠になっていきます。とは言っても、諦めの悪いところがある月星なので、現実を受け入れがたいとは思いますが、今は流れに逆らわないほうが無難です。我慢をすればすぐに新しい展開が始まるでしょう。

キーポイント日

◇5月3日　卯　背信日
終わった事を悔やまずに気持ちの切り替えを

◇5月12日　子　再開日
会えないとしても電話などで感謝を伝えよう

◇5月23日　亥　浮気日
時間の感覚が掴みにくい日なので気をつけて

運を活かすコツ

○5月のアドバイス

やりたい事があっても手が回らない状況になりそう。気づいた時にコツコツ進めていれば何とかなったかもしれないけれど、今更後悔してもあとの祭り。以前から改善が必要な部分だと察知していたのであれば、まだ解決されていないことを問題視しておくべき。新しく運命がスタートされているので、同じ失敗を重ねないことです。

○苦しい時が訪れたら……

物事の表面だけを見ていると、真相がわからなかったり、勘違いをしやすかったりするので、多方面から考えるようにしてみることです。気持ちが落ち着けば、またすぐに前進できるようになります。

○未来への一歩を踏み出すためには……

弱い自分や劣っている部分を直す努力をするだけで、一回り成長するきっかけとなります。自信を失くしてやる気が起きないのであれば、身の回りを整えるだけでも気持ちがすっきりします。

○タブー

求められるからと言って安売りすると、うまく利用されてしまう場合も。ウインウインの関係にならないのであれば、ここで手を切るようにしましょう。認めてくれない相手との未来はありません。

◎＝絶好調日　△▽＝注意日　○＝順調日
⊗＝神秘・波乱含日　▲▼＝不調日

日	曜日	運命日	干支	恋愛結婚	仕事	お金	健康
1	水	経済	丑	○	○	○	
2	木	充実	寅	○	○	○	
3	金	背信	卯	▲		▲	▲
4	土	0地点	辰	⊗	⊗	⊗	⊗
5	日	精算	巳	▲		▲	▲
6	月	開拓	午		○		
7	火	生長	未		○		○
8	水	決定	申	○	○		○
9	木	健康	酉	▲		▲	▲
10	金	人気	戌	○	○	○	
11	土	浮気	亥	▼		▼	▼
12	日	再開	子		○		○
13	月	経済	丑	○	○	○	
14	火	充実	寅	○	○	○	
15	水	背信	卯	▲		▲	▲
16	木	0地点	辰	⊗	⊗	⊗	⊗
17	金	精算	巳	▲		▲	▲
18	土	開拓	午		○		
19	日	生長	未		○		○
20	月	決定	申	○	○		○
21	火	健康	酉	▲		▲	▲
22	水	人気	戌	○	○	○	
23	木	浮気	亥	▼		▼	▼
24	金	再開	子		○		○
25	土	経済	丑	○	○	○	
26	日	充実	寅	○	○	○	
27	月	背信	卯	▲		▲	▲
28	火	0地点	辰	⊗	⊗	⊗	⊗
29	水	精算	巳	▲		▲	▲
30	木	開拓	午		○		
31	金	生長	未		○		○

月星

2024年
［0《ゼロ》地点年］

6月
開拓月

◎＝絶好調日　△▽＝注意日　○＝順調日
⊗＝神秘・波乱含日　▲▼＝不調日

日	曜日	運命日	干支	恋愛結婚	仕事	お金	健康
1	土	決定	申	○	○		○
2	日	健康	酉	△			△
3	月	人気	戌	◎	◎	○	○
4	火	浮気	亥	○		△	△
5	水	再開	子		○		○
6	木	経済	丑	○	◎	◎	○
7	金	充実	寅	◎	○	◎	
8	土	背信	卯	▲			▲
9	日	0地点	辰	⊗		⊗	⊗
10	月	精算	巳	▲		▲	
11	火	開拓	午		○		○
12	水	生長	未	○	○		○
13	木	決定	申	○	○		○
14	金	健康	酉	△			△
15	土	人気	戌	◎	◎	○	○
16	日	浮気	亥	○		△	△
17	月	再開	子		○		○
18	火	経済	丑	○	◎	◎	○
19	水	充実	寅	◎	○	◎	
20	木	背信	卯	▲			▲
21	金	0地点	辰	⊗		⊗	⊗
22	土	精算	巳	▲		▲	
23	日	開拓	午		○		○
24	月	生長	未	○	○		○
25	火	決定	申	○	○		○
26	水	健康	酉	△			△
27	木	人気	戌	◎	◎	○	○
28	金	浮気	亥	○		△	△
29	土	再開	子		○		○
30	日	経済	丑	○	◎	◎	○

6月の運勢

運勢グラフを見ると底の運気ではありますが、未来の種が宿るところが0《ゼロ》地点です。3月から5月につらい経験をした人もいるかもしれませんが、これからは未来へ希望を持って歩み始める時なので、過去は振り返ることなく、楽しくポジティブで前向きな選択をしていきましょう。一人でいると余計な事を考えてしまいますから、人と交流したり、好きなことへ没頭したりすると、嫌な気分を吹き飛ばせそうです。

キーポイント日

◇6月1日　申　決定日
現在より明るい未来を創るためにスタートを

◇6月15日　戌　人気日
憧れや興味があったものと関われるチャンス

◇6月22日　巳　精算日
イメチェンをしてみると変化が期待できそう

運を活かすコツ

○6月のアドバイス

月運は冬の運気を抜けたので、次第に勢いが増していきます。不慣れな事を経験する機会が設けられて苦労もしますが、確実に人間的成長を遂げていますから、面倒などと思わずに、一つ一つクリアしていくことが大切です。分からない事は、自己流で進めてしまうのではなく、先輩や経験者に指導していただくと良いでしょう。

○苦しい時が訪れたら……

焦らないで進めることが大事です。望まない展開や後悔してしまうような流れにもなるかもしれませんが、今あなたが成長するために必要な意味のある出来事なので、ゆっくり受け入れましょう。

○未来への一歩を踏み出すためには……

もちろん分からない事を人に聞くのは大事ですが、自分で気づいたことをアレンジしていくと良いでしょう。慣れてくれば様々な発見があると思いますから、やりやすいように進めてOKです。

○タブー

思うように動けないからと言って、逃げ出してしまうと後戻りできなくなってしまいます。精神的にも疲れやすいかもしれませんが、思考の転換や息抜きをうまくしながら乗り切ってください。

月星

2024年

[0《ゼロ》地点年]

7月
生長月

7月の運勢

あまり乗り気ではないかもしれませんが、人と交流する機会が増えるでしょう。これまでつらい状況にいたあなたを励ましてくれる人が現れたり、新しい仲間が増えたりするかもしれません。また、未経験のことを学習する必要も出てきます。周囲の助けを借りて成長できる時でもありますから、自己中心的な発言や態度で、人を遠ざけてしまわないように気をつけましょう。何でも初めは分からなくて当たり前です。

キーポイント日

◇7月7日　申　決定日
意見やアドバイスを参考に将来を考えよう
◇7月15日　辰　0《ゼロ》地点日
自己主張を慎んで聞き役に徹した方が無難
◇7月22日　亥　浮気日
場の雰囲気に流されやすいので気をつけて

運を活かすコツ

○7月のアドバイス

興味がない場所へ出かけることになったり、手続きや挨拶回りで忙しくなったりするかもしれません。初めは嫌々でも、新しい発見や出会いがあって、次第に楽しく思えるようになるでしょう。また、金欠のままではいけないという気持ちになって、アルバイトや副業を始めたくもなりますが、無理をして身体を壊さないように。

○苦しい時が訪れたら……

古いものを断ち切って、新しい未来を見据えるほうが良い時ですから、終わった事へは執着しないようにしましょう。自分の力不足で物事が好転しないのなら、スキルアップを目指すことです。

○未来への一歩を踏み出すためには……

0《ゼロ》地帯では、多くのことを学んで吸収していくのがベスト。忘れられない出来事も起きますが、ここでの経験はのちに役立ったり、意識させられたりするので、現実逃避しないことが大切です。

○タブー

面倒くさい病が顔を覗かせると、家に引きこもったままになりやすいでしょう。家の中でも歩くスペースが狭くなり、どんどん身体を動かす機会が減っていきますから、身の回りは整えるように。

◎＝絶好調日　△▽＝注意日　○＝順調日
⊗＝神秘・波乱含日　▲▼＝不調日

日	曜日	運命日	干支	恋愛結婚	仕事	お金	健康
1	月	充実	寅	◎	○	◎	
2	火	背信	卯	▲			▲
3	水	0地点	辰	⊗		⊗	
4	木	精算	巳	▲		▲	
5	金	開拓	午		○		○
6	土	生長	未	○	○		○
7	日	決定	申	○	○		○
8	月	健康	酉	△			△
9	火	人気	戌	◎	◎	○	○
10	水	浮気	亥	○		△	△
11	木	再開	子		○		○
12	金	経済	丑	○	◎	◎	○
13	土	充実	寅	◎	○	◎	
14	日	背信	卯	▲			▲
15	月	0地点	辰	⊗		⊗	
16	火	精算	巳	▲		▲	
17	水	開拓	午		○		○
18	木	生長	未	○	○		○
19	金	決定	申	○	○		○
20	土	健康	酉	△			△
21	日	人気	戌	◎	◎	○	○
22	月	浮気	亥	○		△	△
23	火	再開	子		○		○
24	水	経済	丑	○	◎	◎	○
25	木	充実	寅	◎	○	◎	
26	金	背信	卯	▲			▲
27	土	0地点	辰	⊗		⊗	
28	日	精算	巳	▲		▲	
29	月	開拓	午		○		○
30	火	生長	未	○	○		○
31	水	決定	申	○	○		○

月星

月　星

2024年

［0《ゼロ》地点年］

8月
決定月

8月の運勢

6月以降新しい事へ取り組んできた人は、気持ち次第で状況が分かれる展開になります。まだ自由な時間を作りにくい時期ですから、ドンピシャにハマった場合はこれからも続けていけそうですが、気持ちが中途半端だと継続は困難です。自分に自信がないと考えて躊躇してしまうこともありそうですが、冬の運気では不慣れな事を経験したり、悔しい思いをしたりしながら、強い自分へ成長していくことができます。

キーポイント日

◇8月2日　戌　人気日
理想の物事や場所について情報収集をしよう

◇8月10日　午　開拓日
心に残る言葉や気配りが背中を押してくれる

◇8月28日　子　再開日
こうと決めたら可能性に賭けて邁進するのみ

運を活かすコツ

○8月のアドバイス

自分は望まないけれど、大きな節目を迎える可能性があります。引っ越しであったり、異動であったりする可能性も。一見良くない出来事に思えることでも、あなたが補うべきものを外から与えられていると思って受け入れると良いでしょう。別れも切り出されたら聞き入れるように。

○苦しい時が訪れたら……

選択の余地はないけれど、決断はできるはず。もし、残念な結果を目の当たりにした時、ダメだ…と自信を失くしてしまうと、この先もネガティブな感情が付きまとうので、プラスに物事を捉えて。

○未来への一歩を踏み出すためには……

優柔不断な月星なので、自分から答えが出せない時もあるはずですから、迷った時は人の意見を参考にしてみると良いでしょう。自ら思いつかないような事を教えてもらえば、気持ちが強まります。

○タブー

不満を抱きながら過ごすのは良くありません。ストレスが溜まる生活をしていると、人に八つ当たりをしたり、体調を崩したりする原因にもなります。限界が来る前に、問題を解決しましょう。

◎＝絶好調日　△▽＝注意日　○＝順調日
⊗＝神秘・波乱含日　▲▼＝不調日

日	曜日	運命日	干支	恋愛結婚	仕事	お金	健康
1	木	健康	酉	△			△
2	金	人気	戌	◎	◎	○	◎
3	土	浮気	亥	○		△	△
4	日	再開	子		○		○
5	月	経済	丑	○	◎	◎	○
6	火	充実	寅	◎	○	◎	
7	水	背信	卯	▲			▲
8	木	0地点	辰	⊗		⊗	
9	金	精算	巳	▲		▲	
10	土	開拓	午		○		○
11	日	生長	未	○	○		○
12	月	決定	申	○	○		○
13	火	健康	酉	△			△
14	水	人気	戌	◎	◎	○	◎
15	木	浮気	亥	○		△	△
16	金	再開	子		○		○
17	土	経済	丑	○	◎	◎	○
18	日	充実	寅	◎	○	◎	
19	月	背信	卯	▲			▲
20	火	0地点	辰	⊗		⊗	
21	水	精算	巳	▲		▲	
22	木	開拓	午		○		○
23	金	生長	未	○	○		○
24	土	決定	申	○	○		○
25	日	健康	酉	△			△
26	月	人気	戌	◎	◎	○	◎
27	火	浮気	亥	○		△	△
28	水	再開	子		○		○
29	木	経済	丑	○	◎	◎	○
30	金	充実	寅	◎	○	◎	
31	土	背信	卯	▲			▲

月星

2024年

［0《ゼロ》地点年］

9月
健康月

9月の運勢

6月から8月まで意欲的に行動してきた人は、疲れが出やすくなります。暑さで体力が消耗していることもあり、行動意欲も減少するかもしれません。いつもなら周囲へ気を配る余裕がありますが、9月は目が届きにくくなりそうです。他人の言葉が気になって集中できなくなったり、相槌は打つものの話を聞いていなかったりでは、ミスや失敗を引き起こすおそれがあるので、目の前の事に専念するようにしましょう。

キーポイント日

◇9月2日　巳　精算日
気分は冴えないし集中できなくてシンドイ

◇9月18日　酉　健康日
睡眠時間を削ると寝過ごしたりミスしたり

◇9月21日　子　再開日
体調が優れないなら無理をせず休養しよう

運を活かすコツ

○9月のアドバイス

0《ゼロ》地点は周囲の影響を受けて、落ち着いていられない時でもありますから、せわしなく過ごす傾向にあります。今月は上昇する運気の最中ですが、やるべき課題や作業も増えて、身体が悲鳴をあげる場合も。無理な計画は立てないように気をつけましょう。生活のリズムを崩すと体調が思わしくなくなるので、睡眠はしっかりとるように。

○苦しい時が訪れたら……

日中はスマホを眺める時間が少なくても、家ではネットショッピングや調べものなど、寝る直前まで使い込んでいる時があるはず。身体を休める時間を大切にしないと、悪循環に陥ってしまいます。

○未来への一歩を踏み出すためには……

こまめに身体を動かしたり、会話をしたりすることも大切です。ストレスから欲しいものを集めたくもなりますが、余計なものは溜め込むことなく処分して、健康に気を配るようにしましょう。

○タブー

好きな事に没頭しやすくなるのも今の時期です。新しく始めた趣味や推し活に多く出費してしまうと、金欠になりやすいので気をつけましょう。借金をすると、返済に苦労することになります。

◎＝絶好調日　△▽＝注意日　○＝順調日
⊗＝神秘・波乱含日　▲▼＝不調日

日	曜日	運命日	干支	恋愛結婚	仕事	お金	健康
1	日	0地点	辰	⊗			⊗
2	月	精算	巳	▲	▲	▲	▲
3	火	開拓	午		○		○
4	水	生長	未	○	○		○
5	木	決定	申	○	○	○	○
6	金	健康	酉	△			△
7	土	人気	戌	◎	◎	○	△
8	日	浮気	亥	○			△
9	月	再開	子		○		○
10	火	経済	丑	○	◎	◎	○
11	水	充実	寅	◎	○	◎	
12	木	背信	卯	▲	▲	▲	▲
13	金	0地点	辰	⊗			⊗
14	土	精算	巳	▲	▲	▲	▲
15	日	開拓	午		○		○
16	月	生長	未	○	○		○
17	火	決定	申	○	○	○	○
18	水	健康	酉	△			△
19	木	人気	戌	◎	◎	○	△
20	金	浮気	亥	○			△
21	土	再開	子		○		○
22	日	経済	丑	○	◎	◎	○
23	月	充実	寅	◎	○	◎	
24	火	背信	卯	▲	▲	▲	▲
25	水	0地点	辰	⊗			⊗
26	木	精算	巳	▲	▲	▲	▲
27	金	開拓	午		○		○
28	土	生長	未	○	○		○
29	日	決定	申	○	○	○	○
30	月	健康	酉	△			△

月星

2024年
[0《ゼロ》地点年]

10月
人気月

10月の運勢

人気期は願いが叶いやすい最高の運気ではありますが、年運が0《ゼロ》地点であるために大きな反動が起きやすい時です。たとえ良いことがあっても、すぐに残念な思いをする場合も。それでも一生忘れられない出来事となりやすいので、経験できたことに喜びを感じて将来へ繋げられるようにして行くことが大切です。慣れないことを経験するので、たとえ失敗しても自信を失くすことなく、ゆっくり学ぶようにしましょう。

キーポイント日

◇10月4日　丑　経済日
我慢は身体に良くないので不安や不満を解消

◇10月8日　巳　精算日
気持ちや時間に余裕を持って不注意を防ごう

◇10月17日　寅　充実日
ワガママになってしまうと孤独を感じやすい

運を活かすコツ

○10月のアドバイス

人を当てにしてもうまく事が回りそうもありません。単独で行動するのは心細いかもしれませんが、何度か経験するうちに慣れてきますので、諦めてしまうことなく、自分ができる範囲で少しずつ進めていくようにしましょう。分からないところは、人に聞くようにすれば教えてくれるはずです。親切な人はたくさんいます。

○苦しい時が訪れたら……

誰かに頼ってばかりいると、いざという時に困ってしまう時がきます。自分でやれる事は、日頃から手をつけておくように。直すべき部分を指摘される場合もありますから、すぐに改善しましょう。

○未来への一歩を踏み出すためには……

良かれと思って行う行為も、人によっては迷惑な場合がありますから、まずは同意を求めるようにしましょう。無理を言うと大切な人を困らせてしまう展開になるので、相手ファーストを心掛けて。

○タブー

月運は人気期でも0《ゼロ》地点の運気下にいますから、やるべき事をやらずに逃げてばかりいると、失うものが出てきます。都合の良いように人を使ったり、嘘をついたりしないように気をつけましょう。

◎＝絶好調日　△▽＝注意日　○＝順調日
⊗＝神秘・波乱含日　▲▼＝不調日

日	曜日	運命日	干支	恋愛結婚	仕事	お金	健康
1	火	人気	戌	◎	◎	◎	◎
2	水	浮気	亥	○		△	△
3	木	再開	子	○	○		○
4	金	経済	丑	◎	◎	◎	○
5	土	充実	寅	◎	◎	◎	
6	日	背信	卯	▲			▲
7	月	0地点	辰	⊗		⊗	
8	火	精算	巳	▲			▲
9	水	開拓	午	○	○		○
10	木	生長	未	○	○		○
11	金	決定	申	○	○	○	○
12	土	健康	酉	△			△
13	日	人気	戌	◎	◎	◎	◎
14	月	浮気	亥	○		△	△
15	火	再開	子	○	○		○
16	水	経済	丑	◎	◎	◎	○
17	木	充実	寅	◎	◎	◎	
18	金	背信	卯	▲			▲
19	土	0地点	辰	⊗		⊗	
20	日	精算	巳	▲			▲
21	月	開拓	午	○	○		○
22	火	生長	未	○	○		○
23	水	決定	申	○	○	○	○
24	木	健康	酉	△			△
25	金	人気	戌	◎	◎	◎	◎
26	土	浮気	亥	○		△	△
27	日	再開	子	○	○		○
28	月	経済	丑	◎	◎	◎	○
29	火	充実	寅	◎	◎	◎	
30	水	背信	卯	▲			▲
31	木	0地点	辰	⊗		⊗	

月星

2024年

［0《ゼロ》地点年］

11月 浮気月

11月の運勢

時間に追われていた人は、ほっと一息つける時間ができそうです。好きな場所へ足を運ぶことができたり、愉快な仲間たちと楽しく会話ができたりして、リラックス効果が得られるでしょう。ただし、まだ完全に緊張状態から解放されていないために気持ちがナイーブな状態ですから、誰かに頼りたい思いに駆られやすいので、相手に無理なお願いをすることや気持ちと裏腹な行動をとるのは控えるようにしてください。

キーポイント日

◇11月3日　未　生長日
調子に乗るとあっという間にお金が無くなる
◇11月11日　卯　背信日
面倒くさいと思いがちで重い腰が上がらない
◇11月19日　亥　浮気日
うまい話に乗ると引き返せなくなるおそれも

運を活かすコツ

○11月のアドバイス

つらい事が続いた人は、救世主が現れる可能性も。あなたの不満や悩みを親身に聞いてくれるでしょう。しかし、自分の考えや行動を改めたほうが良い場合は、指摘されて嫌な気分になることがあるかもしれません。自ら事を大きくしてしまいがちなので、コソコソ秘密を作ったり、高圧的な態度をとったりしないように。

○苦しい時が訪れたら……

曖昧な答えを出すと、面倒なことになってしまいます。一人ではどうにもならない時は、人の意見を求めるようにしましょう。欲しいものを手に入れると、失うものが出てくる可能性もあります。

○未来への一歩を踏み出すためには……

誰かに裏切られても、救ってくれるのもまた人なので、運の良さを感じる瞬間がありそうです。頼れる相手がいないのは、月星にとってマイナスになってしまうので、仲間や家族と過ごしましょう。

○タブー

自分がされて嫌な事を他人にするのはやめましょう。人の文句を言ったり、迷惑をかけたりしないことです。今は順調でも、裏では不利な状況になっている可能性があることを忘れないように。

◎＝絶好調日　△▽＝注意日　○＝順調日
⊗＝神秘・波乱含日　▲▼＝不調日

日	曜日	運命日	干支	恋愛結婚	仕事	お金	健康
1	金	精算	巳	▽		▽	▽
2	土	開拓	午	○	○		○
3	日	生長	未	○	○		○
4	月	決定	申	○	○	○	○
5	火	健康	酉	▽			▽
6	水	人気	戌	◎	▽	◎	▽
7	木	浮気	亥	○		▽	▽
8	金	再開	子	○	○		○
9	土	経済	丑	◎	○	◎	○
10	日	充実	寅	◎	◎	◎	
11	月	背信	卯	▽		▽	
12	火	0地点	辰	⊗		⊗	
13	水	精算	巳	▽		▽	▽
14	木	開拓	午	○	○		○
15	金	生長	未	○	○		○
16	土	決定	申	○	○	○	○
17	日	健康	酉	▽			▽
18	月	人気	戌	◎	▽	◎	▽
19	火	浮気	亥	○		▽	▽
20	水	再開	子	○	○		○
21	木	経済	丑	◎	○	◎	○
22	金	充実	寅	◎	◎	◎	
23	土	背信	卯	▽		▽	
24	日	0地点	辰	⊗		⊗	
25	月	精算	巳	▽		▽	▽
26	火	開拓	午	○	○		○
27	水	生長	未	○	○		○
28	木	決定	申	○	○	○	○
29	金	健康	酉	▽			▽
30	土	人気	戌	◎	▽	◎	▽

月星

2024年

[0《ゼロ》地点年]

12月
再開月

◎＝絶好調日　△▽＝注意日　○＝順調日
⊗＝神秘・波乱含日　▲▼＝不調日

日	曜日	運命日	干支	恋愛結婚	仕事	お金	健康
1	日	浮気	亥	○		▽	▽
2	月	再開	子	○	○		○
3	火	経済	丑	○	◎	◎	○
4	水	充実	寅	○	◎	◎	
5	木	背信	卯	▽			▽
6	金	0地点	辰		⊗	⊗	
7	土	精算	巳			▽	▽
8	日	開拓	午	○	○		○
9	月	生長	未	○	○		○
10	火	決定	申	○	○	○	○
11	水	健康	酉	▽			▽
12	木	人気	戌	○	◎	○	◎
13	金	浮気	亥	○		▽	▽
14	土	再開	子	○	○		○
15	日	経済	丑	○	◎	◎	○
16	月	充実	寅	○	◎	◎	
17	火	背信	卯	▽			▽
18	水	0地点	辰		⊗	⊗	
19	木	精算	巳			▽	▽
20	金	開拓	午	○	○		○
21	土	生長	未	○	○		○
22	日	決定	申	○	○	○	○
23	月	健康	酉	▽			▽
24	火	人気	戌	○	◎	○	◎
25	水	浮気	亥	○		▽	▽
26	木	再開	子	○	○		○
27	金	経済	丑	○	◎	◎	○
28	土	充実	寅	○	◎	◎	
29	日	背信	卯	▽			▽
30	月	0地点	辰		⊗	⊗	
31	火	精算	巳			▽	▽

12月の運勢

同じ事を何度も繰り返す、或いは簡単には完結しない課題をクリアしていかなければならない状況になりそうです。自分の用事を優先したくても言えるような状況にはなく、泣く泣く予定を変更せざるを得なくなるかもしれません。0《ゼロ》地帯では、自分より周囲のために尽くすほうがベストな時ですから、課題や仕事に集中しておきましょう。難題も団結すれば早く解決できますので、みんなと協力して進めることです。

キーポイント日

◇12月6日　辰　0《ゼロ》地点日
失敗や間違いに気づいたらすぐに軌道修正を

◇12月11日　酉　健康日
改善やメンテナンスが必要なものからサイン

◇12月24日　戌　人気日
チャンスがあれば大切な人と一緒に過ごそう

運を活かすコツ

○12月のアドバイス

偶然知り合いに会ったり、デジャブが起こったりすることも。過去との関わりは、運命のメッセージを含んでいる可能性がありますから、不思議な感覚になった時は、昔の記憶をたどってみるのがおすすめです。掃除をすると、大事なものが見つかるだけでなく、初心にかえるきっかけにもなるので、身の回りを整理しましょう。

○苦しい時が訪れたら……

なかなか答えが出せない時は、時間をもらって検討するのがおすすめ。焦って事を進めると、後悔する結果を招いてしまいます。人の意見を取り入れたり、ネットで情報を集めたりしましょう。

○未来への一歩を踏み出すためには……

自分が見えていないところを人から伝えられる可能性があります。嫌な事が繰り返されるのであれば、改善が必要でしょう。不満が募る一方なら、限界を迎える前に一度リセットさせるのも手です。

○タブー

ミスや失敗をしてしまったら、すぐに報告することです。秘密にしたままでは、どんどん事が大きくなって、多くの人を巻き込んでしまうおそれも。大事なものを失わないような行動をしましょう。

魚王星

2024年
【背信期】

予期せぬ事が起こる年　現状維持で耐え忍ぼう

2024年 全体運

●自分の欠点を改善していこう 逃げ癖をつけてしまっては×

2024年から冬の0地《ゼロ》帯に入りました。その中でも背信期は、気合いを入れれば空回りするし、仕方なく諦めたというのに、思いがけない幸運を得るなど、相反する現象がおこりやすい時でもあります。

人がラッキーな魚王星ですが、順調だった人間関係に暗雲が立ち込める展開もありえそうです。しかし、運勢が低迷したから悪い状況になると考えるより、自分の悪い部分が影響して、そういう結果が生まれていることに気づくべきです。

たとえば、八方美人なところが災いして、距離を置かれるようになってしまったり、無理なら初めから断っておけば済むのに、ドタキャンすることになって信頼を失ったりするなど、欠点を思い知らされる時でもあるでしょう。その場から逃げ出したくもなりますが、改善しないことには、また同じ失敗を繰り返すことになるので、逃げ癖をつけることなく、気持ちを強く持って問題に向き合っていくことが大切になります。

恋愛・結婚運

●気持ちに余裕を持って相手を思いやろう

人当たりが良いので、好印象を与えることが多い魚王星ですから、多くの仲間や知り合いがいるはずです。中には、あなたに好意を持っている人もいますから、フリーであるならお付き合いを…と、背信期でなければおすすめするのですが、今は時期ではありません。

気持ちが弱っている時は、判断能力が鈍っているため、来るもの拒まずになりやすく、あとで別れたくなったとしても、言い出せないという展開になるおそれがあります。うわべだけで物事を見ると、後悔を招くことになるでしょう。しばらく友人としての関係を築いてから様子を探らないと、裏切られる結果になります。

恋人がいる人も、急に相手の対応が冷たくなったり、一緒に過ごす時間が少なくなったりしてしまいそうです。本業が忙しくなって、恋人への関心が薄れてしまった場合や、自己中心的に物事を考えるなど、自分のことで精一杯で相手を思いやれなくなると、すれ違いが生じますから、大切なものを失くさないように努力することも必要です。

結婚についても、どうしてもと言うなら2025年の0地《ゼロ》点期に計画するほうがまだ無難です。背信は唯一下降する運気なので、避けるようにしておきましょう。

仕事・金運

●ミスやトラブル発生の際はすぐにヘルプを

人と関わることが好きなので、サービス業や医療、福祉業に就いている人が多いと思いますが、意見の対立が増えたり、悲しい現実を突きつけられたりして、距離を置きたくなる気持ちになりやすいでしょう。ストレスが溜まりやすいので、イライラし始めたら気分転換を心がけてください。

もし、トラブルへと発展してしまった時は、二人で話し合っても埒が明かないので、第三者に間へ入ってもらうようにしましょう。自分一人で問題を解決するには力が及ばないので、困ったことは必ず誰かに相談して、助けを借りるようにすることが大切です。運気的に集中力が散漫して、ミスを犯す可能性もありますから、その際は隠すことなく、すぐに報告して救いを求めましょう。時間が経つにつれて、どんどん大きな問題へと発展してしまいますから、早めの対処が必要です。

パソコンを使う作業がある時は、保存やセキュリティに気をつけるようにしましょう。

●物は購入せずに今あるもので工夫してみて

運気と一緒で金運も下降ぎみです。仕事を辞めてしまった人は仕方がないかもしれませんが、もらえる給料が減るというよりは、予想外の出費が増えたり、無駄遣いが多かったりするのが原因です。

ストレスから衝動買いに走りやすくなりますから、なるべく寄り道をしないで帰宅するようにしましょう。家にあるもので工夫しながら利用していくと、使わずに溜まっていたものを整理できるので試してみてください。

開運ポイント

発想の転換が大事です。運が悪いから仕方ないと考えてしまえば、あと2年間も冬の時期を過ごすのが怖くなってしまいます。0《ゼロ》地帯は、欠点や力不足な部分を教えてもらえて、改善へと繋げられる重要な場所ですし、自分を支えてくれる人の存在に感謝心が芽生えるところでもあります。

人を思いやることが大切な時ですが、相手の意思を尊重しなければ、ただのお節介にしかならないことを覚えておきましょう。

今年のキーマン	巳年、午年
恋愛運アップ	友人関係、思いやり、身なりを整える
仕事運アップ	気分転換、細心の注意、助けを借りる
健康運アップ	涙活、深呼吸する、怪我に注意
金　運アップ	再利用、訳あり品、エコバッグ

魚王星

2024年

［背信年］

1月
再開月

1月の運勢

運気が上昇している時は、何度もチャンスが巡ってくる時ですが、冬の0《ゼロ》地帯に入ると欠点が浮き彫りになりやすくなるので、同じ失敗を繰り返してしまう場合があります。特に、魚王星は優柔不断な面を持ち合わせていますから、一度決断したにも関わらず、また後悔を重ねるような気持ちになりやすいでしょう。過去にこだわっていたら前に進めませんから、とにかく未来に希望を持って歩むことが大切です。

キーポイント日

◇1月8日　未　開拓日
懐かしい人の知らせが入るけれど心境は複雑

◇1月11日　戌　健康日
いつもどおりが通用しなくなって気が滅入る

◇1月19日　午　精算日
昔から心配していたことが実際に起こりそう

運を活かすコツ

○1月のアドバイス

背信の運気下なので、何でも希望どおりに進むと思えば、逆の展開になる可能性が高いでしょう。自分の欠点や不得意な部分を改めていく気持ちで臨むべきです。周囲から改善部分を指摘されやすいですから、その時は気分を損ねるのではなく、教えてもらえたことに感謝して、何度も言われる部分は直せるように取り組みましょう。

○苦しい時が訪れたら……

自分の思いどおりに人を操ると、相手が不愉快に思ったり、トラブルへ発展したりするおそれも。0《ゼロ》地帯中は他の人たちからパワーをお裾分けしてもらえるように、周囲を思いやる気持ちが大切です。

○未来への一歩を踏み出すためには……

やる気を失う前に、自分は何が得意でどうありたいのか、もう一度振り返ってみましょう。目の前の事に一生懸命なのは良いですが、満足できない状態が続くと何も手がつかなくなってしまいます。

○タブー

悩みや考え事が増えると、睡眠不足になりがちです。就寝時はスマホを触る時間を考えないと、心と身体を整える時間を削ってしまいやすいでしょう。人からアドバイスをもらうほうが落ち着きます。

◎＝絶好調日　△▽＝注意日　○＝順調日
⊗＝神秘・波乱含日　▲▼＝不調日

日	曜日	運命日	干支	恋愛結婚	仕事	お金	健康
1	月	浮気	子	○		▽	▽
2	火	再開	丑	○	○		○
3	水	経済	寅	○	◎	◎	○
4	木	充実	卯	○	◎	◎	
5	金	背信	辰	▽			▽
6	土	0地点	巳		⊗	⊗	
7	日	精算	午			▽	▽
8	月	開拓	未	○	○		○
9	火	生長	申	○	○		○
10	水	決定	酉	○	○	○	○
11	木	健康	戌	▽			▽
12	金	人気	亥	○	◎	○	◎
13	土	浮気	子	○		▽	▽
14	日	再開	丑	○	○		○
15	月	経済	寅	○	◎	◎	○
16	火	充実	卯	○	◎	◎	
17	水	背信	辰	▽			▽
18	木	0地点	巳		⊗	⊗	
19	金	精算	午			▽	▽
20	土	開拓	未	○	○		○
21	日	生長	申	○	○		○
22	月	決定	酉	○	○	○	○
23	火	健康	戌	▽			▽
24	水	人気	亥	○	◎	○	◎
25	木	浮気	子	○		▽	▽
26	金	再開	丑	○	○		○
27	土	経済	寅	○	◎	◎	○
28	日	充実	卯	○	◎	◎	
29	月	背信	辰	▽			▽
30	火	0地点	巳		⊗	⊗	
31	水	精算	午			▽	▽

魚王星

2024年

[背信年]

2月
経済月

2月の運勢

2015年に春の運気を迎え、そこから走り続けた活動の集大成が2023年の充実期でしたが、その年の満足度が測れる経済月となります。充実と言うように、必要なものが備わり、心が満たされる時でしたので、問題なければ大らかに過ごせたとは思いますが、現在はすでに冬の背信期に入ったため、やり残しに気づき始めている頃なのでは?今からでも可能であるなら、3月までに何とか手をつけておくのがおすすめです。

キーポイント日

◇2月5日　亥　人気日
疲れを残さないように早めの就寝を心がけて

◇2月11日　巳　0《ゼロ》地点日
失くしたり壊れたりで予想外の出費がかさむ

◇2月20日　寅　経済日
ある程度計画や予算を考えてから行動しよう

運を活かすコツ

○2月のアドバイス

ちょっと前に、これまでの歩みを振り返った機会があったはず。意志が弱かったり、相手の顔色を伺ってはっきり物事を言えないままの状態を続けていたりすると、今は大丈夫でも4月以降に我慢の限界を迎えてしまいます。長い間我慢している事や進展がないままのものは、急いで完結させせられるように取り組むべきです。

○苦しい時が訪れたら……

大きな決断をした時は、優柔不断ながらも誰かの言葉がきっかけとなって行動してきたはずですから、気持ちが揺らいだ時は、もう一度その状況を思い出してみましょう。失敗しても次があります。

○未来への一歩を踏み出すためには……

冬の運気が強まると、自分の欠点が仇となるような状況になりやすいので、すでに直したいと思う部分をピックアップできているのなら改善に努めましょう。また、冷静さを失わないことです。

○タブー

目の前の問題から逃げ出したくなると、ネットショッピングにハマりやすくなります。冬の運気下では、思いがけない出費が増えるので、無駄使いやコストがかかるものは控えておきましょう。

◎＝絶好調日　△▽＝注意日　○＝順調日
⊗＝神秘・波乱含日　▲▼＝不調日

日	曜日	運命日	干支	恋愛結婚	仕事	お金	健康
1	木	開拓	未	○	○		○
2	金	生長	申	○	○		○
3	土	決定	酉	○	○	○	○
4	日	健康	戌	▽			▽
5	月	人気	亥	◎	◎	○	◎
6	火	浮気	子	○		▽	▽
7	水	再開	丑	○	○	○	○
8	木	経済	寅	◎	◎	◎	○
9	金	充実	卯	◎	◎	◎	
10	土	背信	辰	▽			▽
11	日	0地点	巳		⊗	⊗	
12	月	精算	午			▽	▽
13	火	開拓	未	○	○		○
14	水	生長	申	○	○		○
15	木	決定	酉	○	○	○	○
16	金	健康	戌	▽			▽
17	土	人気	亥	◎	◎	○	◎
18	日	浮気	子	○		▽	▽
19	月	再開	丑	○	○	○	○
20	火	経済	寅	◎	◎	◎	○
21	水	充実	卯	◎	◎	◎	
22	木	背信	辰	▽			▽
23	金	0地点	巳		⊗	⊗	
24	土	精算	午			▽	▽
25	日	開拓	未	○	○		○
26	月	生長	申	○	○		○
27	火	決定	酉	○	○	○	○
28	水	健康	戌	▽			▽
29	木	人気	亥	◎	◎	○	◎

魚王星

2024年

［背信年］

3月
充実月

3月の運勢

2013年からスタートした今期サイクルの集大成です。本来ならば、多くの人と関わり、悩みや不安のない幸福感を得られる時なのですが、すでに運気は背信期に入ってしまっているので、「これで良かったのかな?」と振り返ることもあるかもしれません。良くも悪くもこれまでの結果が現れるので、後悔は無意味です。その時のチョイスで今がある訳ですから、残念な思いがあるなら、次のサイクルで挽回しましょう。

キーポイント日

◇3月1日　子　浮気日
慣れ親しんだ場所を離れる展開になりそう
◇3月19日　午　精算日
歯車が狂い始めて居心地の良さを感じない
◇3月21日　申　生長日
注意されたり指摘されたりで気持ちが焦る

運を活かすコツ

○3月のアドバイス

ピンチの時には多くの人に救ってもらうことがある魚王星ですから、その人たちに感謝の気持ちを伝えるべく、コンタクトを取ると良いでしょう。久しぶりの連絡であるなら、中には残念な知らせもありそうですが、お世話になった人とのご縁は大切にしていくのがおすすめです。周囲とも良好な関係を保っておきましょう。

○苦しい時が訪れたら……

新しく知り合う人やネットでの仲間は、話は聞いてくれるとしても本心ではない可能性も。もしかすると、騙されてしまうおそれもあるので、つらい時は過去に繋がりのある人を頼るべきです。

○未来への一歩を踏み出すためには……

0《ゼロ》地帯中は視野が狭くなってくるので、自力で困難をクリアするのが難しくなってきます。一人で何とかしようとせず、多くの人の知恵や力を借りることが大切ですから、敵を作らないことです。

○タブー

恋人につきっきりはおすすめしません。友達や仲間、そして家族と過ごす時間を作らないと、周囲が心配し始めますので、周りにも気を配る余裕を持つことです。思い切った選択も今は控えて。

◎＝絶好調日　△▽＝注意日　○＝順調日
⊗＝神秘・波乱含日　▲▼＝不調日

日	曜日	運命日	干支	恋愛結婚	仕事	お金	健康
1	金	浮気	子	○		▽	▽
2	土	再開	丑	○	○	○	○
3	日	経済	寅	◎	◎	◎	○
4	月	充実	卯	◎	◎	◎	
5	火	背信	辰	▽			▽
6	水	0地点	巳	⊗	⊗	⊗	
7	木	精算	午			▽	▽
8	金	開拓	未	○	○		○
9	土	生長	申	○	○		○
10	日	決定	酉	○	○	○	○
11	月	健康	戌	▽			▽
12	火	人気	亥	◎	◎	○	◎
13	水	浮気	子	○		▽	▽
14	木	再開	丑	○	○	○	○
15	金	経済	寅	◎	◎	◎	○
16	土	充実	卯	◎	◎	◎	
17	日	背信	辰	▽			▽
18	月	0地点	巳	⊗	⊗	⊗	
19	火	精算	午			▽	▽
20	水	開拓	未	○	○		○
21	木	生長	申	○	○		○
22	金	決定	酉	○	○	○	○
23	土	健康	戌	▽			▽
24	日	人気	亥	◎	◎	○	◎
25	月	浮気	子	○		▽	▽
26	火	再開	丑	○	○	○	○
27	水	経済	寅	◎	◎	◎	○
28	木	充実	卯	◎	◎	◎	
29	金	背信	辰	▽			▽
30	土	0地点	巳	⊗	⊗	⊗	
31	日	精算	午			▽	▽

⊕

魚王星

2024年

［背信年］

4月
背信月

◎＝絶好調日　△▽＝注意日　○＝順調日
⊗＝神秘・波乱含日　▲▼＝不調日

日	曜日	運命日	干支	恋愛結婚	仕事	お金	健康
1	月	開拓	未		○		
2	火	生長	申		○		○
3	水	決定	酉	○	○		○
4	木	健康	戌	▲		▲	▲
5	金	人気	亥	○	○	○	
6	土	浮気	子	▼		▼	▼
7	日	再開	丑			○	○
8	月	経済	寅	○	○	○	
9	火	充実	卯	○	○	○	
10	水	背信	辰	▼		▼	▼
11	木	0地点	巳	⊗	⊗	⊗	⊗
12	金	精算	午	▼		▼	▼
13	土	開拓	未		○		
14	日	生長	申		○		○
15	月	決定	酉	○	○		○
16	火	健康	戌	▲		▲	▲
17	水	人気	亥	○	○	○	
18	木	浮気	子	▼		▼	▼
19	金	再開	丑			○	○
20	土	経済	寅	○	○	○	
21	日	充実	卯	○	○	○	
22	月	背信	辰	▼		▼	▼
23	火	0地点	巳	⊗	⊗	⊗	⊗
24	水	精算	午	▼		▼	▼
25	木	開拓	未		○		
26	金	生長	申		○		○
27	土	決定	酉	○	○		○
28	日	健康	戌	▲		▲	▲
29	月	人気	亥	○	○	○	
30	火	浮気	子	▼		▼	▼

4月の運勢

安定していた運気が終わり、次の運命サイクルを迎えるための準備が必要な時期に入りました。これから充電を要する期間に入るため、やり残した事やトラブルを抱えたままの状態では、落ち着いて心身を休めることができないので、なるべく早めに心配や不安は取り除くように。他人を頼ったままだと、相手に左右されて思うように進まないおそれもありますから、自分から何とか行動へ移しておくほうが無難です。

キーポイント日

◇4月5日　亥　人気日
やれるだけやらないと準備が間に合わない

◇4月15日　酉　決定日
逃げるチョイスはせずに立ち向かう決心を

◇4月30日　子　浮気日
焦りと不安で集中するのが難しくなりそう

運を活かすコツ

○4月のアドバイス

引っ越しや異動など、環境がガラリと変化する人もいると思います。人との縁が強い魚王星ではありますが、人見知り傾向が強くなる時です。その場の雰囲気に馴染めず、単独行動をする機会も多くて心細いと思いますが、今月は控えめがちょうどいいでしょう。分からない事をそのまま放置しておくことだけはしないように。

○苦しい時が訪れたら……

無理に人と関わろうとすると、しつこいイメージを与えてしまうこともあります。一人でいると、周囲の目や噂話が気になって落ち着かないかもしれませんが、目の前の事に集中することが大切です。

○未来への一歩を踏み出すためには……

思考の転換を心掛けると、不安やイライラを解消できます。もし、誰かに厳しいことを言われたとしても、相手がどういう思いなのかを考えれば、カーっとなって気分を害することもなくなります。

○タブー

勘違いやミスで周囲を巻き込んでしまうおそれがありますから、嘘や過剰表現はしないように気をつけましょう。確認を怠ると寝坊したり、忘れ物をしたりでチャンスを逃すこともありそうです。

魚王星

2024年

［背信年］

5月
0《ゼロ》地点月

5月の運勢

完全に充実がリセットされて、背信が色濃くなる0《ゼロ》地点の運気です。もうのんきに構えていてはいけないところまできましたから、気を引き締めて行動するようにしましょう。0《ゼロ》地帯中は、自分の欠点が浮き彫りになる時で、改善しなければミスや失敗を招くだけでなく、失うものも出てきてしまうほど、大きく運命が動くところでもあります。魚王星は、意志の弱さを克服しないと、進むべき道を見失いやすいでしょう。

キーポイント日

◇5月2日　寅　経済日
行動範囲は広げずにゆったり過ごす計画を

◇5月12日　子　浮気日
優先順位を間違わないように気をつけよう

◇5月23日　亥　人気日
落ち着いて行動しないと怪我やミスを招く

運を活かすコツ

○5月のアドバイス

時間にルーズなところや優柔不断がきっかけで、チャンスを逃して残念な思いをすることがありそうです。しかし、何かを失った後には、思いがけない幸運が舞い込んでくることも。0《ゼロ》は、終わりと同時に始まりも意味する時ですから、クヨクヨしたままではいけません。早めに気持ちを切り替えて、新たな気づきを得ましょう。

○苦しい時が訪れたら……

視野が狭く、物事の本質が見えていない場合があるので、悩んだ時は第三者に相談して意見を求めることです。指摘されたところは、すぐに改善しておかないと、また繰り返してしまうでしょう。

○未来への一歩を踏み出すためには……

一人でいると余計な事を考えてしまうので、信頼できる人と一緒に過ごす時間を設けるほうが良さそうです。ラッキーな事も起こりうる0《ゼロ》地点ですが、背信期に入っていることを忘れないように。

○タブー

条件の良い話や仕事をもらっても、すぐに舞い上がらないことです。裏には何か事情が隠されている場合があるので、他の人にも相談して決めるほうが無難。無理せず休養するほうが良いでしょう。

◎＝絶好調日　△▽＝注意日　○＝順調日
⊗＝神秘・波乱含日　▲▼＝不調日

日	曜日	運命日	干支	恋愛結婚	仕事	お金	健康
1	水	再開	丑		○		○
2	木	経済	寅	○	○	○	
3	金	充実	卯	○	○	○	
4	土	背信	辰	▼	▼	▼	▼
5	日	0地点	巳	⊗	⊗	⊗	⊗
6	月	精算	午	▼	▼	▼	▼
7	火	開拓	未		○		
8	水	生長	申		○		○
9	木	決定	酉	○	○		○
10	金	健康	戌	▲	▲	▲	▲
11	土	人気	亥	○	○	○	
12	日	浮気	子	▼		▼	▼
13	月	再開	丑		○		○
14	火	経済	寅	○	○	○	
15	水	充実	卯	○	○	○	
16	木	背信	辰	▼	▼	▼	▼
17	金	0地点	巳	⊗	⊗	⊗	⊗
18	土	精算	午	▼	▼	▼	▼
19	日	開拓	未		○		
20	月	生長	申		○		○
21	火	決定	酉	○	○		○
22	水	健康	戌	▲	▲	▲	▲
23	木	人気	亥	○	○	○	
24	金	浮気	子	▼		▼	▼
25	土	再開	丑		○		○
26	日	経済	寅	○	○	○	
27	月	充実	卯	○	○	○	
28	火	背信	辰	▼	▼	▼	▼
29	水	0地点	巳	⊗	⊗	⊗	⊗
30	木	精算	午	▼	▼	▼	▼
31	金	開拓	未		○		

魚王星

2024年

［背信年］

6月
精算月

6月の運勢

充実期までに実らせることができなかった事が、少しずつ壊れ始めてくる頃です。努力が足りなかったものは、色々な条件の変化によって縁遠くなってきますし、欠点が改善できなかった場合は、ライバルに出し抜かれてしまう展開も。簡単に諦めることはできないかもしれませんが、一度立ち止まって将来や理想について考える時間を設けましょう。どうしても続けたいなら、並みならぬ努力と第三者の協力が必要です。

キーポイント日

◇6月3日　戌　健康日
うまくコミュニケーションが取れず意気消沈

◇6月16日　亥　人気日
一人より家族や仲間と過ごしてリフレッシュ

◇6月22日　巳　0《ゼロ》地点日
ネガティブ思考を払拭できるように試みよう

運を活かすコツ

○6月のアドバイス

気になってはいたものの、勇気がなくて飛び込めないでいたことに後悔しそうな展開になるかもしれません。家庭の事情や状況の変化が起こって、今トライできる状態ではなくなりそうです。無理して欲しいものを手に入れても、キープしていくのが難しくなるので、態勢を整えられるようになってから、再度挑戦しましょう。

○苦しい時が訪れたら……

背信期からのスタートは、失敗がつきものなので、たとえうまく行かなかったとしても、「これで良かった」と思うようにしましょう。つらい経験を乗り越えた先に、新たな幸せが待っています。

○未来への一歩を踏み出すためには……

0《ゼロ》地帯中は、自分の欠点を思い知らされるような展開になりやすいので、他の人と比べて劣っている部分をできる限り克服していくようにするのがおすすめです。過去にすがるのも良くありません。

○タブー

人から裏切られるような行動を取られてしまうかもしれません。しかし、相手の要求に応じられていたのかを確認をしてみて。一方的に責めずに、自分が原因かもしれないということを考えましょう。

◎＝絶好調日　△▽＝注意日　○＝順調日
⊗＝神秘・波乱含日　▲▼＝不調日

日	曜日	運命日	干支	恋愛結婚	仕事	お金	健康
1	土	生長	申		○		○
2	日	決定	酉	○	○		○
3	月	健康	戌	▲		▲	▲
4	火	人気	亥	▼		▼	▼
5	水	浮気	子		○		○
6	木	再開	丑	○	○	○	○
7	金	経済	寅	○	○	○	
8	土	充実	卯	○	○	○	
9	日	背信	辰	▲		▲	▲
10	月	0地点	巳	⊗	⊗	⊗	⊗
11	火	精算	午	▲		▲	▲
12	水	開拓	未		○		
13	木	生長	申		○		○
14	金	決定	酉	○	○		○
15	土	健康	戌	▲		▲	▲
16	日	人気	亥	▼		▼	▼
17	月	浮気	子		○		○
18	火	再開	丑	○	○	○	○
19	水	経済	寅	○	○	○	
20	木	充実	卯	○	○	○	
21	金	背信	辰	▲		▲	▲
22	土	0地点	巳	⊗	⊗	⊗	⊗
23	日	精算	午	▲		▲	▲
24	月	開拓	未		○		
25	火	生長	申		○		○
26	水	決定	酉	○	○		○
27	木	健康	戌	▲		▲	▲
28	金	人気	亥	▼		▼	▼
29	土	浮気	子		○		○
30	日	再開	丑	○	○	○	○

魚王星

2024年

[背信年]

7月
開拓月

7月の運勢

月の0《ゼロ》地帯は抜けましたが、背信の運気下なので、新しい事へ取り掛かるより、次のサイクルでも続けたいものを守り抜いていくことを意識するのが良いでしょう。冬の運気では、予期せぬ事態が起こりますから、真剣に問題へ向き合わなければ、リセットせざるを得なくなる場合も。魚王星は、先延ばしにしていたがために、失敗することが出てきてしまうので、やるべき事をピックアップすることから始めましょう。

キーポイント日

◇7月3日　辰　背信日
うまくいかないとしても人には当たらない

◇7月12日　丑　再開日
やるべき事は後回しにせず一気に片付けて

◇7月19日　申　生長日
人ばかりを当てにせず自分で何とかしよう

運を活かすコツ

○7月のアドバイス

悩みや問題を抱えている場合は、それらを解決していく方法を模索し始めましょう。現在進行中である今の事で頭がいっぱいになる魚王星ですから、このままの状態が続いたらどうなるのかと先を見据えて考えることが大切です。様々な場面が目に入ったり、経験したりしますから、取り乱さないように身構えておきましょう。

○苦しい時が訪れたら……

不安な事が頭によぎるとしばらく考え込んでしまい、やるべき課題や仕事にも手が付かなくなるので、好きな事へ取り組んで切り替えるのが良さそうです。つらい時は、別の選択を考えるのもおすすめ。

○未来への一歩を踏み出すためには……

たとえ自分は守りたくても、すでに壊れてしまったものは修復不可能の場合もあります。相手から打ち切りを提案されたら、素直に受け入れて、そこからまたどう凌いでいくかを考えることです。

○タブー

新しい事を大々的に始めるための出費は良くありませんから、起業や結婚は日を改めるか、地味にスタートを。能力や経験不足を補うための学習費などは悪くありませんが、使い過ぎないように。

◎＝絶好調日　△▽＝注意日　○＝順調日
⊗＝神秘・波乱含日　▲▼＝不調日

日	曜日	運命日	干支	恋愛結婚	仕事	お金	健康
1	月	経済	寅	○	◎	◎	○
2	火	充実	卯	◎	○	◎	
3	水	背信	辰	▲			▲
4	木	0地点	巳	⊗		⊗	⊗
5	金	精算	午	▲		▲	
6	土	開拓	未		○		○
7	日	生長	申	○	○		○
8	月	決定	酉	○	○		○
9	火	健康	戌	△			△
10	水	人気	亥	◎	◎	○	○
11	木	浮気	子	○		△	△
12	金	再開	丑		○		○
13	土	経済	寅	○	◎	◎	○
14	日	充実	卯	◎	○	◎	
15	月	背信	辰	▲			▲
16	火	0地点	巳	⊗		⊗	⊗
17	水	精算	午	▲		▲	
18	木	開拓	未		○		○
19	金	生長	申	○	○		○
20	土	決定	酉	○	○		○
21	日	健康	戌	△			△
22	月	人気	亥	◎	◎	○	○
23	火	浮気	子	○		△	△
24	水	再開	丑		○		○
25	木	経済	寅	○	◎	◎	○
26	金	充実	卯	◎	○	◎	
27	土	背信	辰	▲			▲
28	日	0地点	巳	⊗		⊗	⊗
29	月	精算	午	▲		▲	
30	火	開拓	未		○		○
31	水	生長	申	○	○		○

魚王星

2024年

[背信年]

8月
生長月

8月の運勢

勢いがあり、忙しくなる運気に変わりありませんが、背信の影響を受けやすいので要注意です。これまで開拓期から充実期までのサイクルを駆け抜けてきたのですから、心身が疲労しているところに、課題や仕事へ取り組む必要が出てくるでしょう。集中力が散漫しやすく、眠気に襲われることもあるので、ミスが起こらないように、人に注意を促してもらったり、確認作業を手伝ってもらったりするほうが安心です。

キーポイント日

◇8月7日　卯　充実日
単独で進めようとせずみんなと協力しよう

◇8月12日　申　生長日
お財布の紐が緩むのでお金の使い方に注意

◇8月26日　戌　健康日
溜まった疲れをとるためにも夜更かし厳禁

運を活かすコツ

○8月のアドバイス

本来なら疲れ知らずの生長期なのですが、冬の運気下では慣れない事へ取り組んでいかなければならないので、疲れやすいでしょう。作業に集中すると、水分を取ることさえ忘れてしまいがちなので、途中で息抜きも必要です。電車で寝過ごしたり、目覚ましをセットし忘れたりして、ドジを踏まないように確認を心掛けましょう。

○苦しい時が訪れたら……

心身が疲れている場合やうまくいかなくて悩んでいる時などは、判断能力が鈍ってしまう可能性があります。自分の信念が人に左右されて、揺らいでしまうことのないように気をつけましょう。

○未来への一歩を踏み出すためには……

趣味や恋愛をスタートさせたばかりの人は、ハマりやすいので注意が必要です。やるべき課題や仕事が二の次になってしまうと、あとで後悔する結果を招くので、オンとオフのけじめをつけるように。

○タブー

新しい出会いがあり、行動範囲も広がって、知識が増えていくことには変わりありませんが、状況の把握がよくできていない状態であるのに、簡単に信用してしまうことだけは控えるべきです。

◎＝絶好調日　△▽＝注意日　○＝順調日
⊗＝神秘・波乱含日　▲▼＝不調日

日	曜日	運命日	干支	恋愛結婚	仕事	お金	健康
1	木	決定	酉	○	○		○
2	金	健康	戌	△			△
3	土	人気	亥	◎	◎	○	○
4	日	浮気	子	○		△	△
5	月	再開	丑		○		○
6	火	経済	寅	○	◎	◎	○
7	水	充実	卯	◎	○	◎	
8	木	背信	辰	▲			▲
9	金	0地点	巳	⊗		⊗	
10	土	精算	午	▲		▲	
11	日	開拓	未		○		○
12	月	生長	申	○	○		○
13	火	決定	酉	○	○		○
14	水	健康	戌	△			△
15	木	人気	亥	◎	◎	○	○
16	金	浮気	子	○		△	△
17	土	再開	丑		○		○
18	日	経済	寅	○	◎	◎	○
19	月	充実	卯	◎	○	◎	
20	火	背信	辰	▲			▲
21	水	0地点	巳	⊗		⊗	
22	木	精算	午	▲		▲	
23	金	開拓	未		○		○
24	土	生長	申	○	○		○
25	日	決定	酉	○	○		○
26	月	健康	戌	△			△
27	火	人気	亥	◎	◎	○	○
28	水	浮気	子	○		△	△
29	木	再開	丑		○		○
30	金	経済	寅	○	◎	◎	○
31	土	充実	卯	◎	○	◎	

魚王星

2024年

［背信年］

9月
決定月

9月の運勢

優柔不断を克服できていない、もしくは、問題を先延ばしにしてきた人は、大きな決断を迫られそうです。とは言っても、はっきり白黒つけられない魚王星ですから、自ら答えを出すというよりは、むしろ覚悟が必要になると表現するほうが正しいかもしれません。うまくいっていたものに暗雲が立ち込めて、望まない結果が訪れることに気づきやすくなります。心に決めた思いがあるなら、ブレないようにしましょう。

キーポイント日

◇9月2日　巳　0《ゼロ》地点日
意思表示ははっきりしないと他の人も困る
◇9月10日　丑　再開日
いつまでも迷ってばかりじゃ先に進まない
◇9月21日　子　浮気日
先の事を見据えた上で答えを出していこう

運を活かすコツ

○9月のアドバイス
思い出に浸る時間が多くなりそうです。大切な人とお別れすることになったり、意見が対立して気まずい状況になったりする場合もあるでしょう。望まない流れになってしまったら、何とか改善できるように、できる限り手を尽くしておくことが大切です。やってダメなら仕方ないので、やらずに後悔するのだけは避けましょう。

○苦しい時が訪れたら……
自分だけではどうにもならない場合は、仲間や家族、もしくは専門家に頼ってみましょう。誰かが傍にいてくれるだけで落ち着きます。ご指摘やアドバイスもためになるので、聞き入れるように。

○未来への一歩を踏み出すためには……
大きな決断をするには、時間をかけて答えを出すようにしましょう。たとえば、起業や転職、引っ越し、結婚など。頼れる人に話を持ちかけてみると決断力が増すでしょう。曖昧や安易はＮＧです。

○タブー
うまい話に乗らないようにしてください。簡単にお金を稼ぐ内容や先行投資型のお得情報には要注意。0《ゼロ》地帯中は予想外の出費が伴う時期のため、いかに節約するかであって、欲を出すと危険です。

◎＝絶好調日　△▽＝注意日　○＝順調日
⊗＝神秘・波乱含日　▲▼＝不調日

日	曜日	運命日	干支	恋愛結婚	仕事	お金	健康
1	日	背信	辰	▲			▲
2	月	0地点	巳	⊗		⊗	
3	火	精算	午	▲		▲	
4	水	開拓	未		○		○
5	木	生長	申	○	○		○
6	金	決定	酉	○	○		○
7	土	健康	戌	△			△
8	日	人気	亥	◎	◎	○	◎
9	月	浮気	子	○		△	△
10	火	再開	丑		○		○
11	水	経済	寅	○	◎	◎	○
12	木	充実	卯	◎	○	◎	
13	金	背信	辰	▲			▲
14	土	0地点	巳	⊗		⊗	
15	日	精算	午	▲		▲	
16	月	開拓	未		○		○
17	火	生長	申	○	○		○
18	水	決定	酉	○	○		○
19	木	健康	戌	△			△
20	金	人気	亥	◎	◎	○	◎
21	土	浮気	子	○		△	△
22	日	再開	丑		○		○
23	月	経済	寅	○	◎	◎	○
24	火	充実	卯	◎	○	◎	
25	水	背信	辰	▲			▲
26	木	0地点	巳	⊗		⊗	
27	金	精算	午	▲		▲	
28	土	開拓	未		○		○
29	日	生長	申	○	○		○
30	月	決定	酉	○	○		○

魚王星

2024年

［背信年］

10月
健康月

10月の運勢

心身を休めるべき時ですが、問題が発覚しやすい背信期でもあるので、なかなか落ち着かないかもしれません。不安感が増して、よく眠れなくなりそうですが、一つの事にこだわらないように努めることが大切です。心配であるなら、友達や仲間に相談をしたり、家族と共に過ごしたりするなど、誰かと関わると癒されます。生活のリズムが乱れれば、体調も崩しやすいので、早めに布団へ入るように心掛けましょう。

キーポイント日

◇10月6日　卯　充実日
新鮮な空気を吸うようにして英気を養おう

◇10月16日　丑　再開日
見落としやうっかりミスなどに気をつけて

◇10月25日　戌　健康日
違和感があるところはケアしておくように

運を活かすコツ

○10月のアドバイス

途中で物事にストップがかかったり、体調を崩して続けられなくなったりしたら、他人に迷惑をかけてしまうと考えがちですが、自分の身体を休めるようにしましょう。安定した運気の時に、身体をメンテナンスする余裕があったのなら心配はないですが、もし診察や検査がまだならば、休みを利用して足を運んでおくと安心です。

○苦しい時が訪れたら……

背信だけに、信じていた人から裏切られるようなことも。精神的に不安定になったら、声を張り上げるより好きな音楽をかけたり、ドラマや映画を見て涙を流したりするほうがスッキリします。

○未来への一歩を踏み出すためには……

無理は禁物の運気なので、時間が取れる時に休んでおくほうが良いでしょう。友人や仲間に頼るのが難しいのであれば、家族やじっくり話を聞いてくれる人たちの助言を参考にするのがおすすめです。

○タブー

怪我や体調不良などで、いつも以上に出費がかさみそうです。お金がかかることをおそれて、通院しないのは大問題。大切なものが壊れてしまわないように、日々のチェックは欠かさないことです。

◎＝絶好調日　△▽＝注意日　○＝順調日
⊗＝神秘・波乱含日　▲▼＝不調日

日	曜日	運命日	干支	恋愛結婚	仕事	お金	健康
1	火	健康	戌	△			△
2	水	人気	亥	◎	◎	○	△
3	木	浮気	子	○			△
4	金	再開	丑		○		○
5	土	経済	寅	○	◎	◎	○
6	日	充実	卯	◎	○	◎	
7	月	背信	辰	▲	▲	▲	▲
8	火	0地点	巳	⊗			⊗
9	水	精算	午	▲	▲	▲	▲
10	木	開拓	未		○		○
11	金	生長	申	○	○		○
12	土	決定	酉	○	○	○	○
13	日	健康	戌	△			△
14	月	人気	亥	◎	◎	○	△
15	火	浮気	子	○			△
16	水	再開	丑		○		○
17	木	経済	寅	○	◎	◎	○
18	金	充実	卯	◎	○	◎	
19	土	背信	辰	▲	▲	▲	▲
20	日	0地点	巳	⊗			⊗
21	月	精算	午	▲	▲	▲	▲
22	火	開拓	未		○		○
23	水	生長	申	○	○		○
24	木	決定	酉	○	○	○	○
25	金	健康	戌	△			△
26	土	人気	亥	◎	◎	○	△
27	日	浮気	子	○			△
28	月	再開	丑		○		○
29	火	経済	寅	○	◎	◎	○
30	水	充実	卯	◎	○	◎	
31	木	背信	辰	▲	▲	▲	▲

魚王星

2024年

［背信年］

11月
人気月

11月の運勢

　願いが叶うとされる人気期ですが、背信の運気下にあるため、ラッキーとされる事は大きく反発するおそれがあり、一時の糠喜びに終わる可能性もあります。7月から努力してきたものに結果が表れやすいですが、欠点を改善したり、力不足な部分を補ったりして、守るために必死だったことに対して望みが叶いやすいでしょう。新しく始めたものには不安な面が見えてくるので、周囲と確認を取ることが大切です。

キーポイント日

◇11月1日　巳　0《ゼロ》地点日
発想の転換をすれば気持ちが落ち着くはず
◇11月16日　申　生長日
不愉快にさせないよう言葉遣いには要注意
◇11月24日　辰　背信日
信じたくない出来事に遭遇してしまいそう

運を活かすコツ

○11月のアドバイス

　相手の望みどおりに動こうとする魚王星ですから、自分に不利な条件でも受け入れてしまいがちなので注意が必要です。中にはあなたをうまく利用する人も出てくるので、決して貢いだりすることのないように。頑張ったご褒美をもらえる展開にもなりますが、あなたに相応しくないものもあるので、よく吟味するようにしましょう。

○苦しい時が訪れたら……

　一人で解決を試みても難しいので、ピンチの時は誰かの協力を得るように。悩みを解決するのに一生懸命だった人は、たとえ良い結果ではなくても、気持ちが晴れ晴れとするきっかけが与えられます。

○未来への一歩を踏み出すためには……

　自分の才能を知り見つけるチャンスも訪れますが、嫌な事からすぐに逃げてしまっては気づくことができません。人間関係が難しい時には、手を抜かずにやるべき事をやっておけば文句なしでしょう。

○タブー

　悩みを聞いてくれる人や手を貸してくれるが現れそうです。話を聞いてもらっているうちに、情が移りやすいので、面倒なことにはならないように気をつけて。事が大きくなると不利になります。

◎＝絶好調日　△▽＝注意日　○＝順調日
⊗＝神秘・波乱含日　▲▼＝不調日

日	曜日	運命日	干支	恋愛結婚	仕事	お金	健康
1	金	0地点	巳	⊗		⊗	
2	土	精算	午	▲			▲
3	日	開拓	未	○	○		○
4	月	生長	申	○	○		○
5	火	決定	酉	○	○	○	○
6	水	健康	戌	△			△
7	木	人気	亥	◎	◎	◎	◎
8	金	浮気	子	○		△	△
9	土	再開	丑	○	○		○
10	日	経済	寅	◎	◎	◎	○
11	月	充実	卯	◎	◎	◎	
12	火	背信	辰	▲			▲
13	水	0地点	巳	⊗		⊗	
14	木	精算	午	▲			▲
15	金	開拓	未	○	○		○
16	土	生長	申	○	○		○
17	日	決定	酉	○	○	○	○
18	月	健康	戌	△			△
19	火	人気	亥	◎	◎	◎	◎
20	水	浮気	子	○		△	△
21	木	再開	丑	○	○		○
22	金	経済	寅	◎	◎	◎	○
23	土	充実	卯	◎	◎	◎	
24	日	背信	辰	▲			▲
25	月	0地点	巳	⊗		⊗	
26	火	精算	午	▲			▲
27	水	開拓	未	○	○		○
28	木	生長	申	○	○		○
29	金	決定	酉	○	○	○	○
30	土	健康	戌	△			△

魚王星

2024年

[背信年]

12月
浮気月

12月の運勢

息抜きが必要になる時ですが、冬の運気下では油断は禁物です。意志が弱い魚王星は、人に左右されがちで、ムードに流されやすく、ノーと言えないことから、残念な思いを幾度となく繰り返してきた人もいるはず。今までは運が味方してくれたので、結果オーライになったかもしれませんが、0《ゼロ》地帯では自分が不利になるおそれも。思い描いてきた将来構想から脱線しないためにも、警戒心を持って行動しましょう。

キーポイント日

◇12月4日　寅　経済日
お財布の整理や預貯金の確認をしておこう

◇12月15日　丑　再開日
ダメと分かっているなら繰り返さないこと

◇12月23日　酉　決定日
予定が変わりやすいので予備もあると安心

運を活かすコツ

○12月のアドバイス

順調だったはずの物事や人間関係が、信じられないくらい急展開してしまうこともあります。思いどおりに人を操ろうとすると、逆の結果になりやすいので、自分が身を引いたり、うまく事が進まないのであれば一度休みを設けたりして、体調を崩さないように気をつけて過ごしましょう。誰かに頼る時は、雰囲気に流されないで。

○苦しい時が訪れたら……

精神が不安定になりそうな時は、誰かの側にいるほうが落ち着けます。しかし、自分でも気持ちをコントロールできない状態になっていますから、カーッとなりやすくもあるので気をつけましょう。

○未来への一歩を踏み出すためには……

無理に人と関わろうとせずに、家でゆっくり過ごすほうが良いでしょう。ストレスが溜まると、ネットショッピングに時間やお金を費やしてしまいますから、資格取得を目標に自分磨きがおすすめ。

○タブー

人の言いなりになってばかりいると、うまく利用されたり、騙されたりもしやすいので注意が必要です。冬の運気中は、自分を守るために労力やお金を費やしましょう。困った時は誰かに相談を。

◎＝絶好調日　△▽＝注意日　○＝順調日
⊗＝神秘・波乱含日　▲▼＝不調日

日	曜日	運命日	干支	恋愛結婚	仕事	お金	健康
1	日	人気	亥	◎	▽	◎	▽
2	月	浮気	子	○		▽	▽
3	火	再開	丑	○	○		○
4	水	経済	寅	◎	○	◎	○
5	木	充実	卯	◎	◎	◎	
6	金	背信	辰	▽		▽	
7	土	0地点	巳	⊗		⊗	
8	日	精算	午	▽		▽	▽
9	月	開拓	未	○	○		○
10	火	生長	申	○	○		○
11	水	決定	酉	○	○	○	○
12	木	健康	戌	▽			▽
13	金	人気	亥	◎	▽	◎	▽
14	土	浮気	子	○		▽	▽
15	日	再開	丑	○	○		○
16	月	経済	寅	◎	○	◎	○
17	火	充実	卯	◎	◎	◎	
18	水	背信	辰	▽		▽	
19	木	0地点	巳	⊗		⊗	
20	金	精算	午	▽		▽	▽
21	土	開拓	未	○	○		○
22	日	生長	申	○	○		○
23	月	決定	酉	○	○	○	○
24	火	健康	戌	▽			▽
25	水	人気	亥	◎	▽	◎	▽
26	木	浮気	子	○		▽	▽
27	金	再開	丑	○	○		○
28	土	経済	寅	◎	○	◎	○
29	日	充実	卯	◎	◎	◎	
30	月	背信	辰	▽		▽	
31	火	0地点	巳	⊗		⊗	

火星

〇

2024年【充実期】

最高の幸せに浸れる年　冬支度も始めておこう

2024年 全体運

●喜びを分かち合い絆も深めて気持ちは言葉に出して表そう

今期運命サイクルが始まってからの集大成を迎える一年となりました。2014年の0《ゼロ》地点期には、努力の必要性や命の大切さを知ることになり、今日まで長期間にわたって、やるべき事へ集中して取り組んできたことと思います。負けず嫌いで、一度決めたことはやり抜く強い精神力の持ち主ですから、途中で投げ出すことが少ないので、大記録や偉業を成し遂げる人も多いでしょう。

また、信頼する人との時間を大切にするタイプですから、2024年の充実期は、家族と共に喜びを分かち合ったり、大切な人と家庭を築いたりする流れにもなるはずです。2023年の経済期まで、忙しい日々を送っていたと思いますが、プライベートを満喫する時間が与えられて心が満たされるでしょう。

2025年には冬の運気に入ることもあり、大切な人と会話が減るおそれも出てきますから、今のうちに多くを語り合って、絆を深めておくのがおすすめです。心を通わせるのではなく、気持ちを言葉に込めましょう。

恋愛・結婚運

●私生活も安定すればさらに満たされます

恋愛は奥手なので、なかなか恋人ができない人もいますが、一度火がついたら燃え上がってしまうこともあるでしょう。普段から冷静さを保っている火星ですから、自分がやるべき事の妨げになったり、自身が成長過程にいると、中途半端な状態のままでは結婚を意識したりすることはないかもしれません。

しかし、充実期にもなると努力の成果が現れて、自信に満ち溢れているはずですから、安定することを望むようになるでしょう。もし、一緒になりたい人がいるのであれば、気持ちを打ち明けてみるのがおすすめです。

火星は、情熱的な部分を内に秘めているので、気になる人がいたら偶然を装って近づくような大胆さもありますから、友人として研究し尽くしているのであれば、結婚を視野に入れても悪くありません。しかし、まだ相手を把握しきれていないのに、先を急ぐと失敗するので気をつけましょう。恋愛にどっぷりハマると、周りが見えなくなるくらい暴走してしまいますから、注意が必要です。

結婚は急がなくても良いですが、お互いの親に紹介するなどして、家族ぐるみでおつき合いできるようになると理想的でしょう。2025年の背信期だけは見送るほうが無難です。

仕事・金運

●感謝の気持ちを伝えることを忘れないで

2023年の経済期までは、本業に集中していた人も多いと思います。2024年の充実期も変わりなく忙しいのですが、オンとオフの切り替えがしやすくなるくらいに余裕も生まれて、プライベートを有効活用できるようになるでしょう。居残りや残業などをしなければならなかった時は、家でゆっくりする時間も削られてしまったり、帰宅後も頭の中で課題や仕事のことを考えていて、気が休まらなかったりしたかもしれませんが、しっかり家族と向き合えるようになります。

2025年から冬の運気に入るので、また思うように過ごせなくなりそうですから、今のうちからコミュニケーションをうまく図る方法を模索して、実行しておくと良いでしょう。周囲の人へ優しくできなかった人は、一人の時間より、大切な人たちと過ごす一時を大切にするほうが満足できます。

また、今のあなたは多くの人たちの協力があってこそですから、感謝の気持ちを伝えることも忘れないように。

●万が一のために備えることを優先しよう

金運は上昇してきたと思いますが、2025年から冬の0《ゼロ》地帯に入ることもあり、大きな買い物は控えておくほうが良さそうです。貯蓄をすることが好きな火星ではありますが、ある程度貯まると一気に使ってしまう場合がありますから、今は万が一のために備えるほうを優先してください。

また、ご褒美に高級品を購入するのも悪くありませんが、人目につくとスリや詐欺のターゲットになる場合もありますから気をつけておきましょう。

開運ポイント

時間や気持ちに余裕がある時に、身体のメンテナンスもしておくのがおすすめです。これまでの疲労が蓄積されていますから、プライベートでは心身を休める時間を作ることも必要になります。

また、逆境に強い火星ではありますが、冬の運気を迎える準備は入念にしておくべきでしょう。トラブルが発生した際、一人だけの力では解決が困難になりますから、周囲と良い関係を築きながら、連携を取ることも大切です。

今年のキーマン	卯年、辰年
恋愛運アップ	傘、意思表示、クルーズ船
仕事運アップ	高層ビル、オンとオフの切り替え
健康運アップ	指圧、歯医者、クールダウン
金　運アップ	読書、悩み相談、浪費をしない

火星

2024年

［充実年］

1月
浮気月

1月の運勢

火星にとって、毎年新年は浮気期からのスタートなので、緊張感が解けてリラックスできる時間が多く設けられると思います。特に、2024年は充実期となりますから、家族や親戚、大切な人と過ごす機会が増えるでしょう。ただし、テンションが上がってくると、自分の思いをストレートに表現して、相手と摩擦が生じるおそれもあるので、口調が強くならないように気をつけてコミュニケーションを図ることが大切です。

キーポイント日

◇1月1日　子　人気日
家族と一緒に新年を祝ってリフレッシュを
◇1月11日　戌　決定日
簡単に答えを出してしまうと失敗しやすい
◇1月28日　卯　経済日
お財布の紐が緩みやすいので大出費しそう

運を活かすコツ

○1月のアドバイス

オフの時間をいつもより長めに取れる機会があるので、家族や大切な人と過ごすようにすると落ち着けます。ただし、自分の時間を邪魔されたり、お願いを聞き入れてくれなかったりすると、カーっとなって状況が一変しやすいので注意しましょう。日々のルーティーンも大事ですが、周囲へ気を配ることも忘れないように。

○苦しい時が訪れたら……

我慢をし続けている状態なら、うまく息抜きをしておかないと身体にも良くないですし、不満が爆発したら大事になってしまいそうです。身近な人に弱音を吐けないのであれば、専門家に相談を。

○未来への一歩を踏み出すためには……

いつも緊張状態でいると、気が休まらずにイライラしやすくなります。手が空いたら周囲を見回してみるなどして、気分転換を心掛けると良いでしょう。自分のことだけしか考えないのはNGです。

○タブー

新年のスタートと同時にけじめをつけたくなるのも出てくるかもしれませんが、思い切った行動はおすすめしません。優先すべきものを間違えてしまいやすい時なので、慎重な判断が必要です。

◎＝絶好調日　△▽＝注意日　○＝順調日
⊗＝神秘・波乱含日　▲▼＝不調日

日	曜日	運命日	干支	恋愛結婚	仕事	お金	健康
1	月	人気	子	◎	▽	◎	▽
2	火	浮気	丑	○		▽	▽
3	水	再開	寅	○	○		○
4	木	経済	卯	◎	○	◎	○
5	金	充実	辰	◎	◎	◎	
6	土	背信	巳	▽		▽	
7	日	0地点	午	⊗		⊗	
8	月	精算	未	▽		▽	▽
9	火	開拓	申	○	○		○
10	水	生長	酉	○	○		○
11	木	決定	戌	○	○	○	○
12	金	健康	亥	▽			▽
13	土	人気	子	◎	▽	◎	▽
14	日	浮気	丑	○		▽	▽
15	月	再開	寅	○	○		○
16	火	経済	卯	◎	○	◎	○
17	水	充実	辰	◎	◎	◎	
18	木	背信	巳	▽		▽	
19	金	0地点	午	⊗		⊗	
20	土	精算	未	▽		▽	▽
21	日	開拓	申	○	○		○
22	月	生長	酉	○	○		○
23	火	決定	戌	○	○	○	○
24	水	健康	亥	▽			▽
25	木	人気	子	◎	▽	◎	▽
26	金	浮気	丑	○		▽	▽
27	土	再開	寅	○	○		○
28	日	経済	卯	◎	○	◎	○
29	月	充実	辰	◎	◎	◎	
30	火	背信	巳	▽		▽	
31	水	0地点	午	⊗		⊗	

◎＝絶好調日　△▽＝注意日　○＝順調日
⊗＝神秘・波乱含日　▲▼＝不調日

日	曜日	運命日	干支	恋愛結婚	仕事	お金	健康
1	木	精算	未			▽	▽
2	金	開拓	申	○	○		○
3	土	生長	酉	○	○		○
4	日	決定	戌	○	○	○	○
5	月	健康	亥	▽			▽
6	火	人気	子	○	◎	○	◎
7	水	浮気	丑	○		▽	▽
8	木	再開	寅	○	○		○
9	金	経済	卯	○	◎	◎	○
10	土	充実	辰	○	◎	◎	
11	日	背信	巳	▽			▽
12	月	0地点	午		⊗	⊗	
13	火	精算	未			▽	▽
14	水	開拓	申	○	○		○
15	木	生長	酉	○	○		○
16	金	決定	戌	○	○	○	○
17	土	健康	亥	▽			▽
18	日	人気	子	○	◎	○	◎
19	月	浮気	丑	○		▽	▽
20	火	再開	寅	○	○		○
21	水	経済	卯	○	◎	◎	○
22	木	充実	辰	○	◎	◎	
23	金	背信	巳	▽			▽
24	土	0地点	午		⊗	⊗	
25	日	精算	未			▽	▽
26	月	開拓	申	○	○		○
27	火	生長	酉	○	○		○
28	水	決定	戌	○	○	○	○
29	木	健康	亥	▽			▽

2月の運勢

今日までに失敗を経験した事がある人は、ここで挽回を試みると良い時です。強く言い過ぎて、相手と溝が生じてしまったり、約束を守れなくて不信感を与えてしまったりと、心残りがあるならば、また距離を縮められるように努めましょう。また、過去に一度諦めたものを復活させてみるのも悪くありません。ミスをしてしまったがために、しばらく封印せざるを得なかったものを、再開させてみるのもおすすめです。

火星

2024年

［充実年］

2月
再開月

キーポイント日

◇2月5日　亥　健康日
トラブルに巻き込まれやすいので用心すべし
◇2月13日　未　精算日
悩みがあるなら頼れる人から助言を求めよう
◇2月23日　巳　背信日
確認をしておかないと無駄足になるおそれも

運を活かすコツ

○2月のアドバイス

1月に関係がギクシャクしてしまった人がいるなら、仲直り、もしくは分かり合えるように試みましょう。自分が弱い立場になりたくないとしても、今後問題が大きくならないように、今のうちからトラブル解消しておくほうが無難です。秘密がバレたり、失敗を犯してしまったりした場合は、反省の意を表すようにしましょう。

○苦しい時が訪れたら……

摩擦が起きやすい時期だけに、悪気がなくても人と対立する機会がありそうです。しっかり作業はするけれど、口数が少ないので、注意や指摘をするだけになって、相手を困らせてしまわないように。

○未来への一歩を踏み出すためには……

大きなミスをした過去がある場合は、汚名返上できるように努めるのが良い時です。また、充実期は人間関係を良好に保つことが必要ですから、仲間や家族、大切な人との距離を縮めておきましょう。

○タブー

説明しなくても常識的に分かるはずと、自分を中心に物事を考えてはいけません。教えた事ができていないのであれば、口を出すのも仕方がないですが、伝えていないことを責めるのは間違いです。

火星

2024年

［充実年］

3月
経済月

3月の運勢

２０１６年から前向きに努力してきた事に対しての結果が鮮明に表れる時です。火星は忍耐が必須であるため、たとえつらくても逃げないことでより高く評価されます。プライドが高い部分もあるので、納得がいかないことには見切りが早く、その上を目指したくなりがちですが、逆境でこそ良さが発揮されるのです。苦労が報われると収入も増えるので、家族や大切な人と一緒に利用できるご褒美を買うのが良いでしょう。

キーポイント日

◇3月1日　子　人気日
嬉しい話を受けて新たな挑戦に気合いが入る
◇3月14日　丑　浮気日
曖昧な態度は誤解やトラブルを招くおそれも
◇3月20日　未　精算日
嘘をついて信用を無くしてしまわないように

運を活かすコツ

○3月のアドバイス

家族や大切な人を守ろうとして、課題や仕事に励むのは悪くありませんが、一緒に過ごす時間や連絡を取る機会が減ってしまっては、逆に相手を不安にさせて、すれ違ってしまうおそれも。経済期は多忙になりがちですから、自分の事だけに集中せず、周りの状況もよく見て行動しましょう。大事なことは言葉で伝えておくように。

○苦しい時が訪れたら……

ワガママが過ぎたり欲張ったりすると、残念な結果を招く場合も。また、伝統や歴史を重んじるのも悪くはないのですが、新しい時代や状況に対応していかなければ、どんどん不利になります。

○未来への一歩を踏み出すためには……

課題や仕事も大事ですが、仲間とのコミュニケーションや家族サービスも重視して欲しい時です。大切なものへしっかり気を配れてこそ、安心と満足感を得られるということを忘れないように。

○タブー

お金にこだわっていると、嫌なイメージを周囲へ与えてしまいます。もちろん、節約するのも大事ですが、知人や家族のお祝い事や旅行代金などは、ケチると不評を買うことにもなりそうです。

◎＝絶好調日　△▽＝注意日　○＝順調日
⊗＝神秘・波乱含日　▲▼＝不調日

日	曜日	運命日	干支	恋愛結婚	仕事	お金	健康
1	金	人気	子	◎	◎	○	◎
2	土	浮気	丑	○		▽	▽
3	日	再開	寅	○	○	○	○
4	月	経済	卯	◎	◎	◎	○
5	火	充実	辰	◎	◎	◎	
6	水	背信	巳	▽			▽
7	木	０地点	午		⊗	⊗	
8	金	精算	未			▽	▽
9	土	開拓	申	○	○		○
10	日	生長	酉	○	○		○
11	月	決定	戌	○	○	○	○
12	火	健康	亥	▽			▽
13	水	人気	子	◎	◎	○	◎
14	木	浮気	丑	○		▽	▽
15	金	再開	寅	○	○	○	○
16	土	経済	卯	◎	◎	◎	○
17	日	充実	辰	◎	◎	◎	
18	月	背信	巳	▽			▽
19	火	０地点	午		⊗	⊗	
20	水	精算	未			▽	▽
21	木	開拓	申	○	○		○
22	金	生長	酉	○	○		○
23	土	決定	戌	○	○	○	○
24	日	健康	亥	▽			▽
25	月	人気	子	◎	◎	○	◎
26	火	浮気	丑	○		▽	▽
27	水	再開	寅	○	○	○	○
28	木	経済	卯	◎	◎	◎	○
29	金	充実	辰	◎	◎	◎	
30	土	背信	巳	▽			▽
31	日	０地点	午		⊗	⊗	

火　星

2024年

［充実年］

4月
充実月

4月の運勢

火星にとってのタブーは、お金や恋愛といったものが含まれています。これらに盲目になってしまっていた過去がある場合は、途中で好きな事を断念せざるを得なくなったり、大切なものを失ったりと、残念な結果を招く可能性がありますが、それがなければ大切な人と理想の日々を送れるでしょう。真面目で手を抜かない性格ですから、勉強や仕事を優先しがちですが、睡眠や休養も重視すると幸福感を高められます。

キーポイント日

◇4月8日　寅　再開日
状況が把握できるようになって気合いが入る

◇4月18日　子　人気日
自分のペースを保つことで目標達成できそう

◇4月27日　酉　生長日
コミュニケーションを重視するのがおすすめ

運を活かすコツ

○4月のアドバイス

目標や記録の更新を達成できて、気持ちが満たされやすくなる時ですから、充実期ではプライベートも重視して、さらに満足度を高めるようにするのがおすすめです。大切なものを手放さないように、しっかりキープしておくことも必要でしょう。自分に自信がついたら、けじめをつけて大きな決断をするのも悪くありません。

○苦しい時が訪れたら……

家族や支えてくれる人の存在はいつになっても必要ですから、心を許せる相手と過ごす時間を作ると良いでしょう。また、理解してもらいたい事は、口に出したりメールをしたりして伝えるべきです。

○未来への一歩を踏み出すためには……

気の合う人としか交流しないのではなく、多くの人とコミュニケーションを図っておくことをおすすめします。人の話を聞かずに自分の事ばかり口にしていると、相手が疲れてしまうので要注意。

○タブー

改善点や力不足な面も気になり始めますが、なるべく現状維持に努めましょう。5月から冬の運気に入るので、気力と体力は温存しておくことが大切です。悪あがきすると、迷走してしまうおそれも。

◎＝絶好調日　△▽＝注意日　○＝順調日
⊗＝神秘・波乱含日　▲▼＝不調日

日	曜日	運命日	干支	恋愛結婚	仕事	お金	健康
1	月	精算	未			▽	▽
2	火	開拓	申	○	○		○
3	水	生長	酉	○	○		○
4	木	決定	戌	○	○	○	○
5	金	健康	亥	▽			▽
6	土	人気	子	◎	◎	○	◎
7	日	浮気	丑	○		▽	▽
8	月	再開	寅	○	○	○	○
9	火	経済	卯	◎	◎	◎	○
10	水	充実	辰	◎	◎	◎	
11	木	背信	巳	▽			▽
12	金	0地点	午	⊗	⊗	⊗	
13	土	精算	未			▽	▽
14	日	開拓	申	○	○		○
15	月	生長	酉	○	○		○
16	火	決定	戌	○	○	○	○
17	水	健康	亥	▽			▽
18	木	人気	子	◎	◎	○	◎
19	金	浮気	丑	○		▽	▽
20	土	再開	寅	○	○	○	○
21	日	経済	卯	◎	◎	◎	○
22	月	充実	辰	◎	◎	◎	
23	火	背信	巳	▽			▽
24	水	0地点	午	⊗	⊗	⊗	
25	木	精算	未			▽	▽
26	金	開拓	申	○	○		○
27	土	生長	酉	○	○		○
28	日	決定	戌	○	○	○	○
29	月	健康	亥	▽			▽
30	火	人気	子	◎	◎	○	◎

火星

2024年

［充実年］

5月

背信月

5月の運勢

4月までの幸せが一転するような変化に見舞われやすい時です。家族の問題で悩むことになったり、隠し続けてきたものが明るみに出てしまったりするかもしれません。冬の運気下では、誰かの助けを借りて乗り切るのが良いのですが、なかなか人を信用しないところや弱みを見せるのが苦手なため、頼ろうとしないのが玉に瑕。専門家やキャリアが長い人のアドバイスに従うようにすると、対策を講じられるでしょう。

キーポイント日

◇5月6日　午　0《ゼロ》地点日
イライラして強い口調にならないように注意
◇5月12日　子　人気日
細かい事へこだわり過ぎないようほどほどに
◇5月23日　亥　健康日
感情がむき出しになりやすいので気をつけて

運を活かすコツ

○5月のアドバイス

課題や仕事に対しては文句のつけどころがなく、多くを語らないミステリアスな部分が魅力的に映ることもありますが、プライベートでは失態を晒す流れになりそうです。軽い気持ちで始めた事から抜け出せなくなって、周囲へ不信感を与えてしまうおそれも。特に、恋愛やお金のトラブルを抱えないように気をつけましょう。

○苦しい時が訪れたら……

体調を崩しやすいので、無理はしないように心掛けましょう。新しい環境や作業に慣れようと気を遣ってきたせいで、疲れが溜まっています。オフの日はゆっくり過ごして、気分転換してください。

○未来への一歩を踏み出すためには……

弱音を吐くのが苦手なので、不安や悩みがあっても我慢し続けてしまうこともあるでしょう。人に意見を求めるだけで、問題を解決するヒントがもらえる場合もありますから、相談してみることです。

○タブー

評価や収入にこだわると、焦って失敗しやすくなります。いつもどおりにできなくなるのが背信期ですから、ミスだけはしないように落ち着いて行動しましょう。夜更かしはしないほうが無難です。

◎＝絶好調日　△▽＝注意日　○＝順調日
⊗＝神秘・波乱含日　▲▼＝不調日

日	曜日	運命日	干支	恋愛結婚	仕事	お金	健康
1	水	浮気	丑	▼		▼	▼
2	木	再開	寅		○		○
3	金	経済	卯	○	○	○	
4	土	充実	辰	○	○	○	
5	日	背信	巳	▼		▼	▼
6	月	0地点	午	⊗	⊗	⊗	⊗
7	火	精算	未	▼		▼	▼
8	水	開拓	申		○		
9	木	生長	酉		○		○
10	金	決定	戌	○	○		○
11	土	健康	亥	▲		▲	▲
12	日	人気	子	○	○	○	
13	月	浮気	丑	▼		▼	▼
14	火	再開	寅		○		○
15	水	経済	卯	○	○	○	
16	木	充実	辰	○	○	○	
17	金	背信	巳	▼		▼	▼
18	土	0地点	午	⊗	⊗	⊗	⊗
19	日	精算	未	▼		▼	▼
20	月	開拓	申		○		
21	火	生長	酉		○		○
22	水	決定	戌	○	○		○
23	木	健康	亥	▲		▲	▲
24	金	人気	子	○	○	○	
25	土	浮気	丑	▼		▼	▼
26	日	再開	寅		○		○
27	月	経済	卯	○	○	○	
28	火	充実	辰	○	○	○	
29	水	背信	巳	▼		▼	▼
30	木	0地点	午	⊗	⊗	⊗	⊗
31	金	精算	未	▼		▼	▼

火星

2024年

［充実年］

6月

0《ゼロ》地点月

6月の運勢

幸せに浸る時間を与えられる充実期ではありますが、月運は冬の真っ只中ですから、身動きが取れなくなりやすいでしょう。火星の0《ゼロ》地帯は日の目を浴びる傾向にあるので、知られたくないような事が明るみに出ます。疚しいことや不注意によるミスなどが大々的に取り沙汰されるので、十二分気をつけてください。これまで積み重ねてきた努力が一気に無駄になってしまい、一足早い背信期を迎えることになります。

キーポイント日

◇6月1日　申　開拓日
無理なく計算を立てて周囲と協力し合おう

◇6月12日　未　精算日
手を抜いたり確認を怠ったりしないように

◇6月27日　戌　決定日
苦手な事も率先して取り組むと自信が付く

運を活かすコツ

○6月のアドバイス

努力が報われて結果を残すことができた人も、その状態をキープしておくことが難しくなるでしょう。思いどおりに動けなかったり、コンディションを崩したりして、周囲からも心配されてしまうかもしれません。しかし、0《ゼロ》地点は充電の期間であると思えば、焦ることもないはず。無駄に体力を使わずに、疲労回復させせましょう。

○苦しい時が訪れたら……

お金や恋愛、家族のことで悩む可能性があります。自分が信じていたとおりにはならず、努力が無駄になったような気持ちになりやすいかもしれません。今は執着せずに、心をリセットしましょう。

○未来への一歩を踏み出すためには……

自分の考えが正しいと決めつけないようにしましょう。冬の運気中は視野が狭くなり、欠点も露呈しやすいので、周囲と意見の相違が生じやすいです。指摘されたことは、頭の片隅に置いておくように。

○タブー

家でのんびり過ごすのが一番安心できそうですが、引きこもってばかりは良くありません。外に出て身体を動かしたり、家族と買い物や食事に出かけたりして、英気を養っておくのがおすすめです。

◎＝絶好調日　△▽＝注意日　○＝順調日
⊗＝神秘・波乱含日　▲▼＝不調日

日	曜日	運命日	干支	恋愛結婚	仕事	お金	健康
1	土	開拓	申		○		
2	日	生長	酉		○		○
3	月	決定	戌	○	○		○
4	火	健康	亥	▲	▲	▲	▲
5	水	人気	子	○	○	○	
6	木	浮気	丑	▼		▼	▼
7	金	再開	寅		○		○
8	土	経済	卯	○	○	○	
9	日	充実	辰	○	○	○	
10	月	背信	巳	▼	▼	▼	▼
11	火	0地点	午	⊗	⊗	⊗	⊗
12	水	精算	未	▼	▼	▼	▼
13	木	開拓	申		○		
14	金	生長	酉		○		○
15	土	決定	戌	○	○		○
16	日	健康	亥	▲	▲	▲	▲
17	月	人気	子	○	○	○	
18	火	浮気	丑	▼		▼	▼
19	水	再開	寅		○		○
20	木	経済	卯	○	○	○	
21	金	充実	辰	○	○	○	
22	土	背信	巳	▼	▼	▼	▼
23	日	0地点	午	⊗	⊗	⊗	⊗
24	月	精算	未	▼	▼	▼	▼
25	火	開拓	申		○		
26	水	生長	酉		○		○
27	木	決定	戌	○	○		○
28	金	健康	亥	▲	▲	▲	▲
29	土	人気	子	○	○	○	
30	日	浮気	丑	▼		▼	▼

火星

2024年

［充実年］

7月 精算月

7月の運勢

人付き合いはあまり好きではないと思いますが、これまで多くの人と巡り合ってきたと思います。運気は集大成を迎えていますから、人間関係にも動きが出てくることでしょう。長年タッグを組んできた相手と別々の選択をする人や、誰かの誘いを受けて、新たな挑戦を試みる人も出てきそうです。考え方や方向性が違うと感じているならば、別ルートを選択しても良いですが、お金の誘惑に負けると失敗してしまいます。

キーポイント日

◇7月5日　午　0《ゼロ》地点日
自分と周囲との考え方に相違があって困惑
◇7月14日　卯　経済日
予定していなかった事はまた今度の機会に
◇7月27日　辰　充実日
手放す選択で気持ちが穏やかになる場合も

運を活かすコツ

○7月のアドバイス

これまで多くの事を学んできた中で、自分にとってメリットがないものへ区切りをつけるにはうってつけの時です。たとえば、お金欲しさに始めた事や、追いかけても手に入らない相手との交際などは終止符を。今は良くても冬の運気が訪れるにつれて、泥沼化しやすくなるので、自分を守るための行動を始めていきましょう。

○苦しい時が訪れたら……

自分の事しか考えていなかったり、愛想が悪かったりすると、良い評価を得るのは難しいでしょう。信頼できる人に話を聞いてもらって、気分をスッキリさせるためには、たまの出費もありです。

○未来への一歩を踏み出すためには……

ただマニュアルどおりに進めるのではなく、相手の立場に立って考えるようにすることも大切です。悩みや不安をこれ以上引きずるのは望ましくないので、負担になるものは手放していきましょう。

○タブー

陰で人の悪口を言うのは良くありません。タイミング悪く相手に感づかれてしまう可能性や聞くほうも気分を害する場合もあるので、人が不愉快になる言葉は口にしないように気をつけましょう。

◎＝絶好調日　△▽＝注意日　○＝順調日
⊗＝神秘・波乱含日　▲▼＝不調日

日	曜日	運命日	干支	恋愛結婚	仕事	お金	健康
1	月	再開	寅		○		○
2	火	経済	卯	○	○	○	
3	水	充実	辰	○	○	○	
4	木	背信	巳	▲		▲	▲
5	金	0地点	午	⊗	⊗	⊗	⊗
6	土	精算	未	▲		▲	▲
7	日	開拓	申		○		
8	月	生長	酉		○		○
9	火	決定	戌	○	○		○
10	水	健康	亥	▲		▲	▲
11	木	人気	子	○	○	○	
12	金	浮気	丑	▼		▼	▼
13	土	再開	寅		○		○
14	日	経済	卯	○	○	○	
15	月	充実	辰	○	○	○	
16	火	背信	巳	▲		▲	▲
17	水	0地点	午	⊗	⊗	⊗	⊗
18	木	精算	未	▲		▲	▲
19	金	開拓	申		○		
20	土	生長	酉		○		○
21	日	決定	戌	○	○		○
22	月	健康	亥	▲		▲	▲
23	火	人気	子	○	○	○	
24	水	浮気	丑	▼		▼	▼
25	木	再開	寅		○		○
26	金	経済	卯	○	○	○	
27	土	充実	辰	○	○	○	
28	日	背信	巳	▲		▲	▲
29	月	0地点	午	⊗	⊗	⊗	⊗
30	火	精算	未	▲		▲	▲
31	水	開拓	申		○		

火 星

2024年

［充実年］

8月
開拓月

◎＝絶好調日　△▽＝注意日　○＝順調日
⊗＝神秘・波乱含日　▲▼＝不調日

日	曜日	運命日	干支	恋愛結婚	仕事	お金	健康
1	木	生長	酉	○	○		○
2	金	決定	戌	○	○		○
3	土	健康	亥	△			△
4	日	人気	子	◎	◎	○	○
5	月	浮気	丑	○		△	△
6	火	再開	寅		○		○
7	水	経済	卯	○	◎	◎	○
8	木	充実	辰	◎	○	◎	
9	金	背信	巳	▲			▲
10	土	0地点	午	⊗		⊗	⊗
11	日	精算	未	▲		▲	
12	月	開拓	申		○		○
13	火	生長	酉	○	○		○
14	水	決定	戌	○	○		○
15	木	健康	亥	△			△
16	金	人気	子	◎	◎	○	○
17	土	浮気	丑	○		△	△
18	日	再開	寅		○		○
19	月	経済	卯	○	◎	◎	○
20	火	充実	辰	◎	○	◎	
21	水	背信	巳	▲			▲
22	木	0地点	午	⊗		⊗	⊗
23	金	精算	未	▲		▲	
24	土	開拓	申		○		○
25	日	生長	酉	○	○		○
26	月	決定	戌	○	○		○
27	火	健康	亥	△			△
28	水	人気	子	◎	◎	○	○
29	木	浮気	丑	○		△	△
30	金	再開	寅		○		○
31	土	経済	卯	○	◎	◎	○

8月の運勢

小説を読んだり、仮眠を取って頭を休めたりと、休憩の時は自分時間に浸りたいと思うかもしれませんが、充実期は周囲とのコミュニケーションを重視して欲しい時です。毎日とは言いませんが、たまには仲間と一緒に過ごすなどして信頼関係を築いておきましょう。自分からは声を掛けたくないとしても、活気のある時には周囲の人たちからコンタクトがありますから、悪い印象を与えないように応対してください。

キーポイント日

◇8月5日　丑　浮気日
新しい事を試したくても今は見送って正解
◇8月11日　未　精算日
不満や苛立ちを解消できるように過ごそう
◇8月26日　戌　決定日
大切なものを身近に感じて前向きになれる

運を活かすコツ

○8月のアドバイス

冬の0《ゼロ》地帯に入ると、未経験の事や新しいものへトライしていく必要がありますから、早速自分がターゲットになるかもしれないという状況を迎えそうです。しかし、また知識や能力を高められる絶好の機会なので、決してマイナスには捉えないようにしましょう。これがきっかけとなって、周囲と距離が縮まるようになります。

○苦しい時が訪れたら……

目上の人や頼れる人の経験や知識を参考にすると良いでしょう。思い出の場所へ足を運んだり、懐かしい人と会話を交わしたりすることで、また気持ちを奮い立たせるヒントが見つかるはずです。

○未来への一歩を踏み出すためには……

新しい事へ挑戦していくには良い開拓期ですが、間もなく冬の運気を迎えるので、現状維持に努めるほうが良いでしょう。周囲の人たちと今以上にコミュニケーションを深めていくことが大切です。

○タブー

今から慌ててやり残した事へ手を付け始めても、なかなか満足できる状況にはならないでしょう。どうしてもと言うなら、単独ではなく、協力者と一緒にプランを立てるほうがうまくいきます。

火星

火星

2024年

［充実年］

9月
生長月

9月の運勢

コロナ禍で先が見えない状況であった中でも、トレーニングや資格取得などで、自分の時間を有効活用してきたはずですから、2023年までは何だかんだ忙しかった人が多いと思います。今年は少々落ち着けるようになって、今後のことを考える機会が増えてくるでしょう。勉強や仕事も大事なことは分かっているのですが、オフの過ごし方や家族との関わり方に不満が残る場合は、充実感が半減してしまいそうです。

キーポイント日

◇9月3日　午　0《ゼロ》地点日
不慣れな事をしていかなければならない日
◇9月11日　寅　再開日
ずっと抱いていた理想が現実になる展開も
◇9月20日　亥　健康日
体調を崩さないようにうまく息抜きをして

運を活かすコツ

○9月のアドバイス

交渉や挨拶回りで人に気を遣う場面が多くなるかもしれません。オフの時は、十分に身体を休めることも大切ですが、同時に忘れてはならないのがコミュニケーションです。疲れているからと言って引きこもってしまうと、相手にされなくなるだけでなく、状況の把握が難しくなって、問題の発覚までに時間を要してしまいます。

○苦しい時が訪れたら……

新しく知り合う相手より、これまでのあなたを知っている人とのほうが安心感を得られます。どうしても弱音を吐くのが嫌だと言うなら、カラオケに足を運んで声を出すとスッキリするでしょう。

○未来への一歩を踏み出すためには……

過去にお世話になった人たちと顔を合わせる機会が訪れた時は、感謝の気持ちを忘れずに伝えることです。気を許せる相手が少ない火星ですから、信頼できる人との縁を大切にしていきましょう。

○タブー

懐に余裕があると贅沢したくなるかもしれませんが、冬の運気が迫っているので、ローンを組むのは避けるほうが良いかもしれません。大きな買い物は、家族や大切な人と相談してからがベストです。

◎＝絶好調日　△▽＝注意日　○＝順調日
⊗＝神秘・波乱含日　▲▼＝不調日

日	曜日	運命日	干支	恋愛結婚	仕事	お金	健康
1	日	充実	辰	◎	○	◎	
2	月	背信	巳	▲			▲
3	火	0地点	午	⊗		⊗	
4	水	精算	未	▲		▲	
5	木	開拓	申		○		○
6	金	生長	酉	○	○		○
7	土	決定	戌	○	○		○
8	日	健康	亥	△			△
9	月	人気	子	◎	◎	○	○
10	火	浮気	丑	○		△	△
11	水	再開	寅		○		○
12	木	経済	卯	○	◎	◎	○
13	金	充実	辰	◎	○	◎	
14	土	背信	巳	▲			▲
15	日	0地点	午	⊗		⊗	
16	月	精算	未	▲		▲	
17	火	開拓	申		○		○
18	水	生長	酉	○	○		○
19	木	決定	戌	○	○		○
20	金	健康	亥	△			△
21	土	人気	子	◎	◎	○	○
22	日	浮気	丑	○		△	△
23	月	再開	寅		○		○
24	火	経済	卯	○	◎	◎	○
25	水	充実	辰	◎	○	◎	
26	木	背信	巳	▲			▲
27	金	0地点	午	⊗		⊗	
28	土	精算	未	▲		▲	
29	日	開拓	申		○		○
30	月	生長	酉	○	○		○

火星

2024年

［充実年］

10月
決定月

◎＝絶好調日　△▽＝注意日　○＝順調日
⊗＝神秘・波乱含日　▲▼＝不調日

日	曜日	運命日	干支	恋愛結婚	仕事	お金	健康
1	火	決定	戌	○	○		○
2	水	健康	亥	△			△
3	木	人気	子	◎	◎	○	◎
4	金	浮気	丑	○		△	△
5	土	再開	寅		○		○
6	日	経済	卯	○	◎	◎	○
7	月	充実	辰	◎	○	◎	
8	火	背信	巳	▲			▲
9	水	0地点	午	⊗		⊗	
10	木	精算	未	▲		▲	
11	金	開拓	申		○		○
12	土	生長	酉	○	○		○
13	日	決定	戌	○	○		○
14	月	健康	亥	△			△
15	火	人気	子	◎	◎	○	◎
16	水	浮気	丑	○		△	△
17	木	再開	寅		○		○
18	金	経済	卯	○	◎	◎	○
19	土	充実	辰	◎	○	◎	
20	日	背信	巳	▲			▲
21	月	0地点	午	⊗		⊗	
22	火	精算	未	▲		▲	
23	水	開拓	申		○		○
24	木	生長	酉	○	○		○
25	金	決定	戌	○	○		○
26	土	健康	亥	△			△
27	日	人気	子	◎	◎	○	◎
28	月	浮気	丑	○		△	△
29	火	再開	寅		○		○
30	水	経済	卯	○	◎	◎	○
31	木	充実	辰	◎	○	◎	

10月の運勢

家族や大切な人を守るために、大きな決断が必要になりそうです。今期運命サイクルの集大成を迎えていますから、多くの人から実力を評価されて、依頼や誘いを受けるようになります。しかし、条件は良くても信頼できる人から離れなければならない、または、自分の時間が取れにくくなるなどの悩みも抱えるようになりますから、一からのスタートや今以上に多忙になる場合は、周囲の同意を得るほうが良さそうです。

キーポイント日

◇10月1日　戌　決定日
周囲と協力し合いながら事を進めていこう
◇10月14日　亥　健康日
疲れを残さないように過ごすことを試みて
◇10月22日　未　精算日
一度心に決めたら簡単には諦めないように

運を活かすコツ

○10月のアドバイス

冬の運気中は、自分だけが不利になるのではなく、関わりがある人も少なからず影響を受けます。大切な人が困っている時に、課題や仕事で手が離せないなどという状況になれば、いてもたってもいられなくなりますから、欲をかかない選択が必要です。時間にゆとりを持つようにして、不測の事態にも備えられるようにしましょう。

○苦しい時が訪れたら……

背信期に入ったら不利な状況になりやすいので、今抱えている問題は解決できるように動いておかなければなりません。身近な人と対立している状態ならば、関係を修復できるように努めましょう。

○未来への一歩を踏み出すためには……

欠点や力不足な面が見えてきたら、それを修正する策を練りましょう。今から注意しておけば、難を逃れられるはずです。勢いで物事を決めると、失敗して遠回りすることになるので気をつけて。

○タブー

収入目的で新しい事へ挑戦するのは避けるほうが良さそうです。今あるものを失わないようにした上で、付け加えていくのは問題ありませんが、知識や経験のない世界へ飛び込むことはやめましょう。

火星

2024年

［充実年］

11月
健康月

11月の運勢

健康管理や身体を鍛えることも重んじる火星ですから、他の人に比べて丈夫なほうではないでしょうか。今期運命サイクルが始まった2016年から今日まで身体を駆使してきた訳ですから、疲れや弱っている部分などが出てくる頃です。これまでなかなか検診に行けなかったという人は、冬の運気を迎える前に足を運んでおくと良いでしょう。努力が報われずに焦りやすい時ですが、無理をすると逆効果になってしまいます。

キーポイント日

◇11月2日　午　0《ゼロ》地点日
人が多い場所ではストレスが溜まりやすい
◇11月17日　酉　生長日
問題が大きくなる前に話し合っておくべき
◇11月21日　丑　浮気日
我慢できなくなってくるので対策や処置を

運を活かすコツ

○11月のアドバイス

まだ充実期ではありますが、すでに転機を迎える人もいるはずです。慣れない場所や作業に四苦八苦しそうですが、自分のペースで進めていくようにしましょう。人から指示を受けたり、頭を下げなくてはならなかったりで、ストレスも溜まりやすいですから、一息つける場所を見つけておいて気晴らしするのがおすすめです。

○苦しい時が訪れたら……

自分は順調だと思っていたけれど、実はそうではなかった問題が発覚しそうです。我慢して乗り切ろうと決めても、気持ちがついていかずに情緒不安定になるなら、手を引くほうが良いでしょう。

○未来への一歩を踏み出すためには……

身体を鍛えたり、体力をつけたりするのは悪くないですが、今以上にハードなメニューをこなすことはやめましょう。どちらかと言えば、食事の栄養バランスについて知識を得るなどがおすすめです。

○タブー

自分は身体が丈夫であると過信していると、シグナルが出ていても見逃してしまう場合があります。また、今後は自分だけでなく、家族や大切な人の変化にも気を留めておくほうが良いでしょう。

◎＝絶好調日　△▽＝注意日　○＝順調日
⊗＝神秘・波乱含日　▲▼＝不調日

日	曜日	運命日	干支	恋愛結婚	仕事	お金	健康
1	金	背信	巳	▲	▲	▲	▲
2	土	0地点	午	⊗			⊗
3	日	精算	未	▲	▲	▲	▲
4	月	開拓	申		○		○
5	火	生長	酉	○	○		○
6	水	決定	戌	○	○	○	○
7	木	健康	亥	△			△
8	金	人気	子	◎	◎	○	△
9	土	浮気	丑	○			△
10	日	再開	寅		○		○
11	月	経済	卯	○	◎	◎	○
12	火	充実	辰	◎	○	◎	
13	水	背信	巳	▲	▲	▲	▲
14	木	0地点	午	⊗			⊗
15	金	精算	未	▲	▲	▲	▲
16	土	開拓	申		○		○
17	日	生長	酉	○	○		○
18	月	決定	戌	○	○	○	○
19	火	健康	亥	△			△
20	水	人気	子	◎	◎	○	△
21	木	浮気	丑	○			△
22	金	再開	寅		○		○
23	土	経済	卯	○	◎	◎	○
24	日	充実	辰	◎	○	◎	
25	月	背信	巳	▲	▲	▲	▲
26	火	0地点	午	⊗			⊗
27	水	精算	未	▲	▲	▲	▲
28	木	開拓	申		○		○
29	金	生長	酉	○	○		○
30	土	決定	戌	○	○	○	○

火星

2024年

［充実年］

12月
人気月

12月の運勢

仲間とうまく意思の疎通が取れたり、家族と有意義な時間を過ごせたりして、多忙な年末といえども思いどおりに事を進められるでしょう。中途半端な状態が苦手なため、作業が片付かなかった場合は、終わるまで集中することになると思いますが、周囲の協力もあって、予定どおりにクリアできそうです。今年を振り返り、来年の抱負や予定を立てておくのがおすすめですが、冬の0《ゼロ》地帯に入ることも忘れないように。

◎＝絶好調日　△▽＝注意日　○＝順調日
⊗＝神秘・波乱含日　▲▼＝不調日

日	曜日	運命日	干支	恋愛結婚	仕事	お金	健康
1	日	健康	亥	△			△
2	月	人気	子	◎	◎	◎	◎
3	火	浮気	丑	○		△	△
4	水	再開	寅	○	○		○
5	木	経済	卯	◎	◎	◎	○
6	金	充実	辰	◎	◎	◎	
7	土	背信	巳	▲			▲
8	日	0地点	午	⊗		⊗	
9	月	精算	未	▲			▲
10	火	開拓	申	○	○		○
11	水	生長	酉	○	○		○
12	木	決定	戌	○	○	○	○
13	金	健康	亥	△			△
14	土	人気	子	◎	◎	◎	◎
15	日	浮気	丑	○		△	△
16	月	再開	寅	○	○		○
17	火	経済	卯	◎	◎	◎	○
18	水	充実	辰	◎	◎	◎	
19	木	背信	巳	▲			▲
20	金	0地点	午	⊗		⊗	
21	土	精算	未	▲			▲
22	日	開拓	申	○	○		○
23	月	生長	酉	○	○		○
24	火	決定	戌	○	○	○	○
25	水	健康	亥	△			△
26	木	人気	子	◎	◎	◎	◎
27	金	浮気	丑	○		△	△
28	土	再開	寅	○	○		○
29	日	経済	卯	◎	◎	◎	○
30	月	充実	辰	◎	◎	◎	
31	火	背信	巳	▲			▲

キーポイント日

◇12月5日　卯　経済日
うまくいかないものは問題が潜んでいそう
◇12月12日　戌　決定日
理想や憧れの人から刺激を受けるチャンス
◇12月21日　未　精算日
怠けていると一気に評価が下がるおそれも

運を活かすコツ

○12月のアドバイス

火星は家族が心の支えになることもあるので、離れて暮らしているのであれば年末年始を実家で過ごしたり、帰るのが難しいなら連絡を取り合ったりして、絆を深めておくようにしましょう。折り合いが悪い場合は、あなたの言動や接し方に問題がなかったかを振り返ってみて、時には自分のほうから謝れば進展があるはずです。

○苦しい時が訪れたら……

思いどおりにならないのは、やりがいよりお金を選んでしまっていたか、趣味や恋愛に熱が入り過ぎていた可能性も。家で過ごす時間や家族とのコミュニケーションを重視して、心身を労りましょう。

○未来への一歩を踏み出すためには……

努力が報われる展開もありますが、ベストな状態をキープするのが難しくなってきます。そうなっても焦らないように、心を落ち着かせておきましょう。時には運に左右される場合もあるのです。

○タブー

家に帰っても寝るだけという状態は良くありません。大切な約束を破ったりしていると、信頼関係が崩れてきます。心身を休められる場所がなくなれば、精神的に追い詰められてしまうでしょう。

冥王星 ◎ 2024年【経済期】 努力の成果が現れる年　才能を高く評価される

2024年 全体運

●努力が高く評価される可能性もお金や協力者にも恵まれるはず

春の運気に入った2017年から、コツコツと努力を積み重ねてきた成果が現れる一年です。負けず嫌いな性格なので、こうと決めたら揺らぐことなく、メニューをこなすことへ集中してきたと思いますから、高く評価される人も多いでしょう。もし、不満が残るようなら力が足りなかったか、うまく運を活かしきれていないかです。

コロナ禍で多くの人たちが思うように過ごせなかったり、仕事を失ったりして苦しんでいた頃を振り返ると、冥王星は夏の運気下でした。ここで行き場を失くして挫折してしまった人や、手を抜いて過ごしていたのであれば、経済期を不甲斐ない結果で終えることもあるかもしれません。なぜなら、人気期は願いが叶う時であり、すでに弱い気持ちが結果に反映されているからです。状況が厳しい中でも、自分のやるべき事を疎かにしなかった人は、収入や協力者にも恵まれます。うまくお金を扱えていない時は、返済が多くなるでしょう。

恋愛・結婚運

●消極的にならずにゴールインを目指そう

目標や計画を立ててから、脇目も振らず着々と実行に移す冥王星ですから、やるべき事がある場合は、恋愛に興味を持たないこともあります。努力する気持ちが中途半端になってしまうことをおそれたり、自分に自信がない状態でおつき合いするのを躊躇ったりするからですが、経済期ともなると、気持ちにも余裕が生まれ、安定を求めたい思いも強くなりますから、きっと恋をしたくもなるでしょう。

しかし、経済期は本業が多忙になる時です。恋をするなら、身近にいる人やオフの時間に交流がある人になるかもしれません。すでに気になる相手がいる場合は、自分から告白するのも悪くないでしょう。

恋愛には奥手で、自分からアピールすることなどあまりないかもしれませんが、結婚を視野に入れているのであれば、経済期の今年と2025年の充実期を目標に、ゴールインを目指すようにしましょう。家庭を持つことや家族を作ることは、冥王星の願望でもあるはずですから、ここで消極的になってしまっては、最終的に満足する結果を得られなくなります。

また、金回りが良くなると開放的になりやすく、恋愛にもハマりやすくなるので注意が必要です。評価を落とすことにもなり兼ねません。

仕事・金運

●手を抜かなかったら理想に近づけるはず

2017年から2019年の春の運気中に、目標へと向かって精一杯取り組んできたのであれば、2021年の人気期までには、自分の居場所ややるべき事を問題なく探し出すことができているはずです。そして、2022年の浮気期で、手を抜いたり、楽な選択をしたりすることがなく、粘って来られたのであれば、2024年の経済期には、順調に大きな成果をおさめられるでしょう。重要な任務に就く機会も与えられて、ほぼ思い描いた理想の形に近づけるはずです。

しかし、冥王星の人気期はちょうどコロナ禍にありましたから、ルーティーンを崩してしまうこともあったかもしれません。身体には自信があった人も、家族の影響を受けるなどして、動けない日もあったと思います。

生活のリズムが少々乱れても、すぐに修正できたのであれば問題ありませんが、そこからルーズさが出てしまった場合は、経済期が望みどおりの結果にならないだけでなく、多くの出費を伴って、残念な結果になるでしょう。

●努力を重ねればおのずと結果はついてくる

冥王星はお金への執着がタブーですから、収入を得ることを第一目的にして行動すると、不満を抱く結果になってしまいます。やりがいを求めることが大切で、目標に向かって努力を重ねれば、自ずと結果も付いてきて、収入も増えてくるようになるでしょう。

恋愛やギャンブルを重視してきた人は、本業に集中できないどころか、大胆にお金を使い過ぎて、たとえ経済期であっても、金欠に陥ってしまうおそれがあります。

開運ポイント

努力の報酬をもらえる時ですから、自分へのご褒美にお金を使っても良いでしょう。しかし、ある程度貯蓄が増えると、冷静さや計画性を失くして、大胆に使う傾向もありますから気をつけて。

また、派手で目立つものや高価なものを人目につくところへ置くと、盗まれたり、傷つけられたりして、無駄にしてしまうか、出費がかさむようになりますから、物欲を満たすより、身体のメンテナンスなどにお金を使いましょう。

今年のキーマン	辰年、巳年、酉年
恋愛運アップ	暗算、富士山、ジグソーパズル
仕事運アップ	飛行機、イメージトレーニング
健康運アップ	瞑想、人間ドッグ、スムージー
金　運アップ	冷凍、手料理、小銭を貯める

冥王星

2024年

［経済年］

1月
人気月

1月の運勢

年の始めから冥王星は人気期を迎えるので、新年早々に願いが叶いやすいでしょう。とは言っても、日頃から努力していることが報われる時ですから、苦労せず手に入れた幸運は、瞬く間に消え去ってしまいます。2023年が再開年であったため、長らく耐えてきた事や幾度と繰り返したものに対して、良い結果が期待できそうです。嬉しい事が起こったら、家族や大切な人へ報告して、共に喜びを分かち合いましょう。

キーポイント日

◇1月3日　寅　浮気日
軽視していた問題が大きくなってしまいそう

◇1月14日　丑　人気日
密かに思いを寄せ続けていたものに進展あり

◇1月30日　巳　充実日
大事なものは自分の課題や仕事だけではない

運を活かすコツ

○1月のアドバイス

基本に忠実に、そしてルーティーンにもこだわりを持ちますから、途中で投げ出したりしなければ実力が開花します。努力は必ず報われると実感できるでしょう。しかし、恋愛やお金に対しの執念は、間違った方向へ働いてしまいやすく、今は満足でものちに深刻な結果を招くおそれがあります。ルールや掟は破らないように。

○苦しい時が訪れたら……

間違った方向へ進んでいる場合、うまくいかない状況に苛立ちを隠せなくなります。これと言った目的を定めることなく、手当たり次第だと結果が出ることなく、中途半端で終わってしまうでしょう。

○未来への一歩を踏み出すためには……

努力の成果が出て、信頼を得られるようになりますが、胡坐をかかないように気をつけることです。プライベートも充実しますが、まずは勉強や仕事を優先した上で、オフにうまく息抜きしましょう。

○タブー

臨時収入も期待できますが、見栄を張って高価なものを買うと、すぐに持ち金を使い果たしてしまいます。自分へのご褒美も悪くはありませんが、冬の0《ゼロ》地帯に備えて貯蓄も忘れてはいけません。

◎＝絶好調日　△▽＝注意日　○＝順調日
⊗＝神秘・波乱含日　▲▼＝不調日

日	曜日	運命日	干支	恋愛結婚	仕事	お金	健康
1	月	健康	子	△			△
2	火	人気	丑	◎	◎	◎	◎
3	水	浮気	寅	○		△	△
4	木	再開	卯	○	○		○
5	金	経済	辰	◎	◎	◎	○
6	土	充実	巳	◎	◎	◎	
7	日	背信	午	▲			▲
8	月	0地点	未	⊗		⊗	
9	火	精算	申	▲			▲
10	水	開拓	酉	○	○		○
11	木	生長	戌	○	○		○
12	金	決定	亥	○	○	○	○
13	土	健康	子	△			△
14	日	人気	丑	◎	◎	◎	◎
15	月	浮気	寅	○		△	△
16	火	再開	卯	○	○		○
17	水	経済	辰	◎	◎	◎	○
18	木	充実	巳	◎	◎	◎	
19	金	背信	午	▲			▲
20	土	0地点	未	⊗		⊗	
21	日	精算	申	▲			▲
22	月	開拓	酉	○	○		○
23	火	生長	戌	○	○		○
24	水	決定	亥	○	○	○	○
25	木	健康	子	△			△
26	金	人気	丑	◎	◎	◎	◎
27	土	浮気	寅	○		△	△
28	日	再開	卯	○	○		○
29	月	経済	辰	◎	◎	◎	○
30	火	充実	巳	◎	◎	◎	
31	水	背信	午	▲			▲

冥王星

2024年

[経済年]

2月
浮気月

◎＝絶好調日　△▽＝注意日　○＝順調日
⊗＝神秘・波乱含日　▲▼＝不調日

日	曜日	運命日	干支	恋愛結婚	仕事	お金	健康
1	木	0地点	未	⊗		⊗	
2	金	精算	申	▽		▽	▽
3	土	開拓	酉	○	○		○
4	日	生長	戌	○	○		○
5	月	決定	亥	○	○	○	○
6	火	健康	子	▽			▽
7	水	人気	丑	◎	▽	◎	▽
8	木	浮気	寅	○		▽	▽
9	金	再開	卯	○	○		○
10	土	経済	辰	◎	○	◎	○
11	日	充実	巳	◎	◎	◎	
12	月	背信	午	▽		▽	
13	火	0地点	未	⊗		⊗	
14	水	精算	申	▽		▽	▽
15	木	開拓	酉	○	○		○
16	金	生長	戌	○	○		○
17	土	決定	亥	○	○	○	○
18	日	健康	子	▽			▽
19	月	人気	丑	◎	▽	◎	▽
20	火	浮気	寅	○		▽	▽
21	水	再開	卯	○	○		○
22	木	経済	辰	◎	○	◎	○
23	金	充実	巳	◎	◎	◎	
24	土	背信	午	▽		▽	
25	日	0地点	未	⊗		⊗	
26	月	精算	申	▽		▽	▽
27	火	開拓	酉	○	○		○
28	水	生長	戌	○	○		○
29	木	決定	亥	○	○	○	○

2月の運勢

1月に絶好調だった人や恋愛にハマっている最中の人は、周りが見えなくならないように気をつける必要があります。警戒心が強い冥王星ではありますが、浮気期は気が緩みやすい時ですから、ルーティーンを崩して大きな失敗を招いてしまうおそれも。冒険心や好奇心が高まりますから、方針を変えてみたり、人の誘惑に乗ったりすると、今までの努力を無駄にすることさえあるので、後先考えずに行動しないことです。

キーポイント日

◇2月1日　未　0《ゼロ》地点日
気が散っていつものようには取り組めない
◇2月12日　午　背信日
感情の起伏が激しくならないように要注意
◇2月27日　酉　開拓日
誤った選択をしないように気を引き締めて

運を活かすコツ

○2月のアドバイス

一度こうと決めたら信念を貫く冥王星ですから、自分から変わろうとするのはなかなか難しいことなのですが、浮気期ではいつもより探求心が強くなり、新しいものにも魅力を感じやすい傾向にあるので注意が必要です。特に、儲け話や色恋にハマると、築き上げてきたものを失い兼ねないので、用心しながら過ごしましょう。

○苦しい時が訪れたら……

自分が信じたものが正しいと思わずに、周囲の意見を聞いたりするほうが良さそうです。長く続けてきたものを諦めるとなると、方向性を見失ってしまうことにもなり兼ねないので気をつけて。

○未来への一歩を踏み出すためには……

言い出したら後に引けない場合も、浮気期は丸くなる気持ちの変化が起こり、いつも以上に人と交流したり、興味があるものと関わってみたりして、リラックスするのが良いですが、どっぷり浸かると危険です。

○タブー

自分は楽をして人をこき使うとなると、たちまち周りから悪い評価を付けられてしまいます。また、やるべき課題や仕事も手を抜けば、あり得ない大失態を犯すおそれもあるので注意が必要です。

冥王星

2024年

［経済年］

3月
再開月

3月の運勢

忍耐強く慎重派ではありますが、我慢が限界を超えると自分でも気持ちがコントロールできなくなってしまうことがあると思います。過去に理性を失って失敗した経験がある人は、また立ち直れるチャンスが訪れる時ですから、一歩踏み出す勇気を持って、もとの状態へ戻れるように行動しましょう。悪い噂が流れることもありますが、そこで辛抱強さを発揮すれば、周囲も徐々に認めてくれるようになるはずです。

◎＝絶好調日　△▽＝注意日　○＝順調日
⊗＝神秘・波乱含日　▲▼＝不調日

日	曜日	運命日	干支	恋愛結婚	仕事	お金	健康
1	金	健康	子	▽			▽
2	土	人気	丑	○	◎	○	◎
3	日	浮気	寅	○		▽	▽
4	月	再開	卯	○	○		○
5	火	経済	辰	○	◎	◎	○
6	水	充実	巳	○	◎	◎	
7	木	背信	午	▽			▽
8	金	0地点	未		⊗	⊗	
9	土	精算	申			▽	▽
10	日	開拓	酉	○	○		○
11	月	生長	戌	○	○		○
12	火	決定	亥	○	○	○	○
13	水	健康	子	▽			▽
14	木	人気	丑	○	◎	○	◎
15	金	浮気	寅	○		▽	▽
16	土	再開	卯	○	○		○
17	日	経済	辰	○	◎	◎	○
18	月	充実	巳	○	◎	◎	
19	火	背信	午	▽			▽
20	水	0地点	未		⊗	⊗	
21	木	精算	申			▽	▽
22	金	開拓	酉	○	○		○
23	土	生長	戌	○	○		○
24	日	決定	亥	○	○	○	○
25	月	健康	子	▽			▽
26	火	人気	丑	○	◎	○	◎
27	水	浮気	寅	○		▽	▽
28	木	再開	卯	○	○		○
29	金	経済	辰	○	◎	◎	○
30	土	充実	巳	○	◎	◎	
31	日	背信	午	▽			▽

キーポイント日

◇3月5日　辰　経済日
いつもどおりをキープしておくほうが無難

◇3月12日　亥　決定日
勢いで物事を決めないように気をつけよう

◇3月23日　戌　生長日
気持ちが固まったなら先を見据えた選択を

運を活かすコツ

○3月のアドバイス

2023年の再開年では、繰り返される現象が現れるため、改善が必要な欠点や弱点がしばしば見受けられたはずです。今回経済の年に入りましたが、月の再開期を迎えたので、再び修正できていない部分があらわになります。自分のこだわりが誰かを傷つけているようであれば、少々考え直すくらいの柔軟性を身につけましょう。

○苦しい時が訪れたら……

失敗したからと言って諦めてしまうと、チャンスをものにできません。再開期は、根気強くやり遂げることで成功に近づけます。なぜダメなのか原因を突き止めなければ、同じことの繰り返しです。

○未来への一歩を踏み出すためには……

新天地での生活に胸が躍る状況を迎えても、これまでの経験や築いてきた関係は蔑ろにしないことです。なかなかしっくりくるものを見つけにくくなりますから、今あるものは大事に扱いましょう。

○タブー

一度お財布の紐を緩めると、次々と必要以上のものを買ってしまうおそれも。生活必需品ならまだしも、大きな買い物までしないように気をつけましょう。今からローンを組むのはおすすめしません。

冥王星

2024年

［経済年］

4月
経済月

4月の運勢

決して目立とうとするつもりはない冥王星ですが、今日まで順調に歩んでこられたのであれば、努力の成果が周囲からも称賛される時を迎えたはずです。巷でも話題になりやすいでしょう。人気者になるだけでなく、収入アップにも繋がって、おまけに自信もつくようになります。もし、周囲から非難されるような状況に身を置いているならば、欠点の改善が足りないか、欲に支配されてしまっているのかもしれません。

キーポイント日

◇4月1日　未　0《ゼロ》地点日
努力が評価されずに不安や焦りを感じそう

◇4月17日　亥　決定日
目標達成のためにそろそろ勝負を仕掛けて

◇4月23日　巳　充実日
家で過ごす時間を大切にするとさらに満足

運を活かすコツ

○4月のアドバイス

やるべき事には手を抜かず、日々努力を重ね続けていますから、成果は少しずつ現れていると思いますが、経済期では自分でも納得のいく展開が待っています。未熟なままの状態では、けじめをつけたり、次の工程へ進んだりできないと思いますが、ようやく満足感を得られて、欲しいものを手に入れたい気持ちになるでしょう。

○苦しい時が訪れたら……

努力してきたことが評価される時に、やるべき事へ集中できていなかったり、お金で苦労していたりでは、現状を見つめ直す必要がありそうです。頼れる人に相談して、アドバイスをもらいましょう。

○未来への一歩を踏み出すためには……

気持ちに余裕があり、自信もついてきているのであれば、大きな決断をしても良さそうです。豊富な知識や経験を活用しながら、周囲とのコミュニケーションにも力を入れて、先を見据えましょう。

○タブー

不平不満を抱えたままは良くありません。一人で解決を試みると、時間がかかってしまいますから、誰かにヒントをもらうと自分なりの答えが出るはずです。悩みを解消するための出費はありです。

◎＝絶好調日　△▽＝注意日　○＝順調日
⊗＝神秘・波乱含日　▲▼＝不調日

日	曜日	運命日	干支	恋愛結婚	仕事	お金	健康
1	月	0地点	未		⊗	⊗	
2	火	精算	申			▽	▽
3	水	開拓	酉	○	○		○
4	木	生長	戌	○	○		○
5	金	決定	亥	○	○	○	○
6	土	健康	子	▽			▽
7	日	人気	丑	◎	◎	○	◎
8	月	浮気	寅	○		▽	▽
9	火	再開	卯	○	○	○	○
10	水	経済	辰	◎	◎	◎	○
11	木	充実	巳	◎	◎	◎	
12	金	背信	午	▽			▽
13	土	0地点	未		⊗	⊗	
14	日	精算	申			▽	▽
15	月	開拓	酉	○	○		○
16	火	生長	戌	○	○		○
17	水	決定	亥	○	○	○	○
18	木	健康	子	▽			▽
19	金	人気	丑	◎	◎	○	◎
20	土	浮気	寅	○		▽	▽
21	日	再開	卯	○	○	○	○
22	月	経済	辰	◎	◎	◎	○
23	火	充実	巳	◎	◎	◎	
24	水	背信	午	▽			▽
25	木	0地点	未		⊗	⊗	
26	金	精算	申			▽	▽
27	土	開拓	酉	○	○		○
28	日	生長	戌	○	○		○
29	月	決定	亥	○	○	○	○
30	火	健康	子	▽			▽

冥王星

2024年

［経済年］

5月
充実月

5月の運勢

心が折れかけたり、諦めようとしたりしたけれど、辛抱強く続けて来られたのであれば、耐えて良かったと思える状況になりそうです。怪我や体調不良に悩んで、方向性を変える選択を迫られた人や、ライバルに行く手を阻まれるなどで、実力を発揮できずに断念してしまった人は、迷いがないのであれば、もう一度賭けてみる価値はあります。自信はあっても勇気がないなら、フォローしてもらうと良いでしょう。

キーポイント日

◇5月7日　未　0《ゼロ》地点日
眠くなったりボーっとしたりで憂鬱な気分
◇5月13日　丑　人気日
続けてきた事がプラスに働いて好評を博す
◇5月24日　子　健康日
丈夫だと思っていても疲れが出やすくなる

運を活かすコツ

○5月のアドバイス

課題や仕事など、やるべき事へは手を抜かず集中するために、プライベートにかける時間はあまりないかもしれませんが、充実期はオフの時間も重視して欲しい時。家族とコミュニケーションを取ったり、大切な人と旅行へ出かけて思い出を作ったりするのがおすすめです。素敵な展開も待っていて、幸福感に包まれるでしょう。

○苦しい時が訪れたら……

家族と過ごすだけでも気分が晴れるので、一緒にご飯を食べて会話をしましょう。できるなら悩みや不安を相談すると、情報を共有できて力になります。無理をせず、時には一休みも必要です。

○未来への一歩を踏み出すためには……

仲間たちや大切な人と距離を縮めて欲しい時です。勉強や仕事が忙しくなる時期ですが、プライベートの時間も大切にしましょう。周囲とうまく交流できていないと、気持ちが落ち着かなくなります。

○タブー

ライバルの存在がまたやる気を出させてくれますが、ここで頑張り過ぎてしまうと、気力と体力を使い果たしてしまいます。冬の0《ゼロ》地帯に入っても焦らないように、準備を整えておきましょう。

◎＝絶好調日　△▽＝注意日　○＝順調日
⊗＝神秘・波乱含日　▲▼＝不調日

日	曜日	運命日	干支	恋愛結婚	仕事	お金	健康
1	水	人気	丑	◎	◎	○	◎
2	木	浮気	寅	○		▽	▽
3	金	再開	卯	○	○	○	○
4	土	経済	辰	◎	◎	◎	○
5	日	充実	巳	◎	◎	◎	
6	月	背信	午	▽			▽
7	火	0地点	未	⊗	⊗	⊗	
8	水	精算	申			▽	▽
9	木	開拓	酉	○	○		○
10	金	生長	戌	○	○		○
11	土	決定	亥	○	○	○	○
12	日	健康	子	▽			▽
13	月	人気	丑	◎	◎	○	◎
14	火	浮気	寅	○		▽	▽
15	水	再開	卯	○	○	○	○
16	木	経済	辰	◎	◎	◎	○
17	金	充実	巳	◎	◎	◎	
18	土	背信	午	▽			▽
19	日	0地点	未	⊗	⊗	⊗	
20	月	精算	申			▽	▽
21	火	開拓	酉	○	○		○
22	水	生長	戌	○	○		○
23	木	決定	亥	○	○	○	○
24	金	健康	子	▽			▽
25	土	人気	丑	◎	◎	○	◎
26	日	浮気	寅	○		▽	▽
27	月	再開	卯	○	○	○	○
28	火	経済	辰	◎	◎	◎	○
29	水	充実	巳	◎	◎	◎	
30	木	背信	午	▽			▽
31	金	0地点	未	⊗	⊗	⊗	

冥王星

2024年

［経済年］

6月
背信月

6月の運勢

自信を取り戻せるチャンスが訪れたというのに、また我慢を強いられる展開になるかもしれません。今度は注意深く行動していても、周囲の影響を受けることになりそうです。出費も多くなりますが、安全や安心を得るためなら、出し惜しみしないようにしましょう。また、意見の相違が生じやすい時でもあり、頑固な一面が強調されそうですから、相手の話にしっかり耳を傾けて、落ち着いて話合うことが大切です。

キーポイント日

◇6月3日　戌　生長日
忙しい日々が続いてすれ違いが生じるかも

◇6月19日　寅　浮気日
あれこれと目移りして集中できそうもない

◇6月23日　午　背信日
トラブルに巻き込まれて自分の時間が減る

運を活かすコツ

○6月のアドバイス

一度は満足できる結果を得られたのに、自分より上を行く人の登場に悔しい感情が湧いてくることもあるでしょう。他人を意識することはないかもしれませんが、また自分を追い込みがちなので要注意です。0《ゼロ》地帯に入ったら充電が必要であるのに労力を費やせば、気力体力の回復が不十分になって支障をきたすおそれがあります。

○苦しい時が訪れたら……

自分はしっかり冬の運気に備えていたとしても、周囲の影響を受ける場合がありますから、一人で何とかしようとせずに、身近な人の力を借りることです。マナーや礼儀を弁えて事に当たりましょう。

○未来への一歩を踏み出すためには……

一所懸命が空回りしてしまうことも。機嫌が悪いことをあからさまにすると、周囲の人たちが手を貸したくても近寄り難くなってしまいますから、失敗を笑いに変えるくらいの気持ちで臨みましょう。

○タブー

感情をむき出しにしてキレてしまうと、周囲の人たちも嫌な気分になります。場合によっては、事を大きくしてしまいますし、巻き添えを食う人も。勘違いも防ぐように、平常心を保ちましょう。

◎＝絶好調日　△▽＝注意日　○＝順調日
⊗＝神秘・波乱含日　▲▼＝不調日

日	曜日	運命日	干支	恋愛結婚	仕事	お金	健康
1	土	精算	申	▼		▼	▼
2	日	開拓	酉		○		
3	月	生長	戌		○		○
4	火	決定	亥	○	○		○
5	水	健康	子	▲		▲	▲
6	木	人気	丑	○	○	○	
7	金	浮気	寅	▼		▼	▼
8	土	再開	卯		○		○
9	日	経済	辰	○	○	○	
10	月	充実	巳	○	○	○	
11	火	背信	午	▼		▼	▼
12	水	0地点	未	⊗	⊗	⊗	⊗
13	木	精算	申	▼		▼	▼
14	金	開拓	酉		○		
15	土	生長	戌		○		○
16	日	決定	亥	○	○		○
17	月	健康	子	▲		▲	▲
18	火	人気	丑	○	○	○	
19	水	浮気	寅	▼		▼	▼
20	木	再開	卯		○		○
21	金	経済	辰	○	○	○	
22	土	充実	巳	○	○	○	
23	日	背信	午	▼		▼	▼
24	月	0地点	未	⊗	⊗	⊗	⊗
25	火	精算	申	▼		▼	▼
26	水	開拓	酉		○		
27	木	生長	戌		○		○
28	金	決定	亥	○	○		○
29	土	健康	子	▲		▲	▲
30	日	人気	丑	○	○	○	

冥王星

2024年

［経済年］

7月
0《ゼロ》地点月

7月の運勢

日頃努力していることが報われる事もありますが、それとは別に、並行している趣味や恋愛が原因で失敗を招く場合があるので要注意です。月運が0《ゼロ》地帯中は、人の影響を受けやすく、たとえ自分が十分注意していても、相手次第になります。欠点が露出されるだけでなく、秘密にしていたものや非常識的な事もあからさまになるので、周囲に知られたら困るような行動は控えなければ、大切なものまで失ってしまいます。

キーポイント日

◇7月4日　巳　充実日
改善すべき点が見えてきたらすぐに対策を

◇7月15日　辰　経済日
家族のためならばたまには奮発も悪くない

◇7月21日　戌　生長日
固定観念や先入観をなくして人と接しよう

運を活かすコツ

○7月のアドバイス

日頃から厳しいことを言う人もいるかと思います。しかし、冬の運気中はこれが仇となるので注意が必要です。状況の把握が良くできていれば問題ないのですが、表面上だけで判断すると、ミスをしやすいでしょう。仲間や家族との溝が生まれないように、相手の言い分を聞き入れたり、柔らかい表現をしたりなどの工夫も必要です。

○苦しい時が訪れたら……

冥王星に適さないものを手放したり、諦めなければならなかったりしそうです。残念に思う出来事にも、理由や原因が隠されています。失敗は成功のもとでもあるので、気持ちを切り替えましょう。

○未来への一歩を踏み出すためには……

恋愛やお金の扱いが不器用な面が災いして、努力を重ねてきた事を中断せざるを得ない状況になるかもしれません。しかし、大きなチャンスでもあり、一生忘れられない出来事にもなりそうです。

○タブー

欲しいものを手に入れたくなったら、慎重に調べないと偽物をつかまされたり、壊れていたりの可能性があります。恋愛でも、のめり込み過ぎると大失敗してしまうおそれがあるので気をつけて。

◎＝絶好調日　△▽＝注意日　○＝順調日
⊗＝神秘・波乱含日　▲▼＝不調日

日	曜日	運命日	干支	恋愛結婚	仕事	お金	健康
1	月	浮気	寅	▼		▼	▼
2	火	再開	卯		○		○
3	水	経済	辰	○	○	○	
4	木	充実	巳	○	○	○	
5	金	背信	午	▼	▼	▼	▼
6	土	0地点	未	⊗	⊗	⊗	⊗
7	日	精算	申	▼	▼	▼	▼
8	月	開拓	酉		○		
9	火	生長	戌		○		○
10	水	決定	亥	○	○		○
11	木	健康	子	▲	▲	▲	▲
12	金	人気	丑	○	○	○	
13	土	浮気	寅	▼		▼	▼
14	日	再開	卯		○		○
15	月	経済	辰	○	○	○	
16	火	充実	巳	○	○	○	
17	水	背信	午	▼	▼	▼	▼
18	木	0地点	未	⊗	⊗	⊗	⊗
19	金	精算	申	▼	▼	▼	▼
20	土	開拓	酉		○		
21	日	生長	戌		○		○
22	月	決定	亥	○	○		○
23	火	健康	子	▲	▲	▲	▲
24	水	人気	丑	○	○	○	
25	木	浮気	寅	▼		▼	▼
26	金	再開	卯		○		○
27	土	経済	辰	○	○	○	
28	日	充実	巳	○	○	○	
29	月	背信	午	▼	▼	▼	▼
30	火	0地点	未	⊗	⊗	⊗	⊗
31	水	精算	申	▼	▼	▼	▼

◉

冥王星

2024年

［経済年］

8月
精算月

8月の運勢

何度か指摘されたところや失敗を繰り返した事を、未だに改善できていない場合は、今までどおり続けていくことが難しくなりそうです。たとえば、方針を変更しなければならなかったり、別の場所へ移る必要が出てきたりするでしょう。理由が良く分からずに、不満に思うかもしれませんが、度々告げられていたのであれば観念することです。起きてしまった事は仕方ないと、すぐに気持ちの切り替えをしましょう。

キーポイント日

◇8月4日　子　健康日
ストレスが溜まっていると浪費のおそれあり

◇8月13日　酉　開拓日
ネガティブな気持ちはできるだけ払拭しよう

◇8月30日　寅　浮気日
足を引っ張られるなら距離を置くほうが良い

運を活かすコツ

○8月のアドバイス

知識や能力がレベルアップして、高評価や収入も得られ始めたと言うのに、好調だった時とは雲泥の差がある状況に苛立ちを感じてしまいそうです。しかし、自棄になると精神状態が不安定になったり、不注意から災いを招いたりするおそれも。もうすぐスランプから抜け出す機会が訪れるので、ネガティブ思考は断ち切りましょう。

○苦しい時が訪れたら……

プライベートの時間はあまり取れないかもしれません。帰省や旅行の予定が立たないという人もいると思いますが、オフの日はしっかり身体を休めることを考えないと、大事な時に集中できません。

○未来への一歩を踏み出すためには……

現状に不満がある場合は改善が必要です。もうしばらく耐え続けているなら、我慢の限界がくる可能性があります。そうなったら、しっかり気持ちを伝えて、手を引くなり、解決方法を考えましょう。

○タブー

カンペやマニュアルどおりに進めようとすると、非難を浴びる可能性があります。時代の変化とともに多様化が進んでいるので、古い考え方に執着しないようにしましょう。アップデートが必要です。

◎＝絶好調日　△▽＝注意日　○＝順調日
⊗＝神秘・波乱含日　▲▼＝不調日

日	曜日	運命日	干支	恋愛結婚	仕事	お金	健康
1	木	開拓	酉		○		
2	金	生長	戌		○		○
3	土	決定	亥	○	○		○
4	日	健康	子	▲		▲	▲
5	月	人気	丑	○	○	○	
6	火	浮気	寅	▼		▼	▼
7	水	再開	卯		○		○
8	木	経済	辰	○	○	○	
9	金	充実	巳	○	○	○	
10	土	背信	午	▲		▲	▲
11	日	0地点	未	⊗	⊗	⊗	⊗
12	月	精算	申	▲		▲	▲
13	火	開拓	酉		○		
14	水	生長	戌		○		○
15	木	決定	亥	○	○		○
16	金	健康	子	▲		▲	▲
17	土	人気	丑	○	○	○	
18	日	浮気	寅	▼		▼	▼
19	月	再開	卯		○		○
20	火	経済	辰	○	○	○	
21	水	充実	巳	○	○	○	
22	木	背信	午	▲		▲	▲
23	金	0地点	未	⊗	⊗	⊗	⊗
24	土	精算	申	▲		▲	▲
25	日	開拓	酉		○		
26	月	生長	戌		○		○
27	火	決定	亥	○	○		○
28	水	健康	子	▲		▲	▲
29	木	人気	丑	○	○	○	
30	金	浮気	寅	▼		▼	▼
31	土	再開	卯		○		○

冥王星

2024年

［経済年］

9月
開拓月

9月の運勢

ここ最近不調だった人も、徐々に回復してくるでしょう。経済期の0《ゼロ》地帯中に、重大なミスや多額の出費で泣いた人もいるかもしれませんが、また一つ経験を積んだことで勉強にもなったはずです。我慢強い冥王星ではありますが、大きなショックを受けて立ち直りに時間がかかっているとしたら、気になる場所へ足を運んでみたり、仲間たちと会話を楽しんだりすると、気持ちが晴れてやる気も出るようになるでしょう。

キーポイント日

◇9月8日　亥　決定日
課題や仕事だけでなくプライベートも重視

◇9月16日　未　0《ゼロ》地点日
魅力的なものを見つけても今日は様子見で

◇9月25日　辰　経済日
評価が上がったり協力者が増えたりしそう

運を活かすコツ

○9月のアドバイス

伝統や基礎を重んじるので、オリジナルを好まないところがありますが、近年時代運が大きく変わったことにより、生き残りをかけた手段を取り入れていかなければならない場合もあります。単独が難しいのであれば、他とタッグを組んだり、多様なニーズに対応したりすることが必要です。意見や感想を柔軟に取り入れましょう。

○苦しい時が訪れたら……

新しい事へ対応していかなければならなくなりそうですが、周囲と力を合わせていけば、問題なくクリアできるはずです。コンサートや美術展などに足を運ぶと、気分転換になって良いでしょう。

○未来への一歩を踏み出すためには……

自分の能力をさらに活かす方法を取り入れていくと良いでしょう。今以上の評価を求めるのではなく、事業の立ち上げや転職などを視野に入れて、最大限に力を発揮できる場所を探すのがベストです。

○タブー

義理を重んじるので、本音を言えずに我慢している部分もあるかもしれませんが、気持ちを偽ったままだと、次第に関係が悪化していく原因となってしまうでしょう。お互い良い気持ちはしません。

◎＝絶好調日　△▽＝注意日　○＝順調日
⊗＝神秘・波乱含日　▲▼＝不調日

日	曜日	運命日	干支	恋愛結婚	仕事	お金	健康
1	日	経済	辰	○	◎	◎	○
2	月	充実	巳	◎	○	◎	
3	火	背信	午	▲			▲
4	水	0地点	未	⊗		⊗	⊗
5	木	精算	申	▲		▲	
6	金	開拓	酉		○		○
7	土	生長	戌	○	○		○
8	日	決定	亥	○	○		○
9	月	健康	子	△			△
10	火	人気	丑	◎	◎	○	○
11	水	浮気	寅	○		△	△
12	木	再開	卯		○		○
13	金	経済	辰	○	◎	◎	○
14	土	充実	巳	◎	○	◎	
15	日	背信	午	▲			▲
16	月	0地点	未	⊗		⊗	⊗
17	火	精算	申	▲		▲	
18	水	開拓	酉		○		○
19	木	生長	戌	○	○		○
20	金	決定	亥	○	○		○
21	土	健康	子	△			△
22	日	人気	丑	◎	◎	○	○
23	月	浮気	寅	○		△	△
24	火	再開	卯		○		○
25	水	経済	辰	○	◎	◎	○
26	木	充実	巳	◎	○	◎	
27	金	背信	午	▲			▲
28	土	0地点	未	⊗		⊗	⊗
29	日	精算	申	▲		▲	
30	月	開拓	酉		○		○

冥王星

2024年

［経済年］

10月
生長月

10月の運勢

勉強や仕事が忙しいのは、能力を買われる時期だけにやむを得ないですが、将来への見通しもつくようになって自信が張るでしょう。また、安定も求めたくなり、恋愛や結婚などにも本気で取り組みたくなるはずですから、勢いがある今の運気を味方に、前向きに自分をアピールしていくべきです。しかし、公私混同になったり、禁断の恋愛をしたりと常識から外れてしまうと、一気にどん底へ叩き落されてしまいます。

キーポイント日

◇10月5日　寅　浮気日
自分の世界にのめり込み過ぎてはならない

◇10月13日　戌　生長日
機会があるなら多くの物事と関わるように

◇10月21日　午　背信日
図々しい人が媚びを売ってきそうな予感も

運を活かすコツ

○10月のアドバイス

精神的、経済的にも自立できるようになって、気持ちに余裕も生まれるでしょう。普段控えめな人も勢いづいた生長の運に背中を押されて、思い切った行動が取りやすくなりますから、積極的に欲しいものを手に入れていくのがおすすめです。ただし、欲をかくと失敗するおそれもあるので、的を絞ってチャレンジしましょう。

○苦しい時が訪れたら……

一か所に留まっていると余計な事を考えてしまいがちなので、身体を動かすように試みましょう。旅行へ足を運べないとしても、ネットで情報を集めながら計画を立てるだけで視野が広がります。

○未来への一歩を踏み出すためには……

大きな買い物をする時は、家族や大切な人、もしくは多くのスタッフの意見を求めるほうが良いでしょう。今の状態をずっとキープできるなどとは考えずに、万が一のことまで考えられれば安心です。

○タブー

苦手意識があることにも挑戦しなければならない時があります。関わりたくないからと言って、参加しなかったり、辞めてしまったりすると、これまでの努力を無駄にしてしまうことになります。

◎＝絶好調日　△▽＝注意日　○＝順調日
⊗＝神秘・波乱含日　▲▼＝不調日

日	曜日	運命日	干支	恋愛結婚	仕事	お金	健康
1	火	生長	戌	○	○		○
2	水	決定	亥	○	○		○
3	木	健康	子	△			△
4	金	人気	丑	◎	◎	○	○
5	土	浮気	寅	○		△	△
6	日	再開	卯		○		○
7	月	経済	辰	○	◎	◎	○
8	火	充実	巳	◎	○	◎	
9	水	背信	午	▲			▲
10	木	0地点	未	⊗		⊗	
11	金	精算	申	▲		▲	
12	土	開拓	酉		○		○
13	日	生長	戌	○	○		○
14	月	決定	亥	○	○		○
15	火	健康	子	△			△
16	水	人気	丑	◎	◎	○	○
17	木	浮気	寅	○		△	△
18	金	再開	卯		○		○
19	土	経済	辰	○	◎	◎	○
20	日	充実	巳	◎	○	◎	
21	月	背信	午	▲			▲
22	火	0地点	未	⊗		⊗	
23	水	精算	申	▲		▲	
24	木	開拓	酉		○		○
25	金	生長	戌	○	○		○
26	土	決定	亥	○	○		○
27	日	健康	子	△			△
28	月	人気	丑	◎	◎	○	○
29	火	浮気	寅	○		△	△
30	水	再開	卯		○		○
31	木	経済	辰	○	◎	◎	○

冥王星

2024年

［経済年］

11月

決定月

11月の運勢

勉強や仕事に努力を惜しまなかったのであれば、嬉しい結果と報酬を得られる期待が高まります。それと同時に、思いがけない幸運も舞い込んで喜びに浸れそうです。半人前の状態では人の上に立ったり、世帯を持ったりすることを躊躇してしまいがちですが、周囲からリクエストされて問題なくやっていけそうなら、ぜひ次のステップへ進みましょう。自分の気持ちや相手を騙しているようなら、きっぱりお断りを。

キーポイント日

◇11月7日　亥　決定日
重大な任務を与えられてやる気も張りそう
◇11月15日　未　0《ゼロ》地点日
優先すべきものを間違わないように留意を
◇11月22日　寅　浮気日
仲間に相談してみるとアイデアが生まれる

運を活かすコツ

○11月のアドバイス

これまでに数々の実績を残してきましたから、至る所から嬉しい知らせを耳にすることが多くなるでしょう。それに伴い、いくつかの選択を迫られる場面があるかもしれません。もし、現状より良い条件ならば、そちらをチョイスしても問題ありませんが、理想よりお金を優先すると、のちに不満が募りやすくなるので要注意です。

○苦しい時が訪れたら……

忍耐力はあるほうだけれども、決着をつけなければならない時にきました。我慢しろと言われればまだできそうですが、それでは報われないと感じ始めたなら、苦しみから脱出する選択をしましょう。

○未来への一歩を踏み出すためには……

一人で多くを抱え込むと、いつか追い詰められる日がきます。コミュニケーションを大切にしてきたのであれば問題ありませんが、周囲と温度差を感じているなら、調和を図っておきましょう。

○タブー

貯蓄が開運ポイントにもなる冥王星ですから、金欠状態や借金まみれの場合は問題ありです。頼れる相手に協力してもらえる状態であっても、心配をかけないように配慮しておくことが必要です。

◎＝絶好調日　△▽＝注意日　○＝順調日
⊗＝神秘・波乱含日　▲▼＝不調日

日	曜日	運命日	干支	恋愛結婚	仕事	お金	健康
1	金	充実	巳	◎	○	◎	
2	土	背信	午	▲			▲
3	日	0地点	未	⊗		⊗	
4	月	精算	申	▲		▲	
5	火	開拓	酉		○		○
6	水	生長	戌	○	○		○
7	木	決定	亥	○	○		○
8	金	健康	子	△			△
9	土	人気	丑	◎	◎	○	◎
10	日	浮気	寅	○		△	△
11	月	再開	卯		○		○
12	火	経済	辰	○	◎	◎	○
13	水	充実	巳	◎	○	◎	
14	木	背信	午	▲			▲
15	金	0地点	未	⊗		⊗	
16	土	精算	申	▲		▲	
17	日	開拓	酉		○		○
18	月	生長	戌	○	○		○
19	火	決定	亥	○	○		○
20	水	健康	子	△			△
21	木	人気	丑	◎	◎	○	◎
22	金	浮気	寅	○		△	△
23	土	再開	卯		○		○
24	日	経済	辰	○	◎	◎	○
25	月	充実	巳	◎	○	◎	
26	火	背信	午	▲			▲
27	水	0地点	未	⊗		⊗	
28	木	精算	申	▲		▲	
29	金	開拓	酉		○		○
30	土	生長	戌	○	○		○

冥王星

2024年

[経済年]

12月
健康月

12月の運勢

悩みや不安を抱えやすい時期であるのに、やる事が多くてストレスも溜まりそうです。年末は勉強や仕事も忙しくなる上に、家の中のことまで手を付ける必要が出てくるので、あまり身体が休まらないでしょう。自分の時間がいつもより取れなくなってしまいますが、冥王星にとって居心地の良い場所をキレイにしておくと、安らげるだけでなく、同時に開運効果もあるので、日頃から意識して整理しておきましょう。

キーポイント日

◇12月3日　丑　人気日
家族や大切な人と年末年始の話題で持ちきり

◇12月10日　申　精算日
課題や仕事を優先しなければならない事態に

◇12月26日　子　健康日
贈り物や食事にお金がかかって少々不満ぎみ

運を活かすコツ

○12月のアドバイス

目の前の課題に集中していたせいで、周囲が見えていなかったことに後悔する状況になりそうです。困っている人を助けられなかったり、知り得なかった事実を目の当たりにしたりするおそれも。大切なことは何なのか、今一度考えてみましょう。見て見ぬふりをするのではなく、不安を取り除けるように努めることが大切です。

○苦しい時が訪れたら……

気になる事で頭がいっぱいになって、集中力が散漫しそうなので注意が必要です。家族や大切な人が体調を崩す場合もあるので、なるべく時間を共有して過ごすようにすると安心できるでしょう。

○未来への一歩を踏み出すためには……

身体が丈夫なこともあり、あまり病院などへ足を運ぶ機会がないと言う人も、体調の変化を感じたら迷わずに対処し始めましょう。この時期に、健康診断や人間ドッグも受けておくのがおすすめです。

○タブー

無理がたたると寝正月になってしまいます。オフの日は身体を休めるのが望ましいですが、年末の掃除や新年を迎える準備などで多忙を極めるので、家族や関係者と協力しながら進めていきましょう。

◎＝絶好調日　△▽＝注意日　○＝順調日
⊗＝神秘・波乱含日　▲▼＝不調日

日	曜日	運命日	干支	恋愛結婚	仕事	お金	健康
1	日	決定	亥	○	○	○	○
2	月	健康	子	△			△
3	火	人気	丑	◎	◎	○	△
4	水	浮気	寅	○			△
5	木	再開	卯		○		○
6	金	経済	辰	○	◎	◎	○
7	土	充実	巳	◎	○	◎	
8	日	背信	午	▲	▲	▲	▲
9	月	0地点	未	⊗			⊗
10	火	精算	申	▲	▲	▲	▲
11	水	開拓	酉		○		○
12	木	生長	戌	○	○		○
13	金	決定	亥	○	○	○	○
14	土	健康	子	△			△
15	日	人気	丑	◎	◎	○	△
16	月	浮気	寅	○			△
17	火	再開	卯		○		○
18	水	経済	辰	○	◎	◎	○
19	木	充実	巳	◎	○	◎	
20	金	背信	午	▲	▲	▲	▲
21	土	0地点	未	⊗			⊗
22	日	精算	申	▲	▲	▲	▲
23	月	開拓	酉		○		○
24	火	生長	戌	○	○		○
25	水	決定	亥	○	○	○	○
26	木	健康	子	△			△
27	金	人気	丑	◎	◎	○	△
28	土	浮気	寅	○			△
29	日	再開	卯		○		○
30	月	経済	辰	○	◎	◎	○
31	火	充実	巳	◎	○	◎	

金星

2024年【再開期】

繰り返して成功する年　自分を否定しないこと

2024年 全体運

●たとえ失敗してもやり直し可能　ネガティブな感情は捨てるべき

大きな失敗をした過去がある人も、またやり直すことができる時がやってきました。また、２０２３年の浮気期に、羽目を外して悪いイメージが定着してしまった人も、汚名返上できそうです。

しかし、チャンスを待っているだけでは何も変わりませんので、自ら積極的に行動していけるかどうかで、結果が変わってくるでしょう。ネガティブな感情に支配されている人は、自分を否定しないように気持ちを整理して再起を図ることです。

月運が人気期の2月には、今まで自分がどういう気持ちで過ごしてきたのか、思い知らされる出来事が訪れそうです。周囲は一生懸命あなたのことを考えてくれているのに、いつまでもクヨクヨしていたり、自信がないなどと口にしていたりするようでは、せっかく与えてもらった幸運をドブに捨てるようなものです。自分の事だけを考えるのではなく、周囲へ目を向けることや、支えてくれる人たちの気持ちを考えるのも大切です。

恋愛・結婚運

●失敗を経験したことがある人に幸運あり

金星は責任をとるといったような重いことが苦手であったり、面倒に思うものとは関りたくなかったりするため、たとえ恋人がいるとしても、長い間結婚をせずに、変わりないつき合いを続けているカップルも少なくないはずです。束縛をするわけでもなく、相手と居心地の良い距離を保てていれば満足に思ってしまいやすいでしょう。

２０２４年の再開期から秋の運気に入ったので、目的もなくダラダラと過ごしてしまうと、素直な気持ちが伝わらなくなってしまうどころか、心の満足も得ることができません。家庭を築くことは簡単にできるかもしれませんが、子供を授かるにはタイムリミットがありますから、自分のことだけに集中していると、チャンスを逃してしまうおそれもあります。

結婚を失敗している人は、自分には向いていないなどと考えずに、再婚を考えてみると良いでしょう。今、おつき合いしている人もバツが付いている相手であるなら、さらに可能性が広がります。

現在フリーの人は、繰り返し相手に会うことで、良し悪しが分かるようになりますから、直感に頼ることだけはやめておきましょう。結婚で失敗した経験がないのであれば、再開期はおすすめしません。

仕事・金運

●過去の反省点を活かして気合を入れよう

2023年の浮気期を無事に過ごせたのであれば問題ないでしょう。とは言っても、なかなかうまいこと実力が発揮されずに、自信を失くしていた人もいることと思います。また、収入はいつもどおり入っても、出費が多くてやりくりに困った人もいるはずです。2024年の再開期は、今年こそはと気合いが入る一年になると思いますから、昨年の反省点を活かして過ごすようにしていくことが大切です。

一方で、大失敗をして、多くの人に心配や迷惑をかけてしまったという人は、まだ気持ちの整理がつかずに、もう逃げてしまいたいと思うかもしれませんが、再開期は再起を後押ししてくれる運気なのですから、勇気を持って一歩踏み出すべきです。もちろん、簡単に状況が良くなるわけではないので、相当な覚悟を持って復帰を試みるのですから焦る必要はありません。しかし、初心にかえって一から出直すつもりで臨んでいけば、少しずつではありますが、立ち直れるはずです。

●浪費を減らし努力すれば状況は好転する

出費が多かった人や失敗を経験して塞ぎ込みがちだった人は、金運が低迷していたはずですから、改善できるように努めましょう。とにかく、浪費を減らしたり、また評価を上げられるように努力したりすれば、自ずと状況が好転してきます。

もし、再開期も浮気期と何ら変わらないのであれば、またお金に対して不満が募るかもしれません。しかし、自分の行いがその結果を招いていることを忘れないようにしましょう。

開運ポイント

本業に身が入るように、昔の気持ちを思い出してみたり、自分に課題を課して取り組んでみたりすると良いでしょう。再開期は何事も何度も繰り返すことが成功への近道となるので、すぐに諦めてしまえば運を活かしきれません。

また、ついてないと思う時は、自分の力だけでは好転させづらいこともあるので、人に悩みを相談して手を貸してもらうと、引っ張り上げてもらえるでしょう。ネガティブに考えてしまうのは良くありません。

今年のキーマン	辰年、巳年、午年
恋愛運アップ	スポーツ、アルバム、懐かしい場所
仕事運アップ	謎解き、繰り返し、栄養ドリンク
健康運アップ	万歩計、ウォーミングアップ
金　運アップ	確認、貯金箱、小銭を使う

金星

2024年

［再開年］

1月

健康月

1月の運勢

年末年始の長い休みを経て学校や仕事へ向かう人も多いため、新しい年を迎えたとしても、気持ちが乗らないスタートになりやすいかもしれません。また、なかなか休めない人は、体調が優れなくてダウンしやすい時でしょう。2023年は浮気期でしたから、お金をよく使ってあちこち足を運ぶ機会が多かったと思いますが、その疲れが出てメンタルも落ち込みやすくなる頃ですから、程よく気分転換を心掛けましょう。

キーポイント日

◇1月8日　未　背信日
舞い上がると予期せぬ事態に発展しやすい

◇1月17日　辰　再開日
腰やお腹の痛みが繰り返されるなら受診を

◇1月24日　亥　生長日
ペースを乱される相手にイライラしやすい

運を活かすコツ

○1月のアドバイス

親戚や会社の上司など、関係者にかしこまって挨拶をするのが面倒に感じてしまいやすい時期ですが、相手に与える第一印象はとても大事です。初対面ではないとしても、2023年の浮気期に悪いイメージを与えてしまった人たちへ、汚名返上する効果も含まれますから、年始から不愛想な態度を取らないように気をつけましょう。

○苦しい時が訪れたら……

初めから頑張ろうとすると、気持ちがついていかないので、徐々に心身を慣らしていくほうが良いでしょう。自分なりに動きたくても難しそうなので、様子を伺って状況を把握しておくべきです。

○未来への一歩を踏み出すためには……

やり残しや苦手な作業をクリアしていかなければならないかもしれません。少々ストレスを感じることもありますが、回数を重ねるとだんだん得意になる可能性も。ゆっくり進めていきましょう。

○タブー

心身がついていかないのに無理に進めていくと、余計にダメージを受けてしまうことになります。怪我や病気を併発し兼ねないので、誰かに話を聞いてもらうなどして、一人で抱え込まないように。

◎＝絶好調日　△▽＝注意日　○＝順調日
⊗＝神秘・波乱含日　▲▼＝不調日

日	曜日	運命日	干支	恋愛結婚	仕事	お金	健康
1	月	決定	子	○	○	○	○
2	火	健康	丑	△			△
3	水	人気	寅	◎	◎	○	△
4	木	浮気	卯	○			△
5	金	再開	辰		○		○
6	土	経済	巳	○	◎	◎	○
7	日	充実	午	◎	○	◎	
8	月	背信	未	▲	▲	▲	▲
9	火	0地点	申	⊗			⊗
10	水	精算	酉	▲	▲	▲	▲
11	木	開拓	戌		○		○
12	金	生長	亥	○	○		○
13	土	決定	子	○	○	○	○
14	日	健康	丑	△			△
15	月	人気	寅	◎	◎	○	△
16	火	浮気	卯	○			△
17	水	再開	辰		○		○
18	木	経済	巳	○	◎	◎	○
19	金	充実	午	◎	○	◎	
20	土	背信	未	▲	▲	▲	▲
21	日	0地点	申	⊗			⊗
22	月	精算	酉	▲	▲	▲	▲
23	火	開拓	戌		○		○
24	水	生長	亥	○	○		○
25	木	決定	子	○	○	○	○
26	金	健康	丑	△			△
27	土	人気	寅	◎	◎	○	△
28	日	浮気	卯	○			△
29	月	再開	辰		○		○
30	火	経済	巳	○	◎	◎	○
31	水	充実	午	◎	○	◎	

金星

2024年

［再開年］

2月
人気月

◎＝絶好調日　△▽＝注意日　○＝順調日
⊗＝神秘・波乱含日　▲▼＝不調日

日	曜日	運命日	干支	恋愛結婚	仕事	お金	健康
1	木	背信	未	▲			▲
2	金	0地点	申	⊗		⊗	
3	土	精算	酉	▲			▲
4	日	開拓	戌	○	○		○
5	月	生長	亥	○	○		○
6	火	決定	子	○	○	○	○
7	水	健康	丑	△			△
8	木	人気	寅	◎	◎	◎	◎
9	金	浮気	卯	○		△	△
10	土	再開	辰	○	○		○
11	日	経済	巳	◎	◎	◎	○
12	月	充実	午	◎	◎	◎	
13	火	背信	未	▲			▲
14	水	0地点	申	⊗		⊗	
15	木	精算	酉	▲			▲
16	金	開拓	戌	○	○		○
17	土	生長	亥	○	○		○
18	日	決定	子	○	○	○	○
19	月	健康	丑	△			△
20	火	人気	寅	◎	◎	◎	◎
21	水	浮気	卯	○		△	△
22	木	再開	辰	○	○		○
23	金	経済	巳	◎	◎	◎	○
24	土	充実	午	◎	◎	◎	
25	日	背信	未	▲			▲
26	月	0地点	申	⊗		⊗	
27	火	精算	酉	▲			▲
28	水	開拓	戌	○	○		○
29	木	生長	亥	○	○		○

2月の運勢

体調を崩したり、ネガティブに考え過ぎたりして、塞ぎ込みがちだった人も、気持ちが晴れるようになるでしょう。思いがけない幸運が舞い込んできて、モチベーションもアップします。昔から目指していた目標の達成や、気になっていたものへ再び関われるなど、希望が持てるような展開を迎えますが、手を抜いてきた物事、もしくは自分勝手な判断で進めてきたものは、リセットされることもあるので用心しましょう。

キーポイント日

◇2月1日　未　背信日
ルールや役割の変更があって調子が出ない
◇2月16日　戌　開拓日
懐かしい人たちや事柄に携わると進展あり
◇2月24日　午　充実日
単独行動も良いけれど人と関わるのも大切

運を活かすコツ

○2月のアドバイス

2023年の浮気期は、プライベートを優先してしまいがちだったと思いますから、そろそろ気持ちの切り替えが必要です。家計簿やカードの明細を見て、自分でも驚いてしまうくらいの出費をした人は、お金の使い方を見直しましょう。欲しいものをまた手に入れたくもなりそうですが、周囲へ目を配らないと失うものが出てきます。

○苦しい時が訪れたら……

納得がいくまでチャレンジしてから、答えを出すのがおすすめです。再開期は、繰り返すことで成功へと近づけるので、すぐに諦めてしまうのはもったいないでしょう。ダメ元でやってみるべき。

○未来への一歩を踏み出すためには……

調子良く過ごせそうですが、人気期の裏は0《ゼロ》の運気が潜んでいることを忘れてはなりません。一か月間、丸々運が良いと胡坐をかいていると、トラブルが発生した際に対応が遅れてしまいます。

○タブー

過去や古いものと縁が深い時ですから、新しいものへ目移りすると、振り出しに戻ってしまいます。計画性がなく、思いつきで始めたものは飽きやすいですから、大きな出費は控えておきましょう。

金星

2024年

［再開年］

3月
浮気月

3月の運勢

過去にも夢中になったことがあるものに、再びハマる機会が訪れそうです。欲しいものを手に入れたい衝動に駆られますから、お金の使い過ぎや過剰な執着は控えるようにしておきましょう。また、周囲と足並みを揃えるのが苦手なところもあるため、人の話を聞かずに自己流で推し進めてしまいがちなので、気をつけておくことです。調和を図っておかなければ、周囲から冷たくあしらわれてしまうおそれもあります。

キーポイント日

◇3月3日　寅　人気日
物事がうまくいった後の行動に注意が必要
◇3月12日　亥　生長日
自分の都合良く解釈すると失敗してしまう
◇3月30日　巳　経済日
勢いで決めた物事はあとで手を焼かされる

運を活かすコツ

○3月のアドバイス

順調だったものがうまくいかなくなって、ネガティブな感情がまた出てしまいやすいでしょう。身体や精神的な疲れが影響している場合もあるので、深く考えないことが一番です。時間が経てばまた違う展開になります。イライラを抑えきれずに人に八つ当たりをしたり、皮肉を言ったりして、良くない印象を周囲へ与えないように。

○苦しい時が訪れたら……

リラックスするのは悪くありません。嫌な事があったら、時には気分転換も必要です。しかし、暴飲暴食や浪費には気をつけておかないと、歯止めが効かなくなってしまうので気をつけましょう。

○未来への一歩を踏み出すためには……

人と深く関わることが苦手だとしても、長く付き合ってきた仲間との関係はかけがえのないものですから、これからも連絡を取り合えるようにしておきましょう。時には助け合うことも必要です。

○タブー

軽率な発言がトラブルを引き起こす可能性もあるので、人をからかったり、話を盛ったりしないことが大切です。相手の気持ちも考えないと、今までどおりお付き合いができなくなってしまいます。

◎＝絶好調日　△▽＝注意日　○＝順調日
⊗＝神秘・波乱含日　▲▼＝不調日

日	曜日	運命日	干支	恋愛結婚	仕事	お金	健康
1	金	決定	子	○	○	○	○
2	土	健康	丑	▽			▽
3	日	人気	寅	◎	▽	◎	▽
4	月	浮気	卯	○		▽	▽
5	火	再開	辰	○	○		○
6	水	経済	巳	◎	○	◎	○
7	木	充実	午	◎	◎	◎	
8	金	背信	未	▽		▽	
9	土	0地点	申	⊗		⊗	
10	日	精算	酉	▽		▽	▽
11	月	開拓	戌	○	○		○
12	火	生長	亥	○	○		○
13	水	決定	子	○	○	○	○
14	木	健康	丑	▽			▽
15	金	人気	寅	◎	▽	◎	▽
16	土	浮気	卯	○		▽	▽
17	日	再開	辰	○	○		○
18	月	経済	巳	◎	○	◎	○
19	火	充実	午	◎	◎	◎	
20	水	背信	未	▽		▽	
21	木	0地点	申	⊗		⊗	
22	金	精算	酉	▽		▽	▽
23	土	開拓	戌	○	○		○
24	日	生長	亥	○	○		○
25	月	決定	子	○	○	○	○
26	火	健康	丑	▽			▽
27	水	人気	寅	◎	▽	◎	▽
28	木	浮気	卯	○		▽	▽
29	金	再開	辰	○	○		○
30	土	経済	巳	◎	○	◎	○
31	日	充実	午	◎	◎	◎	

金星

2024年

［再開年］

4月

再開月

4月の運勢

これと決めたら勢いよく飛び出す金星なので、失敗に終わる経験もよくあるはずです。若い頃は、たとえミスをしても、気分の切り替えは早かったと思いますが、多くの経験を積んで行くうちに、臆病になってしまったという人もいることでしょう。再開期は、チャレンジする気持ちがないと、運をモノにできない時ですから、もう一度手に入れたいものがあるのであれば、目的を達成できるように動いていくことです。

◎＝絶好調日　△▽＝注意日　○＝順調日
⊗＝神秘・波乱含日　▲▼＝不調日

日	曜日	運命日	干支	恋愛結婚	仕事	お金	健康
1	月	背信	未	▽			▽
2	火	0地点	申		⊗	⊗	
3	水	精算	酉			▽	▽
4	木	開拓	戌	○	○		○
5	金	生長	亥	○	○		○
6	土	決定	子	○	○	○	○
7	日	健康	丑	▽			▽
8	月	人気	寅	○	◎	○	◎
9	火	浮気	卯	○		▽	▽
10	水	再開	辰	○	○		○
11	木	経済	巳	○	◎	◎	○
12	金	充実	午	○	◎	◎	
13	土	背信	未	▽			▽
14	日	0地点	申		⊗	⊗	
15	月	精算	酉			▽	▽
16	火	開拓	戌	○	○		○
17	水	生長	亥	○	○		○
18	木	決定	子	○	○	○	○
19	金	健康	丑	▽			▽
20	土	人気	寅	○	◎	○	◎
21	日	浮気	卯	○		▽	▽
22	月	再開	辰	○	○		○
23	火	経済	巳	○	◎	◎	○
24	水	充実	午	○	◎	◎	
25	木	背信	未	▽			▽
26	金	0地点	申		⊗	⊗	
27	土	精算	酉			▽	▽
28	日	開拓	戌	○	○		○
29	月	生長	亥	○	○		○
30	火	決定	子	○	○	○	○

キーポイント日

◇4月2日　申　0《ゼロ》地点日
再び同じ事が起きたら原因を突き止めよう
◇4月15日　酉　精算日
マイナスのイメージに捕らわれないように
◇4月20日　寅　人気日
昔の繋がりを辿ってみると新たな進展あり

運を活かすコツ

○4月のアドバイス

課題や仕事が終われば、すぐに趣味やゲームに集中する日々であまり身体が休まらなかったと思いますが、年度の切り替えを機に悪循環を断ち切る絶好のチャンスです。進学や異動で活動場所が変わるのであれば、新天地で支障をきたさないように生活習慣を改めましょう。やる気や評価を下げるような誘惑には乗らないように。

○苦しい時が訪れたら……

好きでなければ続かないですから、本当にやりたい事なら諦めてはいけません。目標は高く設定せずに、今やれる事をコツコツ進めていきましょう。初心にかえると、また気力を取り戻せるはず。

○未来への一歩を踏み出すためには……

パワー不足の場合は、ラッキーアイテムを頼るのも一つの手です。海を眺めてみたり、キレイな花を飾ってみたりするのがおすすめ。もちろん、頼れる人にアドバイスをもらうのも悪くないでしょう。

○タブー

新しいところへ転々とするのは良くありません。一度、好感が持てなかったとしても、また次には違う印象を受ける場合もありますから、すぐに答えを出すことなく、よくリサーチしましょう。

金星

2024年

［再開年］

5月
経済月

5月の運勢

飽き性なところがある金星は、やりたい事へ集中できる環境がないと、長く続けることが難しいかもしれません。趣味を仕事にするほうが良いタイプです。好きな事を見つけられないと、何をやっても途中で断念してしまいやすく、稼ぎにも影響が出てきます。もし、今やっている事がつまらないと感じている状態なら、童心にかえってみるのもおすすめです。組織の中でも、自分のペースを保てるところが理想でしょう。

キーポイント日

◇5月4日　辰　再開日
いつもの場所へ行くとピンチから逃れられる

◇5月17日　巳　経済日
努力の成果が得られて良い結果が期待できる

◇5月21日　酉　精算日
余計な事を口走ると反感を買ってしまいそう

運を活かすコツ

○5月のアドバイス

人気期と浮気期に欲しいものを手に入れたという人は、思い切った決断をして出費もかさんだことでしょう。まだ支払いを続けているなら浪費しないようにして、なるべく早めに返済を目指しましょう。また、同じ事で何度も注意されてしまっている場合は、早めに改善しないと危機的状況に陥ってしまうおそれがあるので要注意。

○苦しい時が訪れたら……

同じことで悩まされる問題は、これ以上続かないように解決が必要です。ライバルの出現もあり、緊張感も高まるかもしれませんが、いつもどおりにマイペースを保てばうまく乗り越えられます。

○未来への一歩を踏み出すためには……

あまり周囲の影響を受けることなく、落ち着いて進めていけますが、自分の事だけでなく、他人を思いやれるとベストです。困っている人には声をかけたり、手を貸してあげたりしていきましょう。

○タブー

まだ2023年の浮気の余韻が残っている人は、お金の使い方が荒い状態であるはず。好きなものへ課金するのは良いかもしれませんが、万が一の事態に備えて、貯蓄をしておくことも忘れないように。

◎＝絶好調日　△▽＝注意日　○＝順調日
⊗＝神秘・波乱含日　▲▼＝不調日

日	曜日	運命日	干支	恋愛結婚	仕事	お金	健康
1	水	健康	丑	▽			▽
2	木	人気	寅	◎	◎	○	◎
3	金	浮気	卯	○		▽	▽
4	土	再開	辰	○	○	○	○
5	日	経済	巳	◎	◎	◎	○
6	月	充実	午	◎	◎	◎	
7	火	背信	未	▽			▽
8	水	0地点	申		⊗	⊗	
9	木	精算	酉			▽	▽
10	金	開拓	戌	○	○		○
11	土	生長	亥	○	○		○
12	日	決定	子	○	○	○	○
13	月	健康	丑	▽			▽
14	火	人気	寅	◎	◎	○	◎
15	水	浮気	卯	○		▽	▽
16	木	再開	辰	○	○	○	○
17	金	経済	巳	◎	◎	◎	○
18	土	充実	午	◎	◎	◎	
19	日	背信	未	▽			▽
20	月	0地点	申		⊗	⊗	
21	火	精算	酉			▽	▽
22	水	開拓	戌	○	○		○
23	木	生長	亥	○	○		○
24	金	決定	子	○	○	○	○
25	土	健康	丑	▽			▽
26	日	人気	寅	◎	◎	○	◎
27	月	浮気	卯	○		▽	▽
28	火	再開	辰	○	○	○	○
29	水	経済	巳	◎	◎	◎	○
30	木	充実	午	◎	◎	◎	
31	金	背信	未	▽			▽

△

金星

2024年

［再開年］

6月

充実月

6月の運勢

自分のペースを邪魔されたくないので、特定の人と深く関わることをしない人もいると思います。6月は多くの人と関わる機会が訪れますから、出先で知り合った人とのご縁を大切にしていきましょう。一人でいることを苦にしないかもしれませんが、これからは調和が大切な時代です。情報収集が得意でも、多様化が進むにつれて自分の見解が正しいとは限りませんから、様々な意見を参考にするようにしましょう。

キーポイント日

◇6月7日　寅　人気日

関心を寄せている人が声をかけてくれそう

◇6月17日　子　決定日

依頼や要望が多く入って慌ただしい一日に

◇6月23日　午　充実日

無駄遣いはほどほどにしておくほうが無難

運を活かすコツ

○6月のアドバイス

大きな失敗で自信を失っていた人や体調を崩して休みがちだった人は、ようやく本格復帰に向けて行動する意欲が湧きそうです。しかし、7月から月運が冬の0《ゼロ》地帯に入るので、無理をするとまた大人しく過ごさなければならなくなります。まだ場慣れする程度に留めておいて、周囲へ心配をかけないように配慮を心がけましょう。

○苦しい時が訪れたら……

一人で悩むのではなく、家族や信頼できる仲間と過ごして、何となく相談してみると良いでしょう。うまくいかない日々が続いても、もうすぐ冬の運気が訪れるから仕方ないと割り切ることです。

○未来への一歩を踏み出すためには……

力を入れてきたものが開花して、多くの人から注目を浴びる展開にもなりそうです。できれば多くの人と繋がりを持つことで、また可能性を広げられますが、容易に人を信用してはいけません。

○タブー

異変に気づいているのであれば、今のうちに何かしておかないと、すぐに冬の運気を迎えてしまいます。何度もミスを繰り返さないように、周囲の人に協力してもらうと、心強くなるでしょう。

◎＝絶好調日　△▽＝注意日　○＝順調日
⊗＝神秘・波乱含日　▲▼＝不調日

日	曜日	運命日	干支	恋愛結婚	仕事	お金	健康
1	土	0地点	申	⊗	⊗	⊗	
2	日	精算	酉			▽	▽
3	月	開拓	戌	○	○		○
4	火	生長	亥	○	○		○
5	水	決定	子	○	○	○	○
6	木	健康	丑	▽			▽
7	金	人気	寅	◎	◎	○	◎
8	土	浮気	卯	○		▽	▽
9	日	再開	辰	○	○	○	○
10	月	経済	巳	◎	◎	◎	○
11	火	充実	午	◎	◎	◎	
12	水	背信	未	▽			▽
13	木	0地点	申	⊗	⊗	⊗	
14	金	精算	酉			▽	▽
15	土	開拓	戌	○	○		○
16	日	生長	亥	○	○		○
17	月	決定	子	○	○	○	○
18	火	健康	丑	▽			▽
19	水	人気	寅	◎	◎	○	◎
20	木	浮気	卯	○		▽	▽
21	金	再開	辰	○	○	○	○
22	土	経済	巳	◎	◎	◎	○
23	日	充実	午	◎	◎	◎	
24	月	背信	未	▽			▽
25	火	0地点	申	⊗	⊗	⊗	
26	水	精算	酉			▽	▽
27	木	開拓	戌	○	○		○
28	金	生長	亥	○	○		○
29	土	決定	子	○	○	○	○
30	日	健康	丑	▽			▽

金星

2024年

［再開年］

7月
背信月

7月の運勢

面倒なことには関わりたくないし、自分の時間を邪魔されたくない気持ちから、やるべき事を放棄してしまいやすいでしょう。また、都合の良いように作業を進めようとすれば、周囲から非難を浴びるおそれも。好奇心が強く、広く行動するタイプの金星ですが、月の0《ゼロ》地帯に入りましたから、その場に留まるほうが無難です。しかし、何もせずにやり過ごすことなど不可能ですから、場の雰囲気を読むようにしましょう。

キーポイント日

◇7月2日　卯　浮気日
積極的に動くより誰かのサポートへ回ろう
◇7月13日　寅　人気日
良いものを手に入れたと思ったら曰く付き
◇7月23日　子　決定日
まずは誰かに相談をしてから決めるように

運を活かすコツ

○7月のアドバイス

まだ2023年の浮気期の余韻を引きずっていると、やるべき事から逃げてしまうどころか、大切なものまで失う羽目になります。収入も自分の好きな事へ使いがちなので、支払い請求が多く届くかもしれません。仲間と協力したり、家族や大切な人を気にかけたりするなど、周囲へ気配りができていないと、残念な結果を招きそうです。

○苦しい時が訪れたら……

自分勝手な行動は極力控えておかないと、自らその場に居づらい雰囲気を作り出してしまいます。また、不満や焦りも芽生えやすいですから、うまく発想の転換をして乗り切ることが大切です。

○未来への一歩を踏み出すためには……

少し窮屈に思うかもしれませんが、周囲と足並みを揃えるように努めることです。ストレス解消目的に衝動買いもしやすいですが、期待外れの場合もあるので、時間を置いて考えるようにしましょう。

○タブー

計画どおりに進まなくなりそうなので、予定を詰め込むのはおすすめしません。時間にも余裕を持つほうが無難です。自分がミスをした時は、きちんと謝罪をしておかないと、イメージを悪くします。

◎＝絶好調日　△▽＝注意日　○＝順調日
⊗＝神秘・波乱含日　▲▼＝不調日

日	曜日	運命日	干支	恋愛結婚	仕事	お金	健康
1	月	人気	寅	○	○	○	
2	火	浮気	卯	▼		▼	▼
3	水	再開	辰		○		○
4	木	経済	巳	○	○	○	
5	金	充実	午	○	○	○	
6	土	背信	未	▼		▼	▼
7	日	0地点	申	⊗	⊗	⊗	⊗
8	月	精算	酉	▼		▼	▼
9	火	開拓	戌		○		
10	水	生長	亥		○		○
11	木	決定	子	○	○		○
12	金	健康	丑	▲		▲	▲
13	土	人気	寅	○	○	○	
14	日	浮気	卯	▼		▼	▼
15	月	再開	辰		○		○
16	火	経済	巳	○	○	○	
17	水	充実	午	○	○	○	
18	木	背信	未	▼		▼	▼
19	金	0地点	申	⊗	⊗	⊗	⊗
20	土	精算	酉	▼		▼	▼
21	日	開拓	戌		○		
22	月	生長	亥		○		○
23	火	決定	子	○	○		○
24	水	健康	丑	▲		▲	▲
25	木	人気	寅	○	○	○	
26	金	浮気	卯	▼		▼	▼
27	土	再開	辰		○		○
28	日	経済	巳	○	○	○	
29	月	充実	午	○	○	○	
30	火	背信	未	▼		▼	▼
31	水	0地点	申	⊗	⊗	⊗	⊗

金星

2024年

[再開年]

8月
0《ゼロ》地点月

◎＝絶好調日　△▽＝注意日　○＝順調日
⊗＝神秘・波乱含日　▲▼＝不調日

日	曜日	運命日	干支	恋愛結婚	仕事	お金	健康
1	木	精算	酉	▼	▼	▼	▼
2	金	開拓	戌		○		
3	土	生長	亥		○		○
4	日	決定	子	○	○		○
5	月	健康	丑	▲	▲	▲	▲
6	火	人気	寅	○	○	○	
7	水	浮気	卯	▼		▼	▼
8	木	再開	辰		○		○
9	金	経済	巳	○	○	○	
10	土	充実	午	○	○	○	
11	日	背信	未	▼	▼	▼	▼
12	月	0地点	申	⊗	⊗	⊗	⊗
13	火	精算	酉	▼	▼	▼	▼
14	水	開拓	戌		○		
15	木	生長	亥		○		○
16	金	決定	子	○	○		○
17	土	健康	丑	▲	▲	▲	▲
18	日	人気	寅	○	○	○	
19	月	浮気	卯	▼		▼	▼
20	火	再開	辰		○		○
21	水	経済	巳	○	○	○	
22	木	充実	午	○	○	○	
23	金	背信	未	▼	▼	▼	▼
24	土	0地点	申	⊗	⊗	⊗	⊗
25	日	精算	酉	▼	▼	▼	▼
26	月	開拓	戌		○		
27	火	生長	亥		○		○
28	水	決定	子	○	○		○
29	木	健康	丑	▲	▲	▲	▲
30	金	人気	寅	○	○	○	
31	土	浮気	卯	▼		▼	▼

8月の運勢

もう一度チャレンジしたい事があるなら、真剣に力不足な面や欠点を補っていくようにしましょう。過去にも同じような指摘を受けた場面を思い出すことにもなりそうです。改善されていなければ、また失敗を繰り返してしまいます。特に、自分を優先しやすいところは、改めておくほうが良いでしょう。気持ちが優しい金星なのですから、周囲へ気を配って、困っている人へさり気なく手を差し伸べられるとベストです。

キーポイント日

◇8月3日　亥　生長日
人からのアドバイスや忠告を聞き入れよう

◇8月17日　丑　健康日
古傷が痛んだり不調を感じたりしやすい日

◇8月20日　辰　再開日
ストレスを解消できるように過ごすと良い

運を活かすコツ

○8月のアドバイス

人にあれこれ指摘されて、気分が優れない日々が続くかもしれません。束縛嫌いなので、自分の思いどおりにならないと苦痛を感じやすくなりますから、休憩時間やオフの日は気分転換を心がけることも大切です。しかし、今は冬の運気中なので、遠出や出費を控えて過ごさないと、アクシデントに見舞われる可能性があります。

○苦しい時が訪れたら……

0《ゼロ》地帯は悪い事ばかり起こるように思えて、実は忘れられない衝撃的な出来事が起きる時でもあります。たとえ自信を失くす流れになっても、また再スタートするきっかけが与えられるはずです。

○未来への一歩を踏み出すためには……

好奇心が湧いてきたら、まずは情報収集や調査をして、念入りに準備をするようにしましょう。時間がある時に心身を休めておかないと、情緒が不安定になって感情の起伏が激しくなりそうです。

○タブー

諦めてしまったらそれまでになってしまいます。力不足な面や欠点を知ることにより、改善点が見えてくるのですから、また実力をつけてリベンジしてみましょう。繰り返せば自信に繋がります。

金星

2024年

［再開年］

9月
精算月

9月の運勢

最新の情報を入手するのが早いとしても、我が道をいく金星ですから、決めた事が間違った方向へいく場合があります。たとえば、多様化する世の中で、自分と見解が違う人たちをアンチと決めつけてしまえば、人を尊重できなくなるどころか、真実までも見抜けなくなってしまうでしょう。オールマイティに対応していかないと、可能性を狭めてしまうことにもなりますから、多くの意見を柔軟に吸収することです。

キーポイント日

◇9月5日　申　0《ゼロ》地点日
欠点が見えてくるので指摘されたら直そう
◇9月19日　戌　開拓日
無気力状態から早いうちに抜け出す努力を
◇9月24日　卯　浮気日
休日の余韻を引きずると大失敗してしまう

運を活かすコツ

○9月のアドバイス
欲しいものはすぐ手に入れたくなる金星ですから、もう使っていない家電や趣味で集めたアイテムなどが多く眠っているはず。それらを整理するだけで空間が広くなりますし、リサイクルをすれば収入にも繋がります。特に、ここ数ヶ月ネガティブだった人は、模様替えをして、お部屋と気分をスッキリさせるのがおすすめです。

○苦しい時が訪れたら……
まだモチベーションが上がらない状態なら、連休をうまく利用して、身体を休めることが大切です。カレンダーどおりにいかないのであれば、自ら休みを設けて、リフレッシュするのもおすすめ。

○未来への一歩を踏み出すためには……
嫌々続けていることがあるなら、見直しが必要でしょう。お腹の調子が良くない日が続いている場合は、ストレスが原因なのかもしれません。自分の身体を第一に優先して、物事を進めましょう。

○タブー
ルールやマナーを守らなければ、罰金の支払いに泣くこともありそうです。大事なものを不注意で壊したり、失くしてしまったりする可能性もあるので、確認作業は怠らないようにしておくべきです。

◎＝絶好調日　△▽＝注意日　○＝順調日
⊗＝神秘・波乱含日　▲▼＝不調日

日	曜日	運命日	干支	恋愛結婚	仕事	お金	健康
1	日	再開	辰		○		○
2	月	経済	巳	○	○	○	
3	火	充実	午	○	○	○	
4	水	背信	未	▲		▲	▲
5	木	0地点	申	⊗	⊗	⊗	⊗
6	金	精算	酉	▲		▲	▲
7	土	開拓	戌		○		
8	日	生長	亥		○		○
9	月	決定	子	○	○		○
10	火	健康	丑	▲		▲	▲
11	水	人気	寅	○	○	○	
12	木	浮気	卯	▼		▼	▼
13	金	再開	辰		○		○
14	土	経済	巳	○	○	○	
15	日	充実	午	○	○	○	
16	月	背信	未	▲		▲	▲
17	火	0地点	申	⊗	⊗	⊗	⊗
18	水	精算	酉	▲		▲	▲
19	木	開拓	戌		○		
20	金	生長	亥		○		○
21	土	決定	子	○	○		○
22	日	健康	丑	▲		▲	▲
23	月	人気	寅	○	○	○	
24	火	浮気	卯	▼		▼	▼
25	水	再開	辰		○		○
26	木	経済	巳	○	○	○	
27	金	充実	午	○	○	○	
28	土	背信	未	▲		▲	▲
29	日	0地点	申	⊗	⊗	⊗	⊗
30	月	精算	酉	▲		▲	▲

金星

2024年

［再開年］

10月
開拓月

◎＝絶好調日　△▽＝注意日　○＝順調日
⊗＝神秘・波乱含日　▲▼＝不調日

日	曜日	運命日	干支	恋愛結婚	仕事	お金	健康
1	火	開拓	戌		○		○
2	水	生長	亥	○	○		○
3	木	決定	子	○	○		○
4	金	健康	丑	△			△
5	土	人気	寅	◎	◎	○	○
6	日	浮気	卯	○		△	△
7	月	再開	辰		○		○
8	火	経済	巳	○	◎	◎	○
9	水	充実	午	◎	○	◎	
10	木	背信	未	▲			▲
11	金	0地点	申	⊗		⊗	⊗
12	土	精算	酉	▲		▲	
13	日	開拓	戌		○		○
14	月	生長	亥	○	○		○
15	火	決定	子	○	○		○
16	水	健康	丑	△			△
17	木	人気	寅	◎	◎	○	○
18	金	浮気	卯	○		△	△
19	土	再開	辰		○		○
20	日	経済	巳	○	◎	◎	○
21	月	充実	午	◎	○	◎	
22	火	背信	未	▲			▲
23	水	0地点	申	⊗		⊗	⊗
24	木	精算	酉	▲		▲	
25	金	開拓	戌		○		○
26	土	生長	亥	○	○		○
27	日	決定	子	○	○		○
28	月	健康	丑	△			△
29	火	人気	寅	◎	◎	○	○
30	水	浮気	卯	○		△	△
31	木	再開	辰		○		○

10月の運勢

7月から9月にショックな出来事があった人も、あなたを気遣う人たちのお陰で、徐々に元気を取り戻せそうです。疲れやすく、体調を崩すこともあったかもしれませんが、ダルさも吹き飛ぶでしょう。懐かしい人と連絡を取ったり、思い出の場所へ足を運ぶ機会が訪れたりしますから、過去と繋がりのあるものに出会えたら、チャンスだと思って積極的にコンタクトしましょう。ネガティブな気持ちのままはいけません。

キーポイント日

◇10月3日　子　決定日
ネガティブな感情は溜め込まずに吐き出そう
◇10月17日　寅　人気日
徐々に調子を取り戻すきっかけが与えられる
◇10月24日　酉　精算日
簡単に諦めてしまうと何も身に付かないまま

運を活かすコツ

○10月のアドバイス

月運が0《ゼロ》地帯を抜けたので、思うようにいかなかった事が徐々に元へ戻る傾向にあります。自分を理解してくれていないと、家族や大切な人に強く当たってしまったこともあったはずですから、謝罪や仲直りをして関係を修復させましょう。しばらくお休みしていた事にも着手してみると、また面白く感じるようになるはずです。

○苦しい時が訪れたら……

まず面倒な事から逃げる前に、ゆっくり時間を設けて考えることが大切です。これまでの努力が無駄になってしまうおそれもありますし、一から始めるとなると、長い時間を要することになります。

○未来への一歩を踏み出すためには……

自らやる気を起こす工夫をしていくことがおすすめです。たとえば、好きなものを常に目に入る場所に置いておくとか、大切な人と一緒に目標を立てるなど。休み時間の過ごし方も重要視しましょう。

○タブー

あれこれ器用に使い分けできる金星ですが、大事なことは一つに絞るほうが良さそうです。まもなく年運が実りの時期を迎えますから、中途半端な状態を作ってしまうと思わしくない結果になります。

金星

2024年

［再開年］

11月 生長月

11月の運勢

苦手な作業をやらされたり、望まない配置転換を命じられたりすることもありそうです。一見、悪く捉えてしまいがちなことだとしても、生長の運気下では、自分をスキルアップさせるチャンスでもあります。また、周囲はあなたの実力を買っているからこその判断でもあるので、マイナスに考えないことです。やらなければならない事が増えそうですが、もうすぐ経済期が訪れますから、収入アップを目指しましょう。

キーポイント日

◇11月3日　未　背信日
一人だと自由が利くけれど高くつく場合も

◇11月11日　卯　浮気日
物事を強引に進めると失敗に終わりやすい

◇11月25日　巳　経済日
過去に関わった人たちとまた一緒に話そう

運を活かすコツ

○11月のアドバイス

周囲から抑圧されて気分が落ち込み気味だった人も、またやる気を取り戻すきっかけが与えられます。視野が広がったり、人の影響を受けたりして、自然と興味を惹くものに巡り合えるでしょう。ただし、過去に縁がないものは長く続かないので、見極めも大事です。また同じ失敗を繰り返さないように、過去から学びましょう。

○苦しい時が訪れたら……

人と関わることで、ストレス解消できる場合もあります。同じ趣味を持つ人やチームの仲間たちと会話を交わすことで新たな発見も。単独では刺激を受ける機会が少ないので、楽しみが増えません。

○未来への一歩を踏み出すためには……

やってみたい事には挑戦すると良いですが、すんなり成功するとは限りません。それでも続けていきたいものならば、繰り返しトライしましょう。誰かのために奮闘する機会も設けられるはずです。

○タブー

頼るのであれば、付き合いの長い相手や顔見知りの仲間です。あまり知らない人をすんなり信じてしまうと、コロリと騙されてしまうおそれも。誘惑に乗りやすいですから、気をつけておきましょう。

◎＝絶好調日　△▽＝注意日　○＝順調日
⊗＝神秘・波乱含日　▲▼＝不調日

日	曜日	運命日	干支	恋愛結婚	仕事	お金	健康
1	金	経済	巳	○	◎	◎	○
2	土	充実	午	◎	○	◎	
3	日	背信	未	▲			▲
4	月	0地点	申	⊗		⊗	
5	火	精算	酉	▲		▲	
6	水	開拓	戌		○		○
7	木	生長	亥	○	○		○
8	金	決定	子	○	○		○
9	土	健康	丑	△			△
10	日	人気	寅	◎	◎	○	○
11	月	浮気	卯	○		△	△
12	火	再開	辰		○		○
13	水	経済	巳	○	◎	◎	○
14	木	充実	午	◎	○	◎	
15	金	背信	未	▲			▲
16	土	0地点	申	⊗		⊗	
17	日	精算	酉	▲		▲	
18	月	開拓	戌		○		○
19	火	生長	亥	○	○		○
20	水	決定	子	○	○		○
21	木	健康	丑	△			△
22	金	人気	寅	◎	◎	○	○
23	土	浮気	卯	○		△	△
24	日	再開	辰		○		○
25	月	経済	巳	○	◎	◎	○
26	火	充実	午	◎	○	◎	
27	水	背信	未	▲			▲
28	木	0地点	申	⊗		⊗	
29	金	精算	酉	▲		▲	
30	土	開拓	戌		○		○

金星

2024年

［再開年］

12月
決定月

◎＝絶好調日　△▽＝注意日　○＝順調日
⊗＝神秘・波乱含日　▲▼＝不調日

日	曜日	運命日	干支	恋愛結婚	仕事	お金	健康
1	日	生長	亥	○	○		○
2	月	決定	子	○	○		○
3	火	健康	丑	△			△
4	水	人気	寅	◎	◎	○	◎
5	木	浮気	卯	○		△	△
6	金	再開	辰		○		○
7	土	経済	巳	○	◎	◎	○
8	日	充実	午	◎	○	◎	
9	月	背信	未	▲			▲
10	火	0地点	申	⊗		⊗	
11	水	精算	酉	▲		▲	
12	木	開拓	戌		○		○
13	金	生長	亥	○	○		○
14	土	決定	子	○	○		○
15	日	健康	丑	△			△
16	月	人気	寅	◎	◎	○	◎
17	火	浮気	卯	○		△	△
18	水	再開	辰		○		○
19	木	経済	巳	○	◎	◎	○
20	金	充実	午	◎	○	◎	
21	土	背信	未	▲			▲
22	日	0地点	申	⊗		⊗	
23	月	精算	酉	▲		▲	
24	火	開拓	戌		○		○
25	水	生長	亥	○	○		○
26	木	決定	子	○	○		○
27	金	健康	丑	△			△
28	土	人気	寅	◎	◎	○	◎
29	日	浮気	卯	○		△	△
30	月	再開	辰		○		○
31	火	経済	巳	○	◎	◎	○

12月の運勢

受験や資格取得、或いは結婚など、過去に失敗した事へ再チャレンジできる機会を与えられるでしょう。面倒なことはもう懲り懲りと思ってしまっていたなら、運を活かすのが難しいですが、次こそはという気持ちでいた場合は、また試みれば成功の確率が高くなります。昔からやりたかったものへ着手するのもおすすめですし、現在関わっている趣味や仕事の幅を広げると、収入が増える期待も高まるでしょう。

キーポイント日

◇12月6日　辰　再開日
繰り返されるものには意味や理由があるはず
◇12月14日　子　決定日
仲間からお誘いを受けたら迷わず承諾しよう
◇12月22日　申　0《ゼロ》地点日
もう修正不可能なものが出てきてしまうかも

運を活かすコツ

○12月のアドバイス

欲しいものを手に入れるまでは一生懸命ですが、飽きっぽいところや自分の事だけに集中し過ぎると、また同じ失敗を繰り返すことになるので注意が必要です。決定期は、自分の気持ち次第で運命が変わりますから、人に流されたり、中途半端な決断をしたりしないことです。迷いが生じたら初心に戻ってみると良いでしょう。

○苦しい時が訪れたら……

無理矢理自分で答えを出そうとせずに、家族や仲間の意見も参考にすると良いでしょう。また、問題から目を背けると、この先も長く同じ状況に悩まされる流れになりますから気をつけてください。

○未来への一歩を踏み出すためには……

とにかく決めた事は、この一ヶ月間真剣に取り組んでみましょう。今月中に成果が出ないとしても、後日努力が結果となって返ってくる日がきます。やり残しや悔いが残らないようにすることです。

○タブー

マイナスに考えると、十分に力を発揮できなくなります。一度や二度失敗したとしても、いつかは必ずという気持ちで取り組めば、少しずつネガティブな感情を消し去ることができるでしょう。

小王星 ○○○●●

2024年【浮気期】 油断すれば失敗する年 舞い上がらないように

2024年 全体運

●物事が順調な人ほど注意が必要 羽目を外したり浪費したりは×

2023年の人気期は、2019年から2021年に頑張ってきたことが報われた年でした。目標が達成できたり、願いが叶ったりしたことでしょう。

さまざまな知識や経験がプラスに働く春の運気中は、ほぼコロナ禍にあったので、感染が心配な状況下でも、やるべき事へ取り組んできた人と、様子を伺っていた人や仕事を辞めなくてはならなかった人とで行方が分かれたと思いますから、それぞれで結果が大きく違った一年になりました。

2024年の浮気期は、人気期が好調だった人ほど注意が必要です。我慢する生活から解放されて、気持ちが昂りやすくなっていますから、羽目を外したり、浪費したりしないようにしましょう。

また、人気期に何も良い事が起こらなかったという人は、春の運気をどう過ごしてきたか、振り返ってみてください。プライベートを優先させてしまった、もしくはスキルアップを目指したものの中途半端にしたままなど、努力が不十分だった可能性があります。

恋愛・結婚運

●相手をよく知らないまま交際しないこと

恋人が欲しい気持ちが強かった人は、人気期に交際相手が見つかって、幸せな気分に浸ることができたのではないでしょうか。春の運気中から出会いを求めたり、身なりを整えたりと力を入れてきたのであれば、この先も良い関係を築いていけそうですが、運良く人気期につき合う流れになったという人は、少々気遣いが必要になるでしょう。

自然体で飾らない関係を好む小王星なので、恋愛もマイペースに楽しみたいはずですから、相手をよく知らないまま交際を始めると、寂しい思いをさせてしまいやすく、徐々に溝が生じてくるようになります。特に、2024年の浮気期は、自分の事に集中して恋人への思いやりが欠けてしまうか、もしくは、恋愛に夢中になっても、お金の使い方や金銭感覚の違いが、相手を不安にさせることになるでしょう。

また、フリーの人は、浮気期から交際をスタートさせるのはおすすめしません。先を見据えたおつき合いというより、目先の快楽だけを求めやすいので、慎重さに欠けていますし、人を見る目もなく、自分の評価まで下げてしまうおそれも。

長年お付き合いしている恋人がいるとしても、浮気期の結婚は安定しないので、避けるほうが無難です。

仕事・金運

自分の行動次第で明暗を分けることに

なかなかやるべき事へ集中することができず、ミスや失敗を招きやすいので注意が必要です。

昨年の人気期に仕事が好調だった人は、引き続き2024年も忙しくなるので、収入も増えますし、気持ちにもゆとりができますが、浮気期は隙が生まれる時ですから、油断をすれば信頼を失い兼ねない事態になる場合も。生活習慣が乱れることで時間がルーズになったり、後先考えない行動で評価を落としたりしないように気をつけましょう。本業以外へ熱が入りやすいこともありますから、優先順位を間違わないようにすべきでもあります。

運気は悪くない浮気期ですが、自分の行動次第で明暗を分けますから、上の空にならないようにすることが大切です。場合によっては、これまで積み重ねてきた努力や評価を、一瞬で台無しにしてしまうことさえあります。

もし、心配であるならば周囲の人に注意を促してもらうなどして、日頃から気を引き締めて過ごしましょう。

さらに浪費しやすいので節約も考えて

人気期中、金欠に陥っていなければ金運は悪くないでしょう。しかし、お金があればあるだけ使ってしまうのは、昨年とあまり変わらないかもしれません。浮気期は、さらに浪費が激しくなるので、借金をしたり、楽に稼ぐ方法を考えたりはしないようにしましょう。

すでにお金が無くて困っている人は、不要なものを処分してお金に変えてみることや、自分の特技を活かして副業に挑戦するのもやむを得ないでしょう。

開運ポイント

運を活かすもダメにしてしまうのも自分次第です。やるべき事を後回しにしやすくなりますし、プライベートを優先してしまいがちですから、自ら面倒な問題を作らないように取り組むことが大切です。

また、浮気期はリラックスが必要な時でもあるので、スケジュールがハードな時は、合間を見て身体を休めるようにしましょう。疲れを残したまま、勉強や仕事に取り組むと、注意力や思考力が低下してしまいます。

今年のキーマン	巳年、未年
恋愛運アップ	LINE、お土産、思いやり
仕事運アップ	深呼吸、ヘルプ、時間厳守
健康運アップ	大浴場、リラクゼーション
金　運アップ	フリマ、小銭を使う、あるもので賄う

小王星

2024年

［浮気年］

1月
決定月

1月の運勢

人の指示に従って作業をするのが苦手な小王星なので、自分の考え方や行動にある程度自由がないとモチベーションが下がってしまいますから、組織の中では苦労する場面が多いかもしれません。そんな中、やりたい事が見つかり、順調に進んだ2023年の人気年だったと思いますが、それを集中して続けていくために、思い切った決断をすることになるでしょう。後先考えずに答えを出すと、飽きてしまった時が大変です。

キーポイント日

◇1月5日　辰　浮気日
やりたい事があってズル休みしたくなりそう
◇1月16日　卯　人気日
後先考えずに欲しいものを手に入れたくなる
◇1月22日　酉　0《ゼロ》地点日
言葉遣いや態度に気をつけないと誤解を生む

運を活かすコツ

○1月のアドバイス

うまくオンとオフを切り替えながら、好きな事を続けていければ良いのですが、浮気期は趣味やプライベート、そして本業以外を優先したくなりがちです。成績や評価が下がりやすくもなるので気をつけましょう。楽なほうを選択してしまうと、今日までの努力が水の泡となるだけでなく、孤立するおそれも出てきてしまいます。

○苦しい時が訪れたら……

とにかく誘惑には負けないようにしておきたい時です。決定期で決めたことは、最低でも7月の充実期まで続く可能性があるので、今年の目標や抱負を立てる際は、いい加減に考えないように。

○未来への一歩を踏み出すためには……

これまでの努力を無駄にしないような行動を心掛けることが大切です。2023年の人気年が幸運だった人は、好調さをキープできるように取り組むべきであり、怠けてしまえば運も味方してくれません。

○タブー

欲しいものを手に入れるのは、慎重に考える時間を長く設けて、先延ばしにするほうが良さそうです。今月から好きな事へ夢中になると、しばらく他へ気が回らなくなってしまうおそれがあります。

◎＝絶好調日　△▽＝注意日　○＝順調日
⊗＝神秘・波乱含日　▲▼＝不調日

日	曜日	運命日	干支	恋愛結婚	仕事	お金	健康
1	月	生長	子	○	○		○
2	火	決定	丑	○	○		○
3	水	健康	寅	△			△
4	木	人気	卯	◎	◎	○	◎
5	金	浮気	辰	○		△	△
6	土	再開	巳		○		○
7	日	経済	午	○	◎	◎	○
8	月	充実	未	◎	○	◎	
9	火	背信	申	▲			▲
10	水	0地点	酉	⊗		⊗	
11	木	精算	戌	▲		▲	
12	金	開拓	亥		○		○
13	土	生長	子	○	○		○
14	日	決定	丑	○	○		○
15	月	健康	寅	△			△
16	火	人気	卯	◎	◎	○	◎
17	水	浮気	辰	○		△	△
18	木	再開	巳		○		○
19	金	経済	午	○	◎	◎	○
20	土	充実	未	◎	○	◎	
21	日	背信	申	▲			▲
22	月	0地点	酉	⊗		⊗	
23	火	精算	戌	▲		▲	
24	水	開拓	亥		○		○
25	木	生長	子	○	○		○
26	金	決定	丑	○	○		○
27	土	健康	寅	△			△
28	日	人気	卯	◎	◎	○	◎
29	月	浮気	辰	○		△	△
30	火	再開	巳		○		○
31	水	経済	午	○	◎	◎	○

○○○
●●

小王星

2024年

［浮気年］

2月
健康月

2月の運勢

生活のリズムが乱れやすくなる浮気期なので、体調を崩しがちな時でもあります。寒暖差で身体がダメージを受けますし、睡眠不足であれば気力に影響を及ぼすことも。好きな事へ夢中になるのは良いですが、勉強や仕事に差し支えない程度にしておきましょう。体調不良や怪我で長い休み期間を設けると、その後復帰してからがしんどく感じて、やる気を取り戻すまでに時間がかかりやすいので気をつけましょう。

キーポイント日

◇2月2日　申　背信日
不注意からミスやトラブル発生のおそれも
◇2月18日　子　生長日
場の空気を読んで動かないと悪目立ちする
◇2月21日　卯　人気日
心のモヤモヤを解消できるように努めよう

運を活かすコツ

○2月のアドバイス

頭の中は本業から早く逃れたい一心で、すぐにでも趣味や恋愛へ時間を費やしたいはずですから、集中力に欠けている状態です。不注意で怪我をしたり、大切な情報を聞き逃したりするおそれもあるので気をつけましょう。モテ期でもありますが、人を弄ぶとトラブルへと発展して、大事なものまで失うことにも繋がります。

○苦しい時が訪れたら……

疲れが溜まっていると思うようにならなくて、心配事も増えてきます。やる気も起きずに、周囲へ悪いイメージを与えてしまえば、不利な状況に追い込まれる場合もあるので、身体を休めましょう。

○未来への一歩を踏み出すためには……

睡眠時間を削ってまで好きなものへ夢中になっていると、重要な話を聞き逃したり、作業の効率が上がらなかったりします。人に迷惑をかけないことも大事ですから、規則正しく過ごしましょう。

○タブー

ライバルの存在に焦りを感じやすく、自信を失うこともあるかもしれません。感情をストレートに出すと、衝突や対立を生む原因にもなるので、なるべく心の平静を保つように心掛けましょう。

◎＝絶好調日　△▽＝注意日　○＝順調日
⊗＝神秘・波乱含日　▲▼＝不調日

日	曜日	運命日	干支	恋愛結婚	仕事	お金	健康
1	木	充実	未	◎	○	◎	
2	金	背信	申	▲	▲	▲	▲
3	土	0地点	酉	⊗			⊗
4	日	精算	戌	▲	▲	▲	▲
5	月	開拓	亥		○		○
6	火	生長	子	○	○		○
7	水	決定	丑	○	○	○	○
8	木	健康	寅	△			△
9	金	人気	卯	◎	◎	○	△
10	土	浮気	辰	○			△
11	日	再開	巳		○		○
12	月	経済	午	○	◎	◎	○
13	火	充実	未	◎	○	◎	
14	水	背信	申	▲	▲	▲	▲
15	木	0地点	酉	⊗			⊗
16	金	精算	戌	▲	▲	▲	▲
17	土	開拓	亥		○		○
18	日	生長	子	○	○		○
19	月	決定	丑	○	○	○	○
20	火	健康	寅	△			△
21	水	人気	卯	◎	◎	○	△
22	木	浮気	辰	○			△
23	金	再開	巳		○		○
24	土	経済	午	○	◎	◎	○
25	日	充実	未	◎	○	◎	
26	月	背信	申	▲	▲	▲	▲
27	火	0地点	酉	⊗			⊗
28	水	精算	戌	▲	▲	▲	▲
29	木	開拓	亥		○		○

小王星

2024年

［浮気年］

3月
人気月

3月の運勢

自分らしく振る舞える時が訪れました。とは言っても、浮気期ですから勉強や仕事よりもプライベートが充実する傾向にあるかもしれません。憧れていた事へ取り組めるチャンスが巡ってきたり、念願の場所へ足を運べたりするでしょう。とても楽しい時間を過ごせますが、お金遣いが荒くなってしまいそうですから、電子マネーやクレジットカードを利用する際は、返済に困らないように注意しておく必要があります。

キーポイント日

◇3月3日　寅　健康日
うまくいかずにイライラしたら気分転換を

◇3月16日　卯　人気日
やるべき事へ着手できない状態なら大問題

◇3月26日　丑　決定日
大事なものを見落とさないように心掛けて

運を活かすコツ

○3月のアドバイス

勘が冴えて臨時収入の期待が高まりそうです。それに伴い、欲しいものを手に入れたり、贅沢したりできますが、課題や仕事そっちのけで、好きな事へ没頭しやすくなるでしょう。卒業や異動を迎える人は、解放感からボルテージが上がりやすく、怖いもの知らずになる場合もありますが、決まりやルールを破れば痛い目に遭います。

○苦しい時が訪れたら……

積んでおかなかったトラブルの芽も、生長して人気期に花を咲かせていますから、これ以上問題が大きくならないようにしなくてはなりません。体調の異変にも留意しておく必要がありそうです。

○未来への一歩を踏み出すためには……

趣味や娯楽など、プライベートが好調なのも喜ばしいことですが、本業も手を抜かないで欲しいところ。ハードな日々を過ごしていると体力も消耗しますから、集中力の散漫に気をつけましょう。

○タブー

車や住宅の購入に踏み切る人もいるかもしれませんが、身の丈に合った買い物や生活をしないと、あとで手放す必要が出てきます。今まで以上の努力がなければ、状況が暗転してしまうでしょう。

◎＝絶好調日　△▽＝注意日　○＝順調日
⊗＝神秘・波乱含日　▲▼＝不調日

日	曜日	運命日	干支	恋愛結婚	仕事	お金	健康
1	金	生長	子	○	○		○
2	土	決定	丑	○	○	○	○
3	日	健康	寅	△			△
4	月	人気	卯	◎	◎	◎	◎
5	火	浮気	辰	○		△	△
6	水	再開	巳	○	○		○
7	木	経済	午	◎	◎	◎	○
8	金	充実	未	◎	◎	◎	
9	土	背信	申	▲			▲
10	日	0地点	酉	⊗		⊗	
11	月	精算	戌	▲			▲
12	火	開拓	亥	○	○		○
13	水	生長	子	○	○		○
14	木	決定	丑	○	○	○	○
15	金	健康	寅	△			△
16	土	人気	卯	◎	◎	◎	◎
17	日	浮気	辰	○		△	△
18	月	再開	巳	○	○		○
19	火	経済	午	◎	◎	◎	○
20	水	充実	未	◎	◎	◎	
21	木	背信	申	▲			▲
22	金	0地点	酉	⊗		⊗	
23	土	精算	戌	▲			▲
24	日	開拓	亥	○	○		○
25	月	生長	子	○	○		○
26	火	決定	丑	○	○	○	○
27	水	健康	寅	△			△
28	木	人気	卯	◎	◎	◎	◎
29	金	浮気	辰	○		△	△
30	土	再開	巳	○	○		○
31	日	経済	午	◎	◎	◎	○

○○○
●●

小王星

2024年
[浮気年]

4月
浮気月

4月の運勢

方向性を見失いやすい時期でもあるので注意が必要です。2023年の人気期が絶好調だった人は、今年も運の良さを感じることができます。しかし、自分の実力を過信してワガママ放題になってしまうと、今まで順調だったものがパタッと途絶え兼ねませんから、立ち振る舞いに気をつけましょう。むやみに投資したり、欲しいものを手に入れたりするのはおすすめしません。計画性がないと大きなダメージを受けます。

キーポイント日

◇4月7日　丑　決定日
完全に把握できていない状態では進めない
◇4月13日　未　充実日
大胆にお金を使うと明日からつらい状況に
◇4月26日　申　背信日
まさかと思うような展開にもなり兼ねない

運を活かすコツ

○4月のアドバイス

これまでの事を続けていくか、それとも辞める選択をするかと悩む時間が増えるかもしれません。本当だったら面倒な事とは関わりたくないのが本心だと思いますが、そうは言っても簡単には決断できずに迷いそうです。考えることも厄介に思って、なるようになると答えを出すことから逃げてしまわないように気をつけましょう。

○苦しい時が訪れたら……

ルールや約束を破る行為や、挨拶を無視するなど、悪い印象が定着すると評価を落としてしまいます。後先を考えず、思いのままに行動してしまいがちですから、目標や計画を立てて過ごしましょう。

○未来への一歩を踏み出すためには……

浪費して金欠になるおそれもあります。電子マネーやクレジットカードの使い過ぎに注意しましょう。相手の立場に立って物事を考えないと、すれ違いが生じたり、傷つけたりしてしまいます。

○タブー

浮足立って落ち着かないので、ちょっとした事で感情が揺さぶられやすいでしょう。気に入らないことがあると、周囲へ迷惑をかけてしまうような大きな態度に出ることがあるので要注意です。

◎＝絶好調日　△▽＝注意日　○＝順調日
⊗＝神秘・波乱含日　▲▼＝不調日

日	曜日	運命日	干支	恋愛結婚	仕事	お金	健康
1	月	充実	未	◎	◎	◎	
2	火	背信	申	▽		▽	
3	水	0地点	酉	⊗		⊗	
4	木	精算	戌	▽		▽	▽
5	金	開拓	亥	○	○		○
6	土	生長	子	○	○		○
7	日	決定	丑	○	○	○	○
8	月	健康	寅	▽			▽
9	火	人気	卯	◎	▽	◎	▽
10	水	浮気	辰	○		▽	▽
11	木	再開	巳	○	○		○
12	金	経済	午	◎	○	◎	○
13	土	充実	未	◎	◎	◎	
14	日	背信	申	▽		▽	
15	月	0地点	酉	⊗		⊗	
16	火	精算	戌	▽		▽	▽
17	水	開拓	亥	○	○		○
18	木	生長	子	○	○		○
19	金	決定	丑	○	○	○	○
20	土	健康	寅	▽			▽
21	日	人気	卯	◎	▽	◎	▽
22	月	浮気	辰	○		▽	▽
23	火	再開	巳	○	○		○
24	水	経済	午	◎	○	◎	○
25	木	充実	未	◎	◎	◎	
26	金	背信	申	▽		▽	
27	土	0地点	酉	⊗		⊗	
28	日	精算	戌	▽		▽	▽
29	月	開拓	亥	○	○		○
30	火	生長	子	○	○		○

○○○
●●

小王星

2024年

［浮気年］

5月
再開月

5月の運勢

今年に入ってから、まだ勉強や仕事へ集中できずにいる人は、そろそろ改心できそうです。自分の事に集中し過ぎて、大切な人に心配や迷惑をかけてしまったり、お金の使い過ぎでピンチに陥ったりして、このままではいけないと考え始めるはず。もし、気持ちに変化がない時は、警告されているかのようにミスを繰り返しがちになって、現状を思い知らされる展開もありますので、痛い目に遭う前に気づきましょう。

キーポイント日

◇5月9日　酉　0《ゼロ》地点日
モチベーションが上がらずにため息ばかり

◇5月15日　卯　人気日
ちょっとだけのつもりが大ハマりするかも

◇5月26日　寅　健康日
身体の異変をこれ以上放っておくのは危険

運を活かすコツ

○5月のアドバイス

やるべき事から逃げてしまったせいで、また悩む機会が訪れるかもしれません。繰り返される問題に頭を抱えるようであれば、早めに解決を試みないと徐々に事が大きくなってしまうでしょう。単独では力が及ばないのであれば、誰かにサポートをお願いすると安心です。危機感を覚えたら、注意深く行動するようにしましょう。

○苦しい時が訪れたら……

たとえ失敗しても、またやり直すチャンスが必ず巡ってくるので、あまり悲観しないことが大切です。しかし、反省や改善は必要ですから、同じ事を繰り返さないように気をつけておきましょう。

○未来への一歩を踏み出すためには……

悪い癖が出てしまいやすいので、欠点や弱点を克服するように努めましょう。解決しなければならない問題も、警告が出る域に入りますから、見逃さないようにすることです。逃げてはいけません。

○タブー

実力が勝っているとか、自分はモテるなど、自意識過剰にはならないことです。努力して勝ち取った今があるのは間違いないけれど、現状に満足してしまえば、更なる可能性を狭めることになります。

◎＝絶好調日　△▽＝注意日　○＝順調日
⊗＝神秘・波乱含日　▲▼＝不調日

日	曜日	運命日	干支	恋愛結婚	仕事	お金	健康
1	水	決定	丑	○	○	○	○
2	木	健康	寅	▽			▽
3	金	人気	卯	○	◎	○	◎
4	土	浮気	辰	○		▽	▽
5	日	再開	巳	○	○		○
6	月	経済	午	○	◎	◎	○
7	火	充実	未	○	◎	◎	
8	水	背信	申	▽			▽
9	木	0地点	酉		⊗	⊗	
10	金	精算	戌			▽	▽
11	土	開拓	亥	○	○		○
12	日	生長	子	○	○		○
13	月	決定	丑	○	○	○	○
14	火	健康	寅	▽			▽
15	水	人気	卯	○	◎	○	◎
16	木	浮気	辰	○		▽	▽
17	金	再開	巳	○	○		○
18	土	経済	午	○	◎	◎	○
19	日	充実	未	○	◎	◎	
20	月	背信	申	▽			▽
21	火	0地点	酉		⊗	⊗	
22	水	精算	戌			▽	▽
23	木	開拓	亥	○	○		○
24	金	生長	子	○	○		○
25	土	決定	丑	○	○	○	○
26	日	健康	寅	▽			▽
27	月	人気	卯	○	◎	○	◎
28	火	浮気	辰	○		▽	▽
29	水	再開	巳	○	○		○
30	木	経済	午	○	◎	◎	○
31	金	充実	未	○	◎	◎	

○○○
●●

小王星

2024年

［浮気年］

6月
経済月

6月の運勢

人気年の2023年は、目標を達成できて気持ちや懐に余裕が生まれるようになった人も多いはず。欲しいものはすぐにでも手に入れたい小王星ですから、好きなものを購入したり、趣味や旅行を楽しんだりして満喫したと思いますが、改めて自分の行動やお金の使い方などを考えさせられる時になります。2024年も昨年と同様に、好調であるなら問題ないのですが、焦りや不安を感じ始めているなら、過ごし方を見直しましょう。

◎＝絶好調日　△▽＝注意日　○＝順調日
⊗＝神秘・波乱含日　▲▼＝不調日

日	曜日	運命日	干支	恋愛結婚	仕事	お金	健康
1	土	背信	申	▽			▽
2	日	0地点	酉		⊗	⊗	
3	月	精算	戌			▽	▽
4	火	開拓	亥	○	○		○
5	水	生長	子	○	○		○
6	木	決定	丑	○	○	○	○
7	金	健康	寅	▽			▽
8	土	人気	卯	◎	◎	○	◎
9	日	浮気	辰	○		▽	▽
10	月	再開	巳	○	○	○	○
11	火	経済	午	◎	◎	◎	○
12	水	充実	未	◎	◎	◎	
13	木	背信	申	▽			▽
14	金	0地点	酉		⊗	⊗	
15	土	精算	戌			▽	▽
16	日	開拓	亥	○	○		○
17	月	生長	子	○	○		○
18	火	決定	丑	○	○	○	○
19	水	健康	寅	▽			▽
20	木	人気	卯	◎	◎	○	◎
21	金	浮気	辰	○		▽	▽
22	土	再開	巳	○	○	○	○
23	日	経済	午	◎	◎	◎	○
24	月	充実	未	◎	◎	◎	
25	火	背信	申	▽			▽
26	水	0地点	酉		⊗	⊗	
27	木	精算	戌			▽	▽
28	金	開拓	亥	○	○		○
29	土	生長	子	○	○		○
30	日	決定	丑	○	○	○	○

キーポイント日

◇6月6日　丑　決定日
プライベートが優先されると成果が出ない

◇6月14日　酉　0《ゼロ》地点日
確認不足やルール違反に気をつけておこう

◇6月22日　巳　再開日
気を抜くと同じ失敗を繰り返すことになる

運を活かすコツ

○6月のアドバイス

長く続けてきた事から逃れなかったのなら、まだ気持ちの余裕があるかもしれませんが、途中で断念してしまった場合は、後悔の念が押し寄せる頃でしょう。自由な時間は増えても、浪費が多くなってお金のやりくりに苦労する場面もありそうです。そろそろ節約をし始めないと、月の0《ゼロ》地帯へ入った時に四苦八苦してしまいます。

○苦しい時が訪れたら……

努力が報われないとしたら、道を逸れてしまっている可能性があります。やるべき事へ集中できていなかったとすれば、それなりの結果しか出ませんから、気持ちを入れ替えて臨むことが大切です。

○未来への一歩を踏み出すためには……

プライベートを充実させることへ気が向いてしまいがちですが、あくまで緊張やストレスを解消することを目的とすべきでしょう。大きな出費を伴うと、平静を取り戻した時に後悔を招きます。

○タブー

遊びに夢中になっていたり、横柄な態度をとっていたりすると、一気に奈落の底へ落ちるような状況へと転じてしまうので、気をつける必要があります。落とし物や忘れ物にも注意しておくべきです。

小王星

2024年

［浮気年］

7月
充実月

7月の運勢

順調であれば、本業もプライベートも満足できる状態になります。しかし、本業が疎かになりやすい時なので、遊びや趣味に夢中になって、やるべき事へはなかなか集中できなくなるおそれも。それでも、誘惑に負けずに取り組んでいれば、自己満足できますし、周囲の人と共に有意義な時間を過ごせます。楽なほうへ逃げてばかりいると、失敗を招く場合もあるので、オンとオフの切り替えをしっかりしましょう。

キーポイント日

◇7月7日　申　背信日
約束を守らないと信頼を失ってしまうことに

◇7月17日　午　経済日
大切な人と共に過ごす時間を作ると癒される

◇7月25日　寅　健康日
仲間にアイデアをもらうのも新鮮でいいかも

運を活かすコツ

○7月のアドバイス

人と一緒に行動すると自由が奪われてしまうので、単独で過ごしたいと思いがちですが、浮気期は仲間と関わる機会が多くなるでしょう。考え方や嗜好が合う人たちとお互い好きな話をして、情報収集に努める時間が増えます。中には、あなたに好意を寄せる相手の登場もあるかもしれません。優しく接して喜びに浸りましょう。

○苦しい時が訪れたら……

人と関わる機会を利用して、多くの情報や意見を入手するためになりそうです。気持ちが落ち着かずに、予定どおり事を運べそうにないですが、焦って一か八かの賭けに出なければ大丈夫でしょう。

○未来への一歩を踏み出すためには……

月の0《ゼロ》地帯が間近であることを忘れてはいけません。充実期は、仲間や家族、そして大切な人たちへ感謝の意を示すべき時ですが、自分一人の力であると過信すれば、協力者が去ってしまいます。

○タブー

人へ命令や指図ばかりして、自分は周囲の目を盗んで怠けていたりすると、その地位から引きずり下ろそうと自棄になる人が出てきます。警戒心を持たなければ、いとも簡単に騙されてしまいます。

◎＝絶好調日　△▽＝注意日　○＝順調日
⊗＝神秘・波乱含日　▲▼＝不調日

日	曜日	運命日	干支	恋愛結婚	仕事	お金	健康
1	月	健康	寅	▽			▽
2	火	人気	卯	◎	◎	○	◎
3	水	浮気	辰	○		▽	▽
4	木	再開	巳	○	○	○	○
5	金	経済	午	◎	◎	◎	○
6	土	充実	未	◎	◎	◎	
7	日	背信	申	▽			▽
8	月	0地点	酉	⊗	⊗	⊗	
9	火	精算	戌			▽	▽
10	水	開拓	亥	○	○		○
11	木	生長	子	○	○		○
12	金	決定	丑	○	○	○	○
13	土	健康	寅	▽			▽
14	日	人気	卯	◎	◎	○	◎
15	月	浮気	辰	○		▽	▽
16	火	再開	巳	○	○	○	○
17	水	経済	午	◎	◎	◎	○
18	木	充実	未	◎	◎	◎	
19	金	背信	申	▽			▽
20	土	0地点	酉	⊗	⊗	⊗	
21	日	精算	戌			▽	▽
22	月	開拓	亥	○	○		○
23	火	生長	子	○	○		○
24	水	決定	丑	○	○	○	○
25	木	健康	寅	▽			▽
26	金	人気	卯	◎	◎	○	◎
27	土	浮気	辰	○		▽	▽
28	日	再開	巳	○	○	○	○
29	月	経済	午	◎	◎	◎	○
30	火	充実	未	◎	◎	◎	
31	水	背信	申	▽			▽

○○○
●●

小王星

2024年

［浮気年］

8月
背信月

◎＝絶好調日　△▽＝注意日　○＝順調日
⊗＝神秘・波乱含日　▲▼＝不調日

日	曜日	運命日	干支	恋愛結婚	仕事	お金	健康
1	木	0地点	酉	⊗	⊗	⊗	⊗
2	金	精算	戌	▼		▼	▼
3	土	開拓	亥		○		
4	日	生長	子		○		○
5	月	決定	丑	○	○		○
6	火	健康	寅	▲		▲	▲
7	水	人気	卯	○	○	○	
8	木	浮気	辰	▼		▼	▼
9	金	再開	巳		○		○
10	土	経済	午	○	○	○	
11	日	充実	未	○	○	○	
12	月	背信	申	▼		▼	▼
13	火	0地点	酉	⊗	⊗	⊗	⊗
14	水	精算	戌	▼		▼	▼
15	木	開拓	亥		○		
16	金	生長	子		○		○
17	土	決定	丑	○	○		○
18	日	健康	寅	▲		▲	▲
19	月	人気	卯	○	○	○	
20	火	浮気	辰	▼		▼	▼
21	水	再開	巳		○		○
22	木	経済	午	○	○	○	
23	金	充実	未	○	○	○	
24	土	背信	申	▼		▼	▼
25	日	0地点	酉	⊗	⊗	⊗	⊗
26	月	精算	戌	▼		▼	▼
27	火	開拓	亥		○		
28	水	生長	子		○		○
29	木	決定	丑	○	○		○
30	金	健康	寅	▲		▲	▲
31	土	人気	卯	○	○	○	

8月の運勢

ここまでやりたい事へ集中して、実力を磨いてきたため自信もあったのに、まだまだ通用しない厳しさを思い知らされることになりそうです。もう辞めてしまいたくなる気持ちも芽生えますが、途中で断念するとまた時間を要することになるので、冬の運気中にレベルアップを目指して過ごしましょう。書籍や動画から基本を学ぶことも可能ですから、なるべく体力を使わずに、節約を考えながら知識習得がおすすめです。

キーポイント日

◇8月6日　寅　健康日
意見や考え方の相違が生じてうまくいかない
◇8月16日　子　生長日
行き当たりばったりでは無駄な出費が増える
◇8月23日　未　充実日
気配りができないと見放されてしまうことに

運を活かすコツ

○8月のアドバイス

周りが見えていなかったせいで、残念な場面を目の当たりにすることもあるでしょう。噂話をされているところに、タイミング悪く出くわしたり、見たくないものが目に入ったり。悔しい思いをした時は、あとで見返してやるという気持ちで、自分を鼓舞しましょう。自己を磨くチャンスなので、ネガティブになってはいけません。

○苦しい時が訪れたら……

背信期は騙されることもあるけれど、自分が欺く場合もあります。恋愛の在り方やお金の使い方について、あなたが大きく変貌を遂げてしまえば、意見の相違が生じるのも致し方ないでしょう。

○未来への一歩を踏み出すためには……

順調だったものが一気に様変わりすることもありそうです。しかし、運勢が悪いから仕方ないと考えるのではなく、自分の度が過ぎる行動やワガママな態度が原因となっていないかの確認を忘れずに。

○タブー

気に入らない事を口に出したり、態度で表したりすると反感を買いやすいでしょう。自分のほうが誤っている場合もあり、冷静に考えないと問題を大きくしてしまうおそれがあるので気をつけて。

○○○
●●

小王星

2024年

［浮気年］

9月
0《ゼロ》地点月

9月の運勢

隠れて行っていた事が表沙汰になるおそれがあります。こっそり欲しいものを買っていたり、嘘をついて出かけていたりしていると、証拠を押さえられてしまいそうです。些細な事柄ならまだ良いのですが、お金にまつわる大きな問題を抱えてしまっている場合は、早めに何とかしておくべきでしょう。状況次第では、失うものも出てきますが、これ以上大事になるよりかはマシだと考えるほうが無難かもしれません。

キーポイント日

◇9月7日　戌　精算日
冷静に判断しないと失うものが出てきそう

◇9月13日　辰　浮気日
厳しいご指摘だけれど胸に深く突き刺さる

◇9月22日　丑　決定日
心と体がついていかないのなら無理は禁物

運を活かすコツ

○9月のアドバイス

今日まで残念な思いをすることが多かった人は、原因が潜んでいる可能性があります。改善が必要なところを指摘される機会が訪れるので、目を背けていた問題や他を思いやれていなかった部分がないか、振り返るようにしてみましょう。望まない展開になる場合もありますが、責任逃れをせずに誠意を持って対応することです。

○苦しい時が訪れたら……

その場のノリで決めたことや行ったものが、思いもよらない展開になることも。大きなショックを受けたり、絶望感に苛まれたりすることがあっても、またそのステージからのスタートが始まります。

○未来への一歩を踏み出すためには……

たとえ困難な状況に追い込まれていなくとも、0《ゼロ》地帯中は未知の経験をすることになるでしょう。物事をネガティブに捉えて、嫌なことから逃げる選択をすると、成長する機会を失ってしまいます。

○タブー

ストレスを抱えやすく、やるべき事から逃げてしまいがちですから、恋愛に溺れたり、浪費に走ったりする場合も。早めに目を覚まさないと、本業にも悪影響を及ぼすことにもなり兼ねません。

◎＝絶好調日　△▽＝注意日　○＝順調日
⊗＝神秘・波乱含日　▲▼＝不調日

日	曜日	運命日	干支	恋愛結婚	仕事	お金	健康
1	日	浮気	辰	▼		▼	▼
2	月	再開	巳		○		○
3	火	経済	午	○	○	○	
4	水	充実	未	○	○	○	
5	木	背信	申	▼	▼	▼	▼
6	金	0地点	酉	⊗	⊗	⊗	⊗
7	土	精算	戌	▼	▼	▼	▼
8	日	開拓	亥		○		
9	月	生長	子		○		○
10	火	決定	丑	○	○		○
11	水	健康	寅	▲	▲	▲	▲
12	木	人気	卯	○	○	○	
13	金	浮気	辰	▼		▼	▼
14	土	再開	巳		○		○
15	日	経済	午	○	○	○	
16	月	充実	未	○	○	○	
17	火	背信	申	▼	▼	▼	▼
18	水	0地点	酉	⊗	⊗	⊗	⊗
19	木	精算	戌	▼	▼	▼	▼
20	金	開拓	亥		○		
21	土	生長	子		○		○
22	日	決定	丑	○	○		○
23	月	健康	寅	▲	▲	▲	▲
24	火	人気	卯	○	○	○	
25	水	浮気	辰	▼		▼	▼
26	木	再開	巳		○		○
27	金	経済	午	○	○	○	
28	土	充実	未	○	○	○	
29	日	背信	申	▼	▼	▼	▼
30	月	0地点	酉	⊗	⊗	⊗	⊗

○○○
●●

小王星

2024年

［浮気年］

10月
精算月

◎＝絶好調日　△▽＝注意日　○＝順調日
⊗＝神秘・波乱含日　▲▼＝不調日

日	曜日	運命日	干支	恋愛結婚	仕事	お金	健康
1	火	精算	戌	▲		▲	▲
2	水	開拓	亥		○		
3	木	生長	子		○		○
4	金	決定	丑	○	○		○
5	土	健康	寅	▲		▲	▲
6	日	人気	卯	○	○	○	
7	月	浮気	辰	▼		▼	▼
8	火	再開	巳		○		○
9	水	経済	午	○	○	○	
10	木	充実	未	○	○	○	
11	金	背信	申	▲		▲	▲
12	土	0地点	酉	⊗	⊗	⊗	⊗
13	日	精算	戌	▲		▲	▲
14	月	開拓	亥		○		
15	火	生長	子		○		○
16	水	決定	丑	○	○		○
17	木	健康	寅	▲		▲	▲
18	金	人気	卯	○	○	○	
19	土	浮気	辰	▼		▼	▼
20	日	再開	巳		○		○
21	月	経済	午	○	○	○	
22	火	充実	未	○	○	○	
23	水	背信	申	▲		▲	▲
24	木	0地点	酉	⊗	⊗	⊗	⊗
25	金	精算	戌	▲		▲	▲
26	土	開拓	亥		○		
27	日	生長	子		○		○
28	月	決定	丑	○	○		○
29	火	健康	寅	▲		▲	▲
30	水	人気	卯	○	○	○	
31	木	浮気	辰	▼		▼	▼

10月の運勢

今年に入ってから大きな失敗を犯してしまったという人は、気持ちの切り替えが必要な時です。好調さを感じていたのに、度が過ぎる行動で幸運を台無しにした自覚があるのであれば、これまでを反省して早めに立ち直るべきです。中には、大切な人と離れたり、お別れしたりもあったかもしれませんが、相手が望んでいたような自分になるように励むことで、また一回りも二回りも人間的に成長できるでしょう。

キーポイント日

◇10月9日　午　経済日
羽目を外すとこれまでの努力が水の泡になる

◇10月15日　子　生長日
心配事は頼れる人に相談して解決を試みよう

◇10月23日　申　背信日
悩んで落ち込み続ける状態ならば別の選択を

運を活かすコツ

○10月のアドバイス

やらかしたという失敗をいくつか経験しそうです。浮気期は気持ちが落ちつかない状態にあるので、感情や行動を自分でもコントロールできずに、突っ走ってしまう傾向にあります。ルールやマナーを破るようなことをすると、取り返しのつかない問題へと展開しますので、無責任で子供じみた言動や態度に気をつけましょう。

○苦しい時が訪れたら……

やる気を失って、面倒な事から手を引きたい感情に駆られることもありそうですが、逃げてばかりではいつまで経っても欠点や弱点を改善することができません。責任感を身につけることも必要です。

○未来への一歩を踏み出すためには……

浮ついた気持ちを改めるべき浮気期の0《ゼロ》地帯ですから、これまでに大きなダメージを受けてしまったのなら、思いを新たに精進しましょう。改善せずに突っ走れば、心に痛手を負うおそれがあります。

○タブー

たとえ責任を負うことが苦手でも、自分が蒔いた種は自分で刈り取るのが筋と言うもの。一人ではどうにもならないのであれば、専門家や経験者を頼って、力を貸してもらうようにしましょう。

○○○
●●

小王星

2024年
［浮気年］

11月
開拓月

11月の運勢

寂しさで気力を失っている状態の人は、徐々にやる気を取り戻せるようになるでしょう。あなたを気にかけている人のお陰で元気が出るようになりますから、胸の内を話すと良さそうです。まだ浮気期なので、早々に気を許すことはおすすめしませんが、昔から馴染みのある相手ならば気が休まるだけでなく、またチャレンジ精神を高めてくれるラッキーパーソンでもあるでしょう。人を困らせるような行動はNGです。

キーポイント日

◇11月4日　申　背信日
余力を残しておかなければ明日からが困難
◇11月12日　辰　浮気日
また新たに興味深いものを見つけてしまう
◇11月27日　未　充実日
相手の身にもなってこれからを考えるべき

運を活かすコツ

○11月のアドバイス

10月までに大きな失敗や残念な思いをしたのであれば、改心する機会を与えられたことと思います。もし、月の0《ゼロ》地帯を思いのままに過ごせたというのなら、今後羽目を外すことがないように注意していかなければなりません。好奇心が旺盛になる時ですから、思い付きで行動したり、コロコロと方針を変えたりしないように。

○苦しい時が訪れたら……

途中で断念したり、今までとは違う選択をすることもあるかもしれませんが、自分にできる事を極めていくほうが手っ取り早いはず。一からのスタートを試みると、また新たな問題が生じます。

○未来への一歩を踏み出すためには……

ネガティブな感情を消し去らなければ前進できません。苦手な問題や慣れない作業に悪戦苦闘してきたのであれば、一度リラックスする時間を作り、自分を癒してからやる気を取り戻しましょう。

○タブー

危機感に駆られると、一か八かの大勝負に踏み切ることもあるでしょう。常識やルールを無視すると、泥沼にハマってしまうおそれさえありますから、安易な考えで行動するのは控えるべきです。

◎＝絶好調日　△▽＝注意日　○＝順調日
⊗＝神秘・波乱含日　▲▼＝不調日

日	曜日	運命日	干支	恋愛結婚	仕事	お金	健康
1	金	再開	巳		○		○
2	土	経済	午	○	◎	◎	○
3	日	充実	未	◎	○	◎	
4	月	背信	申	▲			▲
5	火	0地点	酉	⊗		⊗	⊗
6	水	精算	戌	▲		▲	
7	木	開拓	亥		○		○
8	金	生長	子		○		○
9	土	決定	丑	○	○		○
10	日	健康	寅	△			△
11	月	人気	卯	◎	◎	○	○
12	火	浮気	辰	○		△	△
13	水	再開	巳		○		○
14	木	経済	午	○	◎	◎	○
15	金	充実	未	◎	○	◎	
16	土	背信	申	▲			▲
17	日	0地点	酉	⊗		⊗	⊗
18	月	精算	戌	▲		▲	
19	火	開拓	亥		○		○
20	水	生長	子		○		○
21	木	決定	丑	○	○		○
22	金	健康	寅	△			△
23	土	人気	卯	◎	◎	○	○
24	日	浮気	辰	○		△	△
25	月	再開	巳		○		○
26	火	経済	午	○	◎	◎	○
27	水	充実	未	◎	○	◎	
28	木	背信	申	▲			▲
29	金	0地点	酉	⊗		⊗	⊗
30	土	精算	戌	▲		▲	

○○○
●●

小王星

2024年

［浮気年］

12月
生長月

◎＝絶好調日　△▽＝注意日　○＝順調日
⊗＝神秘・波乱含日　▲▼＝不調日

日	曜日	運命日	干支	恋愛結婚	仕事	お金	健康
1	日	開拓	亥		○		○
2	月	生長	子	○	○		○
3	火	決定	丑	○	○		○
4	水	健康	寅	△			△
5	木	人気	卯	◎	◎	○	○
6	金	浮気	辰	○		△	△
7	土	再開	巳		○		○
8	日	経済	午	○	◎	◎	○
9	月	充実	未	◎	○	◎	
10	火	背信	申	▲			▲
11	水	0地点	酉	⊗		⊗	
12	木	精算	戌	▲		▲	
13	金	開拓	亥		○		○
14	土	生長	子	○	○		○
15	日	決定	丑	○	○		○
16	月	健康	寅	△			△
17	火	人気	卯	◎	◎	○	○
18	水	浮気	辰	○		△	△
19	木	再開	巳		○		○
20	金	経済	午	○	◎	◎	○
21	土	充実	未	◎	○	◎	
22	日	背信	申	▲			▲
23	月	0地点	酉	⊗		⊗	
24	火	精算	戌	▲		▲	
25	水	開拓	亥		○		○
26	木	生長	子	○	○		○
27	金	決定	丑	○	○		○
28	土	健康	寅	△			△
29	日	人気	卯	◎	◎	○	○
30	月	浮気	辰	○		△	△
31	火	再開	巳		○		○

12月の運勢

行動範囲や視野が広くなることにより、様々な事に気づきやすくなります。プライベートにも熱が入るので、出会いも多いでしょう。欲しいものも増えて、勢いで購入してしまいそうですが、時間をかけてよく調べないと、騙されるおそれもあるので気をつけてください。年末のイベントがきっかけで、仲間と関わる機会が与えられますから、単独行動が好きな人も周囲と親交を深めると、良い雰囲気が保てるでしょう。

キーポイント日

◇12月1日　亥　開拓日
多忙なスケジュールから逃げ出したくなる

◇12月16日　寅　健康日
目の前の事に集中しないとダメージを負う

◇12月24日　戌　精算日
心配しながら帰りを待つ人の身にもなって

運を活かすコツ

○12月のアドバイス

魅力的な広告や話の内容に興味が湧いて、軽い気持ちで試したくなるかもしれません。勢いある生長の運気ですから、一歩足を踏み入れると巻き込まれるスピードも早く、戻りたくても戻れない状態に陥りやすいので注意が必要でしょう。間違った選択をして危機感を抱いたら、家族や大切な人、または専門家に相談するように。

○苦しい時が訪れたら……

スケジュールがタイトな年末ですから、オフの息抜きは必須です。ストレスを抱えていると、現実逃避をしたい感情が芽生えて、やるべき事から逃げてしまうので、時間には余裕を持ちましょう。

○未来への一歩を踏み出すためには……

家族を大事に思う小王星ですから、会話を交わしたり、一緒に過ごしたりして、今年を振り返ってみると良いでしょう。今なら勢いに任せて、大切にしている人を紹介することができそうです。

○タブー

相手をからかったり、文句を言ったりするのは良くありません。軽はずみに言ったことがきっかけで、大事になってしまう場合もあるので、人を悲しませるような話は口にしないことが大切です。

土星

2024年【人気期】

願いが叶い人気出る年　新たな挑戦始まる人も

2024年 全体運

●願望が叶ってさらに意欲が増す 運気の反動に注意する必要あり

2020年から2022年に勢いのある春の運気を迎えた土星でしたが、この期間はコロナ禍であったため、きっとつらい経験もしてきたことでしょう。しかし、ITとの相性が良いこともあり、職場形態は変わったものの、仕事が無くなるような危機感はなかったはずです。どちらかと言うと、世の中の停滞ムードに反して忙しくなる一方で、さまざまな知識や経験を習得する機会が増えたことと思います。

2024年の人気期は、これらの経験をしてきた中から生まれた理想や願望が叶う一年となります。例えば、リモートワークができるようになって、心地良い場所から仕事ができるようになったり、大きなプロジェクトに関わることになったりもしそうです。独立を考えていた人も、実行するタイミングを与えられるでしょう。

土星は、9月から11月に月運が冬の0《ゼロ》地帯に入ります。この期間は、人気期ではありますが、運気の反動が出るので十分に気をつけておかなければなりません。

恋愛・結婚運

●自分の勘を信じて積極的に交流を図ろう

コロナ禍は人に会うことも難しかったですし、自分の事で一杯になりがちでしたから、恋愛をする余裕がなかった人も多いと思います。しかし、ここまで不満や悩みがあっても、物事が順調に進んでいるのであれば、気持ちに余裕が生まれて、さらに心の安定を図りたくなるでしょう。恋愛に興味があれば、人気運の後押しを受けて、恋人探しをするのも悪くありません。

土星は、インターネットとの相性が良いので、直接会っていない人とも意気投合すれば、うまくやっていける可能性がありますから、まずはSNSやオンラインゲームなど、ネットワーク上で交流するところへ参加するのがおすすめです。人気期は、理想とする相手と出会う時でもありますから、まだ一人でいたいなどとは考えずに、友人を作るつもりで始めると良いでしょう。相手からの告白を受けるより、自分の勘を信じるほうがうまくいきそうです。

すでに、おつき合いしている人がいるのであれば、結婚へとステージを進めるチャンスです。一歩踏み出せば、トントン拍子に話が進みますから、二人で過ごす時間の中で良いタイミングを見つけて、気持ちをアピールしましょう。迷うようなら、むしろ良縁ではないかもしれません。

仕事・金運

●希望が通りやすく理想の形を描けるはず

IT関連の職に就いている人は、忙しいながらも働き方が理想の形へと転向しやすいはずです。希望していたことが通りやすいので、また仕事に精が出るでしょう。

しかし、医療、福祉関係者や人と直接関わる仕事をしている人は、コロナ禍で相当苦労をしてきたにも関わらず、自分たちの見ている現場や世の中の見解の違いに躊躇うこともあり、モヤモヤ感が残ってしまうかもしれません。また新たな課題に取り組む必要も出てきます。

人気期に不満や悩みを抱えているのであれば、潜んでいる原因を取り除く必要がありますが、サービス業で接客が必須の仕事の場合は、相手の不満や要求がコロナ前と比べて変化したことも踏まえて、接し方にも気をつけなければならないでしょう。

ストレスが溜まってくると、気性が激しくなりがちですから、怒りや感情が爆発する前に、誰かに助けを求めるほうが良さそうです。トラブルに発展すると、人気が0《ゼロ》に陥るおそれもあるので要注意です。

●自分を信じて取り組めば金運も上昇する

誰かに深く関わってお金のやり取りがなければ、金運は上昇していきます。大運からみても、お金に困らない運勢がありますから、日々やりたい事へ真摯に取り組んでいけば心配いらないでしょう。

しかし運勢が、人との関係に左右されやすい土星なので、稼いだお金を誰かのために使ったり、やりたくない仕事を続けていたりするとうまく回りません。質にこだわらず、量を求めるようになると、自分の評価まで落とすことになります。

開運ポイント

プライドが高く、日頃から努力を重ねているので、自ずと目標が達成できる状況になるでしょう。もちろん、己を信じて突き進むのも悪くありません。

しかし、自分と人との感覚の違いに悩まされることもあるので注意が必要です。相手にかけた言葉が嫌味に捉えられてしまったり、冗談が通じなかったりします。何気ないことで状況が一変してしまうおそれもありますから、人と対面する際は慎重に接することが大切です。

今年のキーマン	辰年、未年、申年
恋愛運アップ	透明感、ブランド、ワンピース
仕事運アップ	名刺、プライド、言葉を選ぶ
健康運アップ	波の音、サウナ、三度の食事
金運アップ	専門知識、量より質、発想の転換

土星

2024年

［人気年］

1月
生長月

1月の運勢

目標達成、そして願望成就の人気年を迎えました。2023年の年末も忙しかったとは思いますが、年始はそれ以上に慌ただしくなりそうです。生長期は、行動範囲が広がり、人との交流も盛んになる時ですけれど、まずは昨年の課題を省みたり、これからの計画や目標を立てたりと、入念に準備をすることからスタートさせましょう。挨拶回りの際には、早々に嬉しい話をいただける流れになって、使命感が湧くはずです。

キーポイント日

◇1月2日　丑　生長日
初詣に足を運ぶのなら決意表明を忘れずに
◇1月12日　亥　精算日
周囲のフォローに手一杯で作業が捗らない
◇1月25日　子　開拓日
仲間や協力者が増えてエネルギーが溢れる

運を活かすコツ

○1月のアドバイス

嬉しい話が多く舞い込んできたり、家族と一緒に計画していた旅行へ出かける機会が設けられたりで、年始から気持ちが昂るでしょう。力を入れてきた事が周囲に受け入れられるようになり、多くの人から意見や要望を伺うこともできて、さらにやる気も漲ります。将来を共にする協力者や伴侶を得るチャンスも訪れるでしょう。

○苦しい時が訪れたら……

解決しなければならない問題を引きずっている可能性があります。人の影響を受けて、行動したくても動けない状況であるならば、どんどん不満が溜まっていく一方なので、対策を講じましょう。

○未来への一歩を踏み出すためには……

待っているだけでは幸運は掴めないので、頃合いを見て自らアピールしていくことも大切です。理想の相手との出会いやサポートしてくれる仲間の出現も期待できますから、笑顔で接しましょう。

○タブー

悩んだり、苦しめられたりするものとは、距離を置くか手放す選択が必要でしょう。我慢し続けていると、人気期であるのに良運に恵まれないどころか、どんどんチャンスを逃してしまいます。

◎＝絶好調日　△▽＝注意日　○＝順調日
⊗＝神秘・波乱含日　▲▼＝不調日

日	曜日	運命日	干支	恋愛結婚	仕事	お金	健康
1	月	開拓	子		○		○
2	火	生長	丑	○	○		○
3	水	決定	寅	○	○		○
4	木	健康	卯	△			△
5	金	人気	辰	◎	◎	○	○
6	土	浮気	巳	○		△	△
7	日	再開	午		○		○
8	月	経済	未	○	◎	◎	○
9	火	充実	申	◎	○	◎	
10	水	背信	酉	▲			▲
11	木	0地点	戌	⊗		⊗	
12	金	精算	亥	▲		▲	
13	土	開拓	子		○		○
14	日	生長	丑	○	○		○
15	月	決定	寅	○	○		○
16	火	健康	卯	△			△
17	水	人気	辰	◎	◎	○	○
18	木	浮気	巳	○		△	△
19	金	再開	午		○		○
20	土	経済	未	○	◎	◎	○
21	日	充実	申	◎	○	◎	
22	月	背信	酉	▲			▲
23	火	0地点	戌	⊗		⊗	
24	水	精算	亥	▲		▲	
25	木	開拓	子		○		○
26	金	生長	丑	○	○		○
27	土	決定	寅	○	○		○
28	日	健康	卯	△			△
29	月	人気	辰	◎	◎	○	○
30	火	浮気	巳	○		△	△
31	水	再開	午		○		○

土星

2024年

［人気年］

2月

決定月

◎＝絶好調日　△▽＝注意日　○＝順調日
⊗＝神秘・波乱含日　▲▼＝不調日

日	曜日	運命日	干支	恋愛結婚	仕事	お金	健康
1	木	経済	未	○	◎	◎	○
2	金	充実	申	◎	○	◎	
3	土	背信	酉	▲			▲
4	日	0地点	戌	⊗		⊗	
5	月	精算	亥	▲		▲	
6	火	開拓	子		○		○
7	水	生長	丑	○	○		○
8	木	決定	寅	○	○		○
9	金	健康	卯	△			△
10	土	人気	辰	◎	◎	○	◎
11	日	浮気	巳	○		△	△
12	月	再開	午		○		○
13	火	経済	未	○	◎	◎	○
14	水	充実	申	◎	○	◎	
15	木	背信	酉	▲			▲
16	金	0地点	戌	⊗		⊗	
17	土	精算	亥	▲		▲	
18	日	開拓	子		○		○
19	月	生長	丑	○	○		○
20	火	決定	寅	○	○		○
21	水	健康	卯	△			△
22	木	人気	辰	◎	◎	○	◎
23	金	浮気	巳	○		△	△
24	土	再開	午		○		○
25	日	経済	未	○	◎	◎	○
26	月	充実	申	◎	○	◎	
27	火	背信	酉	▲			▲
28	水	0地点	戌	⊗		⊗	
29	木	精算	亥	▲		▲	

2月の運勢

2020年から2022年の春の運気中に、ひたすら頑張ってきたことが報われるか否かの岐路に立たされます。ちょうどこの時期はコロナ禍にありましたから、努力してきた人とそうでない人との明暗が分かれそうです。自宅待機中に資格の取得に励んだり、オンラインを活用した新しい策を取り入れたりするなど、多くの事にチャレンジしてきたのであれば、きっとそれらが良い結果を生んで、未来へと繋げられるでしょう。

キーポイント日

◇2月6日　子　開拓日
成功を掴むための計画を立てて見返えそう

◇2月11日　巳　浮気日
家族や大切な人へのサービスが時には必要になる

◇2月22日　辰　人気日
待ち望んでいた展開になる可能性が高い日

運を活かすコツ

○2月のアドバイス

人がタブーになる星といえども、多くの人の力になりたいと思っている土星ですから、自分の事は二の次になってしまう人もいるかもしれません。しかし、決定期は運が味方について背中を押してくれる時でもありますから、他も気遣いつつ、惹かれるものへは積極的に関わりましょう。理想を現実にするためのチャンスも訪れそうです。

○苦しい時が訪れたら……

先を見据えて行動してこなかった場合は、どういう方向性でいくと良いのか、決め兼ねてしまう状況になるおそれも。成り行きに任せることなく、自分の意志で決断していくことが絶対条件です。

○未来への一歩を踏み出すためには……

多くの情報を得て視野を広げると、さらに気になる発見があります。本業とプライベートの両方を充実させられることを目標に、恋愛や結婚への意識も高めておくと、思いが通じやすいでしょう。

○タブー

自分の考え方を人に押し付けると、相手の自由を奪ってしまうおそれがあります。決定期に意見の相違が生じたら、早めに理解し合わなければ、ほぼ修復不可能になりやすいので注意が必要です。

土星

2024年

［人気年］

3月

健康月

3月の運勢

多くの人が頼ってくれるのは良いことなのですが、人と関わるのがあまり得意ではない土星にとっては、気疲れしやすい月となります。人と自分を比べることもあり、要領が悪いところを見ると、気になり始めて落ち着かなくなってしまいやすいでしょう。機嫌が悪くなると、表情に出てしまったり、ストレートに指摘したりしがちですが、人に強く当たるとイメージを悪くするので、気をつけることが大切です。

キーポイント日

◇3月7日　午　再開日
アクティブに動けるようにメンテナンスを
◇3月11日　戌　0《ゼロ》地点日
誤った決断をしてしまったかのように焦る
◇3月28日　卯　健康日
無理をしても良い事がないので早めに撤収

運を活かすコツ

○3月のアドバイス

あちこちから頼られたり、整理するものが出てきたりで、忙しいので疲れやすいです。ゆっくりできる時間が多く設けられれば良いですが、家でも大切な人のために一生懸命で、時には睡眠時間を削ることもあるでしょう。無理をしてしまった時は、注意力や集中力が散漫するので、車やバイクの運転は控えるようにしてください。

○苦しい時が訪れたら……

せっかく慣れたのに、環境の変化や取り組む内容がまた変わることに不安を抱いてしまいそうです。無理をすると今後に差し支えてしまうので、ゆっくり時間をかけて気持ちを整理しましょう。

○未来への一歩を踏み出すためには……

2023年の健康年に、心身を休められなかったのであれば、体調を崩しやすいので要注意です。多忙な日々を過ごしている人は、疲れも溜まってくる頃なので、オフの日はのんびり過ごしましょう。

○タブー

時間を把握できなくなった時は、気持ちに余裕がない可能性があります。急いで家を飛び出すようなことになると、忘れ物だけでなく、怪我や事故に繋がるおそれもあるので、気をつけてください。

◎＝絶好調日　△▽＝注意日　○＝順調日
⊗＝神秘・波乱含日　▲▼＝不調日

日	曜日	運命日	干支	恋愛結婚	仕事	お金	健康
1	金	開拓	子		○		○
2	土	生長	丑	○	○		○
3	日	決定	寅	○	○	○	○
4	月	健康	卯	△			△
5	火	人気	辰	◎	◎	○	△
6	水	浮気	巳	○			△
7	木	再開	午		○		○
8	金	経済	未	○	◎	◎	○
9	土	充実	申	◎	○	◎	
10	日	背信	酉	▲	▲	▲	▲
11	月	0地点	戌	⊗			⊗
12	火	精算	亥	▲	▲	▲	▲
13	水	開拓	子		○		○
14	木	生長	丑	○	○		○
15	金	決定	寅	○	○	○	○
16	土	健康	卯	△			△
17	日	人気	辰	◎	◎	○	△
18	月	浮気	巳	○			△
19	火	再開	午		○		○
20	水	経済	未	○	◎	◎	○
21	木	充実	申	◎	○	◎	
22	金	背信	酉	▲	▲	▲	▲
23	土	0地点	戌	⊗			⊗
24	日	精算	亥	▲	▲	▲	▲
25	月	開拓	子		○		○
26	火	生長	丑	○	○		○
27	水	決定	寅	○	○	○	○
28	木	健康	卯	△			△
29	金	人気	辰	◎	◎	○	△
30	土	浮気	巳	○			△
31	日	再開	午		○		○

土星

2024年

［人気年］

4月 人気月

◎＝絶好調日　△▽＝注意日　○＝順調日
⊗＝神秘・波乱含日　▲▼＝不調日

日	曜日	運命日	干支	恋愛結婚	仕事	お金	健康
1	月	経済	未	◎	◎	◎	○
2	火	充実	申	◎	◎	◎	
3	水	背信	酉	▲			▲
4	木	0地点	戌	⊗		⊗	
5	金	精算	亥	▲			▲
6	土	開拓	子	○	○		○
7	日	生長	丑	○	○		○
8	月	決定	寅	○	○	○	○
9	火	健康	卯	△			△
10	水	人気	辰	◎	◎	◎	◎
11	木	浮気	巳	○		△	△
12	金	再開	午	○	○		○
13	土	経済	未	◎	◎	◎	○
14	日	充実	申	◎	◎	◎	
15	月	背信	酉	▲			▲
16	火	0地点	戌	⊗		⊗	
17	水	精算	亥	▲			▲
18	木	開拓	子	○	○		○
19	金	生長	丑	○	○		○
20	土	決定	寅	○	○	○	○
21	日	健康	卯	△			△
22	月	人気	辰	◎	◎	◎	◎
23	火	浮気	巳	○		△	△
24	水	再開	午	○	○		○
25	木	経済	未	◎	◎	◎	○
26	金	充実	申	◎	◎	◎	
27	土	背信	酉	▲			▲
28	日	0地点	戌	⊗		⊗	
29	月	精算	亥	▲			▲
30	火	開拓	子	○	○		○

4月の運勢

冬の0《ゼロ》地帯中に力不足なところを思い知ってからというもの、日々努力の連続だったと思いますが、ようやく理想の形に近づけそうです。勉強や資格取得に励んできた人ならば、憧れが現実に変わる日を迎えることも。仕事では念願の昇進であったり、リモートワークの普及により、都合の良い場所から取り組めたりするでしょう。もし、思いどおりいかずに苦しんでいる場合は、人に執着し過ぎている可能性があります。

キーポイント日

◇4月4日　戌　0《ゼロ》地点日
折角の休みを返上しなければならないかも

◇4月10日　辰　人気日
悪口や陰口を叩かれていない状況が理想的

◇4月21日　卯　健康日
自分の手柄を横取りされることもありそう

運を活かすコツ

○4月のアドバイス

念願の場所へ進学、もしくは就職できる人もいて希望に満ち溢れるでしょう。やりたかった事へも着手できそうです。自分で決めた道へ進める時ではありますが、土星は人の影響を受けやすく、家族や大切な人のことを考えて、自分を犠牲にしてしまうこともしばしば。お互いが共に幸せになれる方法を実行していきましょう。

○苦しい時が訪れたら……

振る舞いが周囲に受け入れられていない可能性があります。たとえば、人との関わり方や言葉のニュアンスなど、相手が良く思っていない場合は、頼ってくれる人がいなくて孤独になりやすいです。

○未来への一歩を踏み出すためには……

人に好かれなくても大丈夫と考えることなく、似たような考え方や同じ境遇の人たちとは、協力し合っていくことが大切です。困難に直面した時、一人だけで解決するのは難しくなってしまいます。

○タブー

現時点でやりたい事が見つかっていない場合や、人の言いなりになっているようでは大問題です。また、人を雑に扱ったり、時間をうまく使えなかったりすると、思いどおりにいかなくなります。

土星

2024年

［人気年］

5月
浮気月

5月の運勢

正義感があり、弱みを見せない強い精神力の持ち主ですが、実は寂しがり屋な部分もあり、時には心の支えが欲しいと思うこともあるでしょう。人気期は、願いが叶いやすい時期なので、欲しいものを手に入れられるチャンスは多いものの、人との距離をとるのが苦手なため、恋愛は不器用で思うようにいかないかもしれません。理想を高く持ち続けていれば問題ないですが、寂しさを埋めたくなったら要注意です。

キーポイント日

◇5月5日　巳　浮気日
落とし物や忘れ物をしないように注意しよう
◇5月18日　午　再開日
調子に乗ってあれこれと欲をかくと失敗する
◇5月21日　酉　背信日
相手のためと思っていても気持ちが通じない

運を活かすコツ

○5月のアドバイス

努力が報われて、物事がうまく回りやすいですから、周囲から一目置かれる存在となっています。多くの人に声を掛けられるようになるでしょう。中には、あなたと協力する目的ではなく、利用しようとする人が近づいてくることもあるので、簡単に相手を受け入れないことです。悩みや不安を抱えたら、頼れる人に相談しましょう。

○苦しい時が訪れたら……

とにかく誘惑に負けないようにしてください。気持ちが弱っている時は、正常な判断ができないこともあり、手を組む相手や受け入れるもの次第で、歩んできた道を逸れてしまうおそれがあります。

○未来への一歩を踏み出すためには……

これまで多忙な日々を送ってきたと思いますが、まだ今後も落ち着けそうにないので、一度リフレッシュ期間を設けるのがおすすめです。GWをうまく活用するなどして、心身を癒しておきましょう。

○タブー

好調であるからと言って、調子に乗るのは良くありません。何をやってもうまくいくとも限らないので、安易に考えることはやめましょう。自分でも気持ちをコントロールできなくなったら危険です。

◎＝絶好調日　△▽＝注意日　○＝順調日
⊗＝神秘・波乱含日　▲▼＝不調日

日	曜日	運命日	干支	恋愛結婚	仕事	お金	健康
1	水	生長	丑	○	○		○
2	木	決定	寅	○	○	○	○
3	金	健康	卯	▽			▽
4	土	人気	辰	◎	▽	◎	▽
5	日	浮気	巳	○		▽	▽
6	月	再開	午	○	○		○
7	火	経済	未	◎	○	◎	○
8	水	充実	申	◎	◎	◎	
9	木	背信	酉	▽		▽	
10	金	0地点	戌	⊗		⊗	
11	土	精算	亥	▽		▽	▽
12	日	開拓	子	○	○		○
13	月	生長	丑	○	○		○
14	火	決定	寅	○	○	○	○
15	水	健康	卯	▽			▽
16	木	人気	辰	◎	▽	◎	▽
17	金	浮気	巳	○		▽	▽
18	土	再開	午	○	○		○
19	日	経済	未	◎	○	◎	○
20	月	充実	申	◎	◎	◎	
21	火	背信	酉	▽		▽	
22	水	0地点	戌	⊗		⊗	
23	木	精算	亥	▽		▽	▽
24	金	開拓	子	○	○		○
25	土	生長	丑	○	○		○
26	日	決定	寅	○	○	○	○
27	月	健康	卯	▽			▽
28	火	人気	辰	◎	▽	◎	▽
29	水	浮気	巳	○		▽	▽
30	木	再開	午	○	○		○
31	金	経済	未	◎	○	◎	○

土星

2024年

［人気年］

6月

再開月

◎＝絶好調日　△▽＝注意日　○＝順調日
⊗＝神秘・波乱含日　▲▼＝不調日

日	曜日	運命日	干支	恋愛結婚	仕事	お金	健康
1	土	充実	申	○	◎	◎	
2	日	背信	酉	▽			▽
3	月	0地点	戌		⊗	⊗	
4	火	精算	亥			▽	▽
5	水	開拓	子	○	○		○
6	木	生長	丑	○	○		○
7	金	決定	寅	○	○	○	○
8	土	健康	卯	▽			▽
9	日	人気	辰	○	◎	○	◎
10	月	浮気	巳	○		▽	▽
11	火	再開	午	○	○		○
12	水	経済	未	○	◎	◎	○
13	木	充実	申	○	◎	◎	
14	金	背信	酉	▽			▽
15	土	0地点	戌		⊗	⊗	
16	日	精算	亥			▽	▽
17	月	開拓	子	○	○		○
18	火	生長	丑	○	○		○
19	水	決定	寅	○	○	○	○
20	木	健康	卯	▽			▽
21	金	人気	辰	○	◎	○	◎
22	土	浮気	巳	○		▽	▽
23	日	再開	午	○	○		○
24	月	経済	未	○	◎	◎	○
25	火	充実	申	○	◎	◎	
26	水	背信	酉	▽			▽
27	木	0地点	戌		⊗	⊗	
28	金	精算	亥			▽	▽
29	土	開拓	子	○	○		○
30	日	生長	丑	○	○		○

6月の運勢

勉強や仕事はうまくいっても、プライベートが充実しない場合は、穴を埋めたくなる土星ですから、5月の浮気期では本業へ身が入らずに、気持ちが中途半端だった人もいたのではないでしょうか。普段弱みを見せない人も、新しい環境に慣れるまでは悩みが多く、安らげる時間が欲しくなります。この運気の流れで気分転換を試み、うまくリフレッシュできたのであれば、また活力が湧く月となります。

キーポイント日

◇6月3日　戌　0《ゼロ》地点日

多くを人から学んでヒントや活力にしよう

◇6月19日　寅　決定日

ネガティブな感情も発想の転換でプラスに

◇6月26日　酉　背信日

苦手な役割が回ってきても文句を言わない

運を活かすコツ

○6月のアドバイス

目標が達成できる時までセーブしていた事があるなら、ようやく手をつけられる機会が訪れそうです。コロナ禍で断念しなければならなかった計画も、再び始動させられる展開になります。気になる人へ連絡を入れたり、諦めかけた夢に再チャレンジしたりして、思い描いてきたことを実現できるように、働きかけていきましょう。

○苦しい時が訪れたら……

簡単に諦めないことです。新しい事を開拓していくのではなく、これまで続けてきたことを繰り返したり、今あるものをうまく活用したりしてみましょう。そして、あなたのやる気が一番大事です。

○未来への一歩を踏み出すためには……

過去に失敗したことへもう一度チャレンジしてみると、今度は成功する可能性が高くなるでしょう。悩み事を抱えているのであれば、昔からあなたを知る相手に相談を持ち掛けるのが良さそうです。

○タブー

5月の浮気期にリフレッシュ期間を設けられなかった場合は、ミスの連続に注意が必要です。忙しい日々を過ごしているため、疲れも出やすいので、身体のことも考えながら過ごすことが大切です。

土星

2024年 ［人気年］

7月 経済月

7月の運勢

人気期の成果を確認できる時です。これまでの努力が実って、良い成績を残せていれば順調ですが、悩みが増えて陰で涙を流しているようでは、問題を取り除く必要がありそうです。特に土星は、時間の使い方がうまくないと思いどおりにならないことが多いですから、計画性がなくダラダラと過ごしたり、人の影響を受けて動けなかったりすると不満が募りやすいでしょう。お金に困っている状態も良くありません。

キーポイント日

◇7月1日　寅　決定日
気持ちの持ちようで今月の方向性が変わる

◇7月15日　辰　人気日
才能や努力が実を結んで収入に繋がりそう

◇7月31日　申　充実日
仲間や大切な人の様子も気にしておくべき

運を活かすコツ

○7月のアドバイス

お目当てのポジションに就けたり、企画に賛同してくれる人がいたりして、多くの期待を寄せられることになるでしょう。ただし、誰にでも受け入れられる訳ではなく、中には反対の声やあなたの活躍を羨む人まで出てきます。一方的に自分の考え方を押しつけてしまうと対立を生む原因となるので、柔軟な対応力も必要です。

○苦しい時が訪れたら……

自分の考えに固執してしまうと、間違った選択をしている場合に引き返すことが難しくなってしまいます。泣きたくなるような場面に遭遇したり、お金に困ったりしているなら、見直しが必要です。

○未来への一歩を踏み出すためには……

目標を達成できて、評価も上々なら順調です。収入も自ずと増えてくるでしょう。協力してくれる人が増えることもありますが、0《ゼロ》地帯の日に相手を信用すると、騙される場合もあるので要注意です。

○タブー

いくら勉強や仕事ができても、身なりが整っていなければ良いイメージは与えられません。安いもので賄うより、質にこだわって長持ちするものを見極めるほうが、プラスに作用するでしょう。

◎＝絶好調日　△▽＝注意日　○＝順調日
⊗＝神秘・波乱含日　▲▼＝不調日

日	曜日	運命日	干支	恋愛結婚	仕事	お金	健康
1	月	決定	寅	○	○	○	○
2	火	健康	卯	▽			▽
3	水	人気	辰	◎	◎	○	◎
4	木	浮気	巳	○		▽	▽
5	金	再開	午	○	○	○	○
6	土	経済	未	◎	◎	◎	○
7	日	充実	申	◎	◎	◎	
8	月	背信	酉	▽			▽
9	火	0地点	戌		⊗	⊗	
10	水	精算	亥			▽	▽
11	木	開拓	子	○	○		○
12	金	生長	丑	○	○		○
13	土	決定	寅	○	○	○	○
14	日	健康	卯	▽			▽
15	月	人気	辰	◎	◎	○	◎
16	火	浮気	巳	○		▽	▽
17	水	再開	午	○	○	○	○
18	木	経済	未	◎	◎	◎	○
19	金	充実	申	◎	◎	◎	
20	土	背信	酉	▽			▽
21	日	0地点	戌		⊗	⊗	
22	月	精算	亥			▽	▽
23	火	開拓	子	○	○		○
24	水	生長	丑	○	○		○
25	木	決定	寅	○	○	○	○
26	金	健康	卯	▽			▽
27	土	人気	辰	◎	◎	○	◎
28	日	浮気	巳	○		▽	▽
29	月	再開	午	○	○	○	○
30	火	経済	未	◎	◎	◎	○
31	水	充実	申	◎	◎	◎	

土星

2024年

［人気年］

8月
充実月

8月の運勢

仕事やプライベートのお誘いが増えるのは嬉しいけれど、初めはなかなか馴染めずに、もどかしく思うこともあったと思いますが、ようやく緊張が解ける機会が与えられます。お盆休みも入りますから、程よく心と身体をリフレッシュできそうです。人がタブーとされる土星なので、誰とも関わらずに過ごす一時もあるかもしれませんが、ネットワークや調和が必須の時代ですから、人を避けることだけはやめましょう。

キーポイント日

◇8月9日　巳　浮気日
プライベートも充実できるように取り組もう

◇8月14日　戌　0《ぜろ》地点日
自分は良くても相手にとっては迷惑の場合も

◇8月23日　未　経済日
支えてくれる人々へ感謝の気持ちを忘れずに

運を活かすコツ

○8月のアドバイス

課題や仕事が順調に捗って、成績や評価も上がるでしょう。勢いのある運気なので、ここまで寄り道をすることなく突っ走ってきたでしょうから、充実期はプライベートにも力を入れて欲しい時です。9月から冬の運気に入るため、周囲と意思の疎通を図る機会が限られてしまいやすいので、今のうちに時間を作っておきましょう。

○苦しい時が訪れたら……

悩み事は先生や上司、そして家族など、信頼できる人に相談しておきましょう。勇気がいるかもしれませんが、今のうちに少しでも不安を解消しておかなければ、9月から0《ぜろ》地帯に入ってしまいます。

○未来への一歩を踏み出すためには……

精神力を鍛えておくと良いでしょう。瞑想して心を落ち着かせたり、さらにスキルアップを目指したりするのがおすすめ。0《ぜろ》地帯に入ると反動が大きくなるので、動じない心を作っておくことです。

○タブー

家族や大切な人と過ごす時間が取れない状況なら、プライベートを重視してこなかった証拠です。一緒に過ごす時間が限られているのであれば、その時間を精一杯相手のために使うようにしましょう。

◎＝絶好調日　△▽＝注意日　○＝順調日
⊗＝神秘・波乱含日　▲▼＝不調日

日	曜日	運命日	干支	恋愛結婚	仕事	お金	健康
1	木	背信	酉	▽			▽
2	金	0地点	戌	⊗	⊗	⊗	
3	土	精算	亥			▽	▽
4	日	開拓	子	○	○		○
5	月	生長	丑	○	○		○
6	火	決定	寅	○	○	○	○
7	水	健康	卯	▽			▽
8	木	人気	辰	◎	◎	○	◎
9	金	浮気	巳	○		▽	▽
10	土	再開	午	○	○	○	○
11	日	経済	未	◎	◎	◎	○
12	月	充実	申	◎	◎	◎	
13	火	背信	酉	▽			▽
14	水	0地点	戌	⊗	⊗	⊗	
15	木	精算	亥			▽	▽
16	金	開拓	子	○	○		○
17	土	生長	丑	○	○		○
18	日	決定	寅	○	○	○	○
19	月	健康	卯	▽			▽
20	火	人気	辰	◎	◎	○	◎
21	水	浮気	巳	○		▽	▽
22	木	再開	午	○	○	○	○
23	金	経済	未	◎	◎	◎	○
24	土	充実	申	◎	◎	◎	
25	日	背信	酉	▽			▽
26	月	0地点	戌	⊗	⊗	⊗	
27	火	精算	亥			▽	▽
28	水	開拓	子	○	○		○
29	木	生長	丑	○	○		○
30	金	決定	寅	○	○	○	○
31	土	健康	卯	▽			▽

土星

2024年

［人気年］

9月
背信月

9月の運勢

順調過ぎて怖いくらいだったのに、状況が一変してしまう場面があるでしょう。今まで協力してくれていた人と離れることになったり、トラブルが発生して計画の見直しが必要になったりする可能性も。冬の運気に入ると、予期せぬ事態が起こりやすくなりますが、人気期は特に、運気の波が激しくなるので注意が必要です。人の影響も受けますから、他人事にはせず、解決すべき問題を最優先にして取り組みましょう。

キーポイント日

◇9月1日　辰　人気日
自分の意見を押し通すとマイナスに転じる

◇9月12日　卯　健康日
周囲と意見が合わなくて頭を抱えてしまう

◇9月26日　巳　浮気日
疲れや体調不良のせいですんなりいかない

運を活かすコツ

○9月のアドバイス

困っている人を放っておけなくて、自分の時間を犠牲にすることもありそうです。また、ようやくこれからという時に、人手が少なかったり、準備不足だったりして、計画が中途半端になるおそれも。コミュニケーションをうまく図れなかったせいで、思い違いやすれ違いも起こりやすいので、第三者を間に入れて交渉しましょう。

○苦しい時が訪れたら……

我慢することなく、仲間や信頼する人を頼りましょう。ただし、完全に相手に身を委ねるのではなく、話を聞いてもらって意見の交換をするなどして、最善の方法を探るようにすることが大切です。

○未来への一歩を踏み出すためには……

予想外の出費が増えていくので、しばらくは節約を心掛けましょう。忘れ物や失くしもの、もしくはスリにも遭いやすいですから、鞄はいつも目の届く場所に置いて、携帯品は最小限に抑えましょう。

○タブー

寝不足や疲れを残したまま過ごすのは良くありません。身だしなみもしっかりチェックしないと、印象を悪くするおそれも。今あなたの成長を止めるものは離れていくので、執着しないことです。

◎＝絶好調日　△▽＝注意日　○＝順調日
⊗＝神秘・波乱含日　▲▼＝不調日

日	曜日	運命日	干支	恋愛結婚	仕事	お金	健康
1	日	人気	辰	○	○	○	
2	月	浮気	巳	▼		▼	▼
3	火	再開	午		○		○
4	水	経済	未	○	○	○	
5	木	充実	申	○	○	○	
6	金	背信	酉	▼		▼	▼
7	土	0地点	戌	⊗	⊗	⊗	⊗
8	日	精算	亥	▼		▼	▼
9	月	開拓	子		○		
10	火	生長	丑		○		○
11	水	決定	寅	○	○		○
12	木	健康	卯	▲		▲	▲
13	金	人気	辰	○	○	○	
14	土	浮気	巳	▼		▼	▼
15	日	再開	午		○		○
16	月	経済	未	○	○	○	
17	火	充実	申	○	○	○	
18	水	背信	酉	▼		▼	▼
19	木	0地点	戌	⊗	⊗	⊗	⊗
20	金	精算	亥	▼		▼	▼
21	土	開拓	子		○		
22	日	生長	丑		○		○
23	月	決定	寅	○	○		○
24	火	健康	卯	▲		▲	▲
25	水	人気	辰	○	○	○	
26	木	浮気	巳	▼		▼	▼
27	金	再開	午		○		○
28	土	経済	未	○	○	○	
29	日	充実	申	○	○	○	
30	月	背信	酉	▼		▼	▼

土星

2024年

［人気年］

10月

0《ゼロ》地点月

10月の運勢

長年続けてきた事をリセットしなければならなくなったり、大切な人とお別れする流れになったりする場合があるでしょう。願いが叶いやすい人気期ではあっても、スタートの時期や選択してきたものが土星に相応しくないなど、意味を持つ日が訪れたら手放すべき時がやってきます。また、順調だったものをストップせざるを得なくなったとしても、それがきっかけとなって、プラス効果をもたらすこともあります。

◎＝絶好調日　△▽＝注意日　○＝順調日
⊗＝神秘・波乱含日　▲▼＝不調日

日	曜日	運命日	干支	恋愛結婚	仕事	お金	健康
1	火	0地点	戌	⊗	⊗	⊗	⊗
2	水	精算	亥	▼	▼	▼	▼
3	木	開拓	子		○		
4	金	生長	丑		○		○
5	土	決定	寅	○	○		○
6	日	健康	卯	▲	▲	▲	▲
7	月	人気	辰	○	○	○	
8	火	浮気	巳	▼		▼	▼
9	水	再開	午		○		○
10	木	経済	未	○	○	○	
11	金	充実	申	○	○	○	
12	土	背信	酉	▼	▼	▼	▼
13	日	0地点	戌	⊗	⊗	⊗	⊗
14	月	精算	亥	▼	▼	▼	▼
15	火	開拓	子		○		
16	水	生長	丑		○		○
17	木	決定	寅	○	○		○
18	金	健康	卯	▲	▲	▲	▲
19	土	人気	辰	○	○	○	
20	日	浮気	巳	▼		▼	▼
21	月	再開	午		○		○
22	火	経済	未	○	○	○	
23	水	充実	申	○	○	○	
24	木	背信	酉	▼	▼	▼	▼
25	金	0地点	戌	⊗	⊗	⊗	⊗
26	土	精算	亥	▼	▼	▼	▼
27	日	開拓	子		○		
28	月	生長	丑		○		○
29	火	決定	寅	○	○		○
30	水	健康	卯	▲	▲	▲	▲
31	木	人気	辰	○	○	○	

キーポイント日

◇10月3日　子　開拓日
仲間や家族の何気ない一言に心が救われる

◇10月10日　未　経済日
今は大切な人のために尽力する選択もあり

◇10月24日　酉　背信日
パワー不足につき正義感を振りかざさない

運を活かすコツ

○10月のアドバイス

疲れが一気に出やすく、体調を崩すおそれもあるので気をつけましょう。自分に厳しい土星ですから、やるべき事へは手を抜きたくないかもしれませんが、冬の運気中は心身の充電が必要です。無理をすればするほど、気持ちと身体がついていかずに、塞ぎ込みやすくなりますから、周りの人たちを頼って時間をもらいましょう。

○苦しい時が訪れたら……

家族や大切な人と喧嘩をしてしまいそうです。自分と相手を同じ目線で考えないようにしなければ、どんどん距離ができてしまうので、気持ちを理解してもらいたくても、相手を思いやりましょう。

○未来への一歩を踏み出すためには……

場の雰囲気を読んで流れに従うことです。思いどおりに事を進めたくても、冬の運気中は予定が狂いやすく、焦ったり、無理をしたりすれば、災いを被るおそれもあるので、冷静になりましょう。

○タブー

終わった事に執着してはいけません。諦めなければならないものが出てくるかもしれませんが、気持ちを即座に切り替えられれば、そこからすぐに未来へのスタートを切ることができるでしょう。

土星

2024年

［人気年］

11月
精算月

11月の運勢

冬の0《ゼロ》地帯中は、欠点や弱点が明るみになる時でもありますから、9月からは思いどおりいかずに悔しい思いをしてきたことでしょう。弱音を吐くのが苦手なため、一人で悩みを抱え込んで、情緒不安定ぎみだった人も、運気の上昇と共に少しずつ元気を取り戻せそうです。そのためには、徐々に問題を取り除いていく必要がありますから、積極的に課題と向き合うようにしていきましょう。逃げたままはいけません。

キーポイント日

◇11月6日　戌　0《ゼロ》地点日
とことんやってもダメなら諦める勇気も必要
◇11月14日　午　再開日
挽回できる日の訪れを待ってまた挑戦しよう
◇11月20日　子　開拓日
積もった鬱憤は少しずつ減らしていくように

運を活かすコツ

○11月のアドバイス
人と意見が対立して、悲しい思いをすることもありそうです。自分の思いを受け止めてくれない相手ならば、離れるほうが良いでしょう。無理に相手へ合わせようとすると、常に我慢し続けなければならなくなって、あなたの可能性を台無しにしてしまいます。冬の運気を抜ければ、理想の相手が現れる確率が高まるでしょう。

○苦しい時が訪れたら……
欲しいものを手に入れていくのではなく、邪魔なものを取り除いていくようにしていきましょう。ネガティブな感情や強いこだわりなどを捨て去ってしまえば、苦しみから解放されるはずです。

○未来への一歩を踏み出すためには……
気持ちの整理がつかないと前進できないと思いますので、思いきり悔し涙を流して、心のデトックスを図りましょう。自分より相手を第一に考えて行動すると、自然と心穏やかに過ごせるはずです。

○タブー
ストレスからくる暴飲暴食は、身体を壊す原因となるので控えることです。無計画な出費もおすすめしません。心が病んでいると身の回りも散らかりがちなので、整理すると気持ちも晴れるでしょう。

◎＝絶好調日　△▽＝注意日　○＝順調日
⊗＝神秘・波乱含日　▲▼＝不調日

日	曜日	運命日	干支	恋愛結婚	仕事	お金	健康
1	金	浮気	巳	▼		▼	▼
2	土	再開	午		○		○
3	日	経済	未	○	○	○	
4	月	充実	申	○	○	○	
5	火	背信	酉	▲		▲	▲
6	水	0地点	戌	⊗	⊗	⊗	⊗
7	木	精算	亥	▲		▲	▲
8	金	開拓	子		○		
9	土	生長	丑		○		○
10	日	決定	寅	○	○		○
11	月	健康	卯	▲		▲	▲
12	火	人気	辰	○	○	○	
13	水	浮気	巳	▼		▼	▼
14	木	再開	午		○		○
15	金	経済	未	○	○	○	
16	土	充実	申	○	○	○	
17	日	背信	酉	▲		▲	▲
18	月	0地点	戌	⊗	⊗	⊗	⊗
19	火	精算	亥	▲		▲	▲
20	水	開拓	子		○		
21	木	生長	丑		○		○
22	金	決定	寅	○	○		○
23	土	健康	卯	▲		▲	▲
24	日	人気	辰	○	○	○	
25	月	浮気	巳	▼		▼	▼
26	火	再開	午		○		○
27	水	経済	未	○	○	○	
28	木	充実	申	○	○	○	
29	金	背信	酉	▲		▲	▲
30	土	0地点	戌	⊗	⊗	⊗	⊗

土星

2024年

［人気年］

12月 開拓月

◎＝絶好調日　△▽＝注意日　○＝順調日
⊗＝神秘・波乱含日　▲▼＝不調日

日	曜日	運命日	干支	恋愛結婚	仕事	お金	健康
1	日	精算	亥	▲		▲	
2	月	開拓	子		○		○
3	火	生長	丑	○	○		○
4	水	決定	寅	○	○		○
5	木	健康	卯	△			△
6	金	人気	辰	◎	◎	○	○
7	土	浮気	巳	○		△	△
8	日	再開	午		○		○
9	月	経済	未	○	◎	◎	○
10	火	充実	申	◎	○	◎	
11	水	背信	酉	▲			▲
12	木	0地点	戌	⊗		⊗	⊗
13	金	精算	亥	▲		▲	
14	土	開拓	子		○		○
15	日	生長	丑	○	○		○
16	月	決定	寅	○	○		○
17	火	健康	卯	△			△
18	水	人気	辰	◎	◎	○	○
19	木	浮気	巳	○		△	△
20	金	再開	午		○		○
21	土	経済	未	○	◎	◎	○
22	日	充実	申	◎	○	◎	
23	月	背信	酉	▲			▲
24	火	0地点	戌	⊗		⊗	⊗
25	水	精算	亥	▲		▲	
26	木	開拓	子		○		○
27	金	生長	丑	○	○		○
28	土	決定	寅	○	○		○
29	日	健康	卯	△			△
30	月	人気	辰	◎	◎	○	○
31	火	浮気	巳	○		△	△

12月の運勢

年運はまだ人気期ですが、2025年の浮気運が交わっていますから、安易な考えで物事をスタートさせるような計画を立ててはいけません。また、道を逸れてしまうような新しい挑戦は控えましょう。勉強や仕事が絶好調だった人は、プライベートも満喫したくなり、年末年始のプランニングに熱が入りそうですが、本業に支障をきたすようでは面目が立たないので、一緒に過ごす人と相談しながら進めるのがおすすめです。

キーポイント日

◇12月2日　子　開拓日
もう後戻りせずに前を向いていくしかない

◇12月18日　辰　人気日
努力や取り組む姿勢を称賛してくれる人も

◇12月28日　寅　決定日
人と協力して多くのアイデアを出し合おう

運を活かすコツ

○12月のアドバイス

9月から11月の0《ぜろ》地帯中に、自信を失ってしまったものがある人は、穴を埋めようと別の手段を頼りたくなるかもしれませんが、これから年運が浮気期を迎えるため、現状維持が望ましいでしょう。下手に新たなものを取り入れると、進むべき目的から逸れてしまうおそれもあるので、関係者や大切な人たちと話し合いの場を設けましょう。

○苦しい時が訪れたら……

仲間とコミュニケーションを図ったり、家族と年末を過ごしたりと、安心できる状況にあればまた頑張れます。人の温もりを感じることができないと、心を閉ざしたままになってしまうでしょう。

○未来への一歩を踏み出すためには……

すでに2025年の浮気期の運勢が影響してくるため、落ち着いてはいられなくなりますが、前向きに行動できるのは良いことです。しかし、余計なお節介を焼いて、相手を困らせてしまわないように。

○タブー

自分に自信を失くして、別の選択を考えてしまいがちですが、ここで方針を変更したら、また一から努力の積み重ねが必要です。これから運気が上昇するので、気持ちも軽やかにしておきましょう。

天王星

2024年【健康期】

無理せず体調優先の年　うまく息抜きをしよう

2024年　全体運

●疲れを感じたら無理しないこと　ミスやトラブルの誘発に注意を

夏の運気に入りましたから活躍の場が広がりそうですが、無理をしないように気をつける必要がある時です。

2018年から2020年までの冬の運気下では、コロナ禍の影響を受けた期間もあって、神経をすり減らすこともあったはずです。思うように行動できないどころか、悲しい出来事にも遭遇してつらい経験をしてきたと思いますが、その反面、家族とゆっくり過ごす貴重な時間を与えられて、絆を深められたのではないでしょうか。

天王星が春の運気を迎えた2021年頃から、世の中の状況が一気に変化し始め、それに乗り遅れまいと今日まで懸命に取り組んできたでしょうから、これまでの疲れをドッと感じる健康期になりそうです。ようやく安心してプライベートの時間を取れるまでに回復しましたから、うまく息抜きの時間を作って過ごすのがおすすめです。注意力や集中力が散漫すると、ミスやトラブルを誘発するおそれもありますので、細心の注意を払いましょう。

恋愛・結婚運

●人には合わせずにマイペースを保とう

ネット上ではうまく交流できるのに、実際に対面するとなると不器用な面が顔を覗かせて、なかなか思いが伝わらないこともあるでしょう。

2023年の決定期に、恋愛も重視してきた人は、相手のペースについていくのがやっとで、嫌われないように我慢をすると、ストレスが溜まるようになります。精神が不安定になれば、次第にすれ違いが生じるようになりますから、心身が思うようについていかない時は、一人になる時間をもらったり、電話やメールなどで連絡を取り合ったりするようにしましょう。健康期は、好きな人と無理に距離を縮めようとしないほうが良さそうです。

恋人がいる人は、相手に甘えたくなるかもしれませんが、束縛や干渉をすると、重く感じられてしまうので要注意です。安定を求めて結婚の話をしたくなっても、今回はやめておくほうが無難でしょう。

春の運気を迎えた2021年以降に知り合った相手とは、まだウマが合いそうですが、それ以前の冬の0《ゼロ》地帯からおつき合いを始めた恋人とは、当初相手の本性が分かっていなかったこともあり、ようやく理想のタイプではないことに気づく機会がありそうです。あなたを気遣ってくれない人であるならば、離れる選択をしましょう。

仕事・金運

まずは自分の身体のことも労わるべき

コロナの影響を受け、2021年頃からタッチパネルや無人機、そしてロボットの活用が著しく進んで、非接触型の世の中になりましたが、それらの開発に携わってきた人も少なくないと思います。不況で仕事がないからと、一旦休まなければならない人たちがいた一方で、水面下では着々と作業やプロジェクトを進めなくてはならない人たちもいて、天王星はまさに、自分の時間がなかなか取れないハードなスケジュールをこなしていたのではないでしょうか。

体調を崩しても、病院で診察してもらうことがなかなか容易ではなかったために、我慢することもあったでしょうから、健康期は身体のメンテナンスを重視することをおすすめします。2025年には人気期が訪れますから、病気を患ってチャンスを台無しにしてしまうことのないように心がけておくことも大切です。

また、自分のことばかりに集中してきた人も、周囲へ気を配れる余裕を持つようにしておきましょう。

培った知識や経験を活かせば問題なし

IT関連の仕事なら、不自由しないくらいにはなりそうですが、医療や福祉関係者は、仕事の量と収入が見合わなくて、泣きたくなってしまう人もいたはずです。

しかし、まだまだ金運は上昇傾向にありますから、楽な選択をしようなどとは考えずに、冬の0《ゼロ》地帯から今日までに培った知識や経験を活かせば、お金は回るでしょう。ただし、ストレスが溜まりだすと食欲や物欲が増すので、無駄な出費を控えるようにしましょう。

開運ポイント

健康期は、体調を崩しやすくなるだけでなく、精神が不安定になる場合もあります。周囲の影響を受けて、自信を失うことになったり、迷いが出たりもするでしょう。人がタブーとされる天王星なので、家族や恋人などに左右されがちですが、自分を見失ってしまわないように、日頃から強い気持ちで過ごすことが大切です。

もし、つらくなってしまったら一人で我慢せずに、頼れる人に相談すると心をリセットできます。

今年のキーマン	辰年、午年
恋愛運アップ	散歩、岩盤浴、意思の疎通
仕事運アップ	有給、リラックス、ゆとりを持つ
健康運アップ	無理厳禁、通院治療、朝日を浴びる
金　運アップ	お水、お参り、新鮮な空気

天王星

2024年

［健康年］

1月

開拓月

1月の運勢

新たな年の始まりは健康期からなので、1月から気合いを入れすぎるのはおすすめしません。ましてや、２０２１年から２０２３年までは春の運気を過ごしてきましたから、かなり気力と体力を消耗している状態です。昨年の10月から12月には、すでに身体の異変や違和感を感じとっている人もいることでしょう。焦れば焦るほど自分を追い込んでしまうので、ゆとりある計画を立ててからスタートを切るようにしましょう。

キーポイント日

◇1月1日　子　精算日
予想外の展開によりゆっくり過ごせなさそう

◇1月15日　寅　生長日
会話からヒントやアイデアを得られる場合も

◇1月22日　酉　充実日
苦笑いが増えるけれど交流を図ることも大切

運を活かすコツ

○1月のアドバイス

進むべき道が見つかったとは言え、まだまだ力が及ばないことに気持ちが焦りやすいでしょう。多くの事を吸収して、早く実力を身につけたくなりますが、今は心身の疲れが出る時なので、逆に追い詰められてしまうことに。不安や心配事を少しでもスッキリさせられるように、気分や発想の転換を重視するようにしましょう。

○苦しい時が訪れたら……

年末から体調不良であるとか、不安な事が起こったりして、すっきりしない幕開けかもしれませんが、引き返すことや立ち止まったままは良くありません。ゆっくりでもいいので、前へ進みましょう。

○未来への一歩を踏み出すためには……

まだ行動には移せなくても、気持ちだけは前向きになれるように、同じ境遇の人のＳＮＳを参考にしたり、周囲の人と会話を交わしたりして、きっかけを作っておくと、次第に動き出せるでしょう。

○タブー

忘れてしまいたい事があるからと言って、我武者羅に行動するのは危険です。気持ちを一度落ち着かせてからでないと、自暴自棄になってしまうおそれがあり、5月の人気期に影響を及ぼします。

◎＝絶好調日　△▽＝注意日　○＝順調日
⊗＝神秘・波乱含日　▲▼＝不調日

日	曜日	運命日	干支	恋愛結婚	仕事	お金	健康
1	月	精算	子	▲		▲	
2	火	開拓	丑		○		○
3	水	生長	寅	○	○		○
4	木	決定	卯	○	○		○
5	金	健康	辰	△			△
6	土	人気	巳	◎	◎	○	○
7	日	浮気	午	○		△	△
8	月	再開	未		○		○
9	火	経済	申	○	◎	◎	○
10	水	充実	酉	◎	○	◎	
11	木	背信	戌	▲			▲
12	金	0地点	亥	⊗		⊗	⊗
13	土	精算	子	▲		▲	
14	日	開拓	丑		○		○
15	月	生長	寅	○	○		○
16	火	決定	卯	○	○		○
17	水	健康	辰	△			△
18	木	人気	巳	◎	◎	○	○
19	金	浮気	午	○		△	△
20	土	再開	未		○		○
21	日	経済	申	○	◎	◎	○
22	月	充実	酉	◎	○	◎	
23	火	背信	戌	▲			▲
24	水	0地点	亥	⊗		⊗	⊗
25	木	精算	子	▲		▲	
26	金	開拓	丑		○		○
27	土	生長	寅	○	○		○
28	日	決定	卯	○	○		○
29	月	健康	辰	△			△
30	火	人気	巳	◎	◎	○	○
31	水	浮気	午	○		△	△

天王星

2024年

［健康年］

2月
生長月

◎＝絶好調日　△▽＝注意日　○＝順調日
⊗＝神秘・波乱含日　▲▼＝不調日

日	曜日	運命日	干支	恋愛結婚	仕事	お金	健康
1	木	再開	未		○		○
2	金	経済	申	○	◎	◎	○
3	土	充実	酉	◎	○	◎	
4	日	背信	戌	▲			▲
5	月	0地点	亥	⊗		⊗	
6	火	精算	子	▲		▲	
7	水	開拓	丑		○		○
8	木	生長	寅	○	○		○
9	金	決定	卯	○	○		○
10	土	健康	辰	△			△
11	日	人気	巳	◎	◎	○	○
12	月	浮気	午	○		△	△
13	火	再開	未		○		○
14	水	経済	申	○	◎	◎	○
15	木	充実	酉	◎	○	◎	
16	金	背信	戌	▲			▲
17	土	0地点	亥	⊗		⊗	
18	日	精算	子	▲		▲	
19	月	開拓	丑		○		○
20	火	生長	寅	○	○		○
21	水	決定	卯	○	○		○
22	木	健康	辰	△			△
23	金	人気	巳	◎	◎	○	○
24	土	浮気	午	○		△	△
25	日	再開	未		○		○
26	月	経済	申	○	◎	◎	○
27	火	充実	酉	◎	○	◎	
28	水	背信	戌	▲			▲
29	木	0地点	亥	⊗		⊗	

2月の運勢

1月はまだゆったり時間が流れる感じでしたが、生長期の2月に入ると徐々にやる事も増えて、一気に状況が変化しそうです。遅れを取らないようについていこうとするのは良いのですが、今までとは違う作業へ取り掛かる必要が出てきたり、場の雰囲気に馴染めない時もあったりして、神経をすり減らすこともあるでしょう。人に気を遣うことも多く、ストレスを溜めやすくなるので、こまめに息抜きをしましょう。

キーポイント日

◇2月5日　亥　0《ゼロ》地点日
細かい事にこだわり過ぎて気分を害しやすい

◇2月12日　午　浮気日
疲れ過ぎない程度に考えてリラックスしよう

◇2月22日　辰　健康日
集中できていない空気が気になって仕方ない

運を活かすコツ

○2月のアドバイス

興味を惹くものに巡り会えるかもしれませんが、今は新しいスタイルを取り入れるべきではなさそうです。気持ちが焦っていると判断能力も鈍りやすいですから、大きな決断は単独でしないほうが無難でしょう。時間ができたら、新鮮な空気を吸いに席を立ったり、身体を軽く動かしたりして、気分の切り替えがおすすめです。

○苦しい時が訪れたら……

多くの事を吸収してきましたから、知識や能力は確実に向上しています。あとは実践していく必要がありますが、初めから完璧を求めると理想に現実が追いつかないので、まずまずを目指しましょう。

○未来への一歩を踏み出すためには……

メンタルが重要になる一年ですから、とにかくポジティブに物事を捉える必要があります。苦手な作業を進めなくてはならない時や一時中断する必要が出てきた場合など、自分に必要な時間なのです。

○タブー

人に迷惑を掛けたくないからと、無理をするのは危険です。自らミスを誘発して、周囲を巻き込むことになれば、さらに面倒な問題へと発展させてしまいますから、仲間を頼るようにしましょう。

天王星

2024年

［健康年］

3月
決定月

3月の運勢

2023年の決定年には、大きな決断をしながら取り組んできたと思いますが、2024年に入ってから、その気持ちが揺らいでしまうこともありそうです。環境が変わることへ少々不安を抱くようになったり、心配事が増えて予定や計画を変更すべきか悩んだりするかもしれません。しかし、何かある度に気持ちが揺らいでしまっていては、自分の進むべき道さえも見失うおそれが出てきますので、信念を貫くことが大切です。

キーポイント日

◇3月9日　申　経済日
まだ伸び代があるので焦らないことが大切

◇3月17日　辰　健康日
課題や仕事をセーブして体調維持に努めて

◇3月25日　子　精算日
不安や心配事を抱えたままにしておかない

運を活かすコツ

○3月のアドバイス

4月に向けて環境が変わる予定の人は、新しい場所や関係者とうまくやっていけるか不安を抱きそうですが、今は与えられた課題をクリアしていくことだけに集中すれば問題ないでしょう。自ら歩み寄らなくても、自然体でいれば周囲が慕ってくれるはずですから、独断で事を進めたりせずにうまく調和して、悪い印象を与えないように気をつけましょう。

○苦しい時が訪れたら……

身動きが取れなくなることが起きるかもしれません。掲げた目標や計画を諦めなければならないような状況になったとしたら、回り道やゆっくり時間をかけるなど、別の方法を取り入れましょう。

○未来への一歩を踏み出すためには……

不安や心配な事と直面したら、誰でも弱気になってしまいます。そんなつらい状況の時に、人に流されてしまっては真の自分でいられませんから、〝ここだけは〟というところを譲らないことです。

○タブー

大事な決定期に物事をネガティブに捉えたら、この先もしばらくは不安が付き纏うことになるでしょう。健康年は、問題なく進められればあとに繋がっていくので、怖気づかないことが大切です。

◎＝絶好調日　△▽＝注意日　○＝順調日
⊗＝神秘・波乱含日　▲▼＝不調日

日	曜日	運命日	干支	恋愛結婚	仕事	お金	健康
1	金	精算	子	▲		▲	
2	土	開拓	丑		○		○
3	日	生長	寅	○	○		○
4	月	決定	卯	○	○		○
5	火	健康	辰	△			△
6	水	人気	巳	◎	◎	○	◎
7	木	浮気	午	○		△	△
8	金	再開	未		○		○
9	土	経済	申	○	◎	◎	○
10	日	充実	酉	◎	○	◎	
11	月	背信	戌	▲			▲
12	火	0地点	亥	⊗		⊗	
13	水	精算	子	▲		▲	
14	木	開拓	丑		○		○
15	金	生長	寅	○	○		○
16	土	決定	卯	○	○		○
17	日	健康	辰	△			△
18	月	人気	巳	◎	◎	○	◎
19	火	浮気	午	○		△	△
20	水	再開	未		○		○
21	木	経済	申	○	◎	◎	○
22	金	充実	酉	◎	○	◎	
23	土	背信	戌	▲			▲
24	日	0地点	亥	⊗		⊗	
25	月	精算	子	▲		▲	
26	火	開拓	丑		○		○
27	水	生長	寅	○	○		○
28	木	決定	卯	○	○		○
29	金	健康	辰	△			△
30	土	人気	巳	◎	◎	○	◎
31	日	浮気	午	○		△	△

天王星

2024年

［健康年］

4月
健康月

4月の運勢

多くの事を抱え過ぎて、精神的にダメージを受けることになりそうです。環境の変化に慣れる必要があるにも関わらず、やるべき課題が増えたり、中には重要なポストについて作業を進めたりする必要が出てくるでしょう。できれば自分と周囲を比較することなく、考え方の違いやテンポのずれをかえって新鮮な感覚であると捉えて、足並みを揃えることを意識しましょう。時間ができたら一休みするくらいがベストです。

キーポイント日

◇4月5日　亥　0《ゼロ》地点日
ストレスで胃痛を引き起こしてしまいそう

◇4月13日　未　再開日
良くなったと思って安心するのはまだ早い

◇4月24日　午　浮気日
負けず嫌いが仇となってしまうおそれあり

運を活かすコツ

○4月のアドバイス

効率良く進めるのに出だしは手間がかかったり、状況を把握することに苦労したりするかもしれません。自分と周囲の考えややり方が違うために、少々イライラすることもありそうです。初めからストレートに意見を言うと、気に入らなく思われてしまうので、ある程度雰囲気に慣れるまで、波風を立てないように意識しましょう。

○苦しい時が訪れたら……

人にダメージを与えてしまったり、与えられたりで、精神的に疲れるでしょう。トラブルへと発展しそうな時は、一歩引くか、自分が妥協することで回避可能なので、体力温存に努めましょう。

○未来への一歩を踏み出すためには……

今年はまだ健康期であることを念頭に入れておけば、気休めになるでしょう。勝負は2025年の人気期なので、弱気になってしまわないことが大切です。今実力が発揮されないとしても、焦らないように。

○タブー

感情がストレートに出てしまいわないように気をつけましょう。我慢の限界がきたら、態度や言動が豹変することもあって、近づきがたい存在になります。手や口は出さないように辛抱してください。

◎＝絶好調日　△▽＝注意日　○＝順調日
⊗＝神秘・波乱含日　▲▼＝不調日

日	曜日	運命日	干支	恋愛結婚	仕事	お金	健康
1	月	再開	未		○		○
2	火	経済	申	○	◎	◎	○
3	水	充実	酉	◎	○	◎	
4	木	背信	戌	▲	▲	▲	▲
5	金	0地点	亥	⊗			⊗
6	土	精算	子	▲	▲	▲	▲
7	日	開拓	丑		○		○
8	月	生長	寅	○	○		○
9	火	決定	卯	○	○	○	○
10	水	健康	辰	△			△
11	木	人気	巳	◎	◎	○	△
12	金	浮気	午	○			△
13	土	再開	未		○		○
14	日	経済	申	○	◎	◎	○
15	月	充実	酉	◎	○	◎	
16	火	背信	戌	▲	▲	▲	▲
17	水	0地点	亥	⊗			⊗
18	木	精算	子	▲	▲	▲	▲
19	金	開拓	丑		○		○
20	土	生長	寅	○	○		○
21	日	決定	卯	○	○	○	○
22	月	健康	辰	△			△
23	火	人気	巳	◎	◎	○	△
24	水	浮気	午	○			△
25	木	再開	未		○		○
26	金	経済	申	○	◎	◎	○
27	土	充実	酉	◎	○	◎	
28	日	背信	戌	▲	▲	▲	▲
29	月	0地点	亥	⊗			⊗
30	火	精算	子	▲	▲	▲	▲

天王星

2024年

[健康年]

5月
人気月

5月の運勢

昨年の末頃から多くの悩みを抱えることもあったと思いますが、人気期は問題が少しずつ解消される流れになるでしょう。新しい環境に打ち解けられるようになったり、慣れない作業もスムーズに進められたりして、緊張感から解放されることになりそうです。しかし、すべてが解決するには至らないですから、残りの課題は周囲と話し合って進めるようにしましょう。良いアイデアが見つかる可能性が高い時です。

キーポイント日

◇5月5日　巳　人気日
大切な人と過ごすことで不安が解消される

◇5月15日　卯　決定日
ライバルの出現でさらにやる気が張りそう

◇5月23日　亥　0《ゼロ》地点日
無理が祟ったのか身体に異変を感じやすい

運を活かすコツ

○5月のアドバイス

仲間や協力者が増えて心強い状況になりますが、自分とはペースやリズムに相違があって、やきもきしてしまう場面もあるでしょう。しかし、今は不安に思っても、次第に相手を理解できるようになるので、初めから完璧を求めないことです。多くの人と力を合わせれば、大きな事を成し遂げられるので、同志を尊重しましょう。

○苦しい時が訪れたら……

体力を温存できていたからこそ、目標に辿り着けるのですが、途中でダウンしてしまったのであれば、充電が必須です。焦って進めると不甲斐ない結果に終わるので、まずは態勢を整えましょう。

○未来への一歩を踏み出すためには……

まだ納得のいく状態ではないかもしれませんが、目標達成に近づけます。自分だけでは解決できない問題がまだ残っている場合でも、見通しがつくようになるはずですから、最後まで諦めないように。

○タブー

感情のコントロールができなくなると、パニックに陥ってしまいます。月運が人気期であっても、日運の0《ゼロ》地帯中に残念な事が起こる場合がありますから、平常心を保つように心掛けましょう。

◎＝絶好調日　△▽＝注意日　○＝順調日
⊗＝神秘・波乱含日　▲▼＝不調日

日	曜日	運命日	干支	恋愛結婚	仕事	お金	健康
1	水	開拓	丑	○	○		○
2	木	生長	寅	○	○		○
3	金	決定	卯	○	○	○	○
4	土	健康	辰	△			△
5	日	人気	巳	◎	◎	◎	◎
6	月	浮気	午	○		△	△
7	火	再開	未	○	○		○
8	水	経済	申	◎	◎	◎	○
9	木	充実	酉	◎	◎	◎	
10	金	背信	戌	▲			▲
11	土	0地点	亥	⊗		⊗	
12	日	精算	子	▲			▲
13	月	開拓	丑	○	○		○
14	火	生長	寅	○	○		○
15	水	決定	卯	○	○	○	○
16	木	健康	辰	△			△
17	金	人気	巳	◎	◎	◎	◎
18	土	浮気	午	○		△	△
19	日	再開	未	○	○		○
20	月	経済	申	◎	◎	◎	○
21	火	充実	酉	◎	◎	◎	
22	水	背信	戌	▲			▲
23	木	0地点	亥	⊗		⊗	
24	金	精算	子	▲			▲
25	十	開拓	丑	○	○		○
26	日	生長	寅	○	○		○
27	月	決定	卯	○	○	○	○
28	火	健康	辰	△			△
29	水	人気	巳	◎	◎	◎	◎
30	木	浮気	午	○		△	△
31	金	再開	未	○	○		○

天王星

2024年

［健康年］

6月
浮気月

6月の運勢

5月の人気期が好調だった人は、肩の荷が下りたような気分になるかもしれませんが、まだ気を抜いてはいけません。もう大丈夫だろうと油断した時に、いつもの注意力が欠けてしまい、ミスを誘発する可能性があるので気をつけましょう。また、リラックス時間を設ける良いタイミングではありますが、ストレスを抱えている際は散財することが多いので、思いつきや勢いで大きな買い物をするのは避けましょう。

◎＝絶好調日	△▽＝注意日	○＝順調日
⊗＝神秘・波乱含日	▲▼＝不調日	

日	曜日	運命日	干支	恋愛結婚	仕事	お金	健康
1	土	経済	申	◎	○	◎	○
2	日	充実	酉	◎	◎	◎	
3	月	背信	戌	▽		▽	
4	火	0地点	亥	⊗		⊗	
5	水	精算	子	▽		▽	▽
6	木	開拓	丑	○	○		○
7	金	生長	寅	○	○		○
8	土	決定	卯	○	○	○	○
9	日	健康	辰	▽			▽
10	月	人気	巳	◎	▽	◎	▽
11	火	浮気	午	○		▽	▽
12	水	再開	未	○	○		○
13	木	経済	申	◎	○	◎	○
14	金	充実	酉	◎	◎	◎	
15	土	背信	戌	▽		▽	
16	日	0地点	亥	⊗		⊗	
17	月	精算	子	▽		▽	▽
18	火	開拓	丑	○	○		○
19	水	生長	寅	○	○		○
20	木	決定	卯	○	○	○	○
21	金	健康	辰	▽			▽
22	土	人気	巳	◎	▽	◎	▽
23	日	浮気	午	○		▽	▽
24	月	再開	未	○	○		○
25	火	経済	申	◎	○	◎	○
26	水	充実	酉	◎	◎	◎	
27	木	背信	戌	▽		▽	
28	金	0地点	亥	⊗		⊗	
29	土	精算	子	▽		▽	▽
30	日	開拓	丑	○	○		○

キーポイント日

◇6月5日　子　精算日
小さなシグナルを見逃さぬように気をつけて

◇6月19日　寅　生長日
理想とかけ離れた相手を魅力的に感じやすい

◇6月22日　巳　人気日
自分の事より相手を気遣いながら対話しよう

運を活かすコツ

○6月のアドバイス

仕事やプライベートのオファーがくるかもしれませんが、納得できない条件ならば、受ける必要はないでしょう。自分を安売りすると、貴重な時間を無駄にしてしまうということを忘れずに。できるだけ身体を労っておくべき時ですから、ストレスを解消できるように取り組むことです。落とし物や失くしものにも注意しましょう。

○苦しい時が訪れたら……

不安や焦りを感じやすく、勢いで物事を決めがちになるので気をつける必要があります。人に流されやすいですから、相手に言われるがまま従うと、あとで失敗したと後悔することになりそうです。

○未来への一歩を踏み出すためには……

勉強や仕事も大事だけれど、ストレスを解消できるようにプライベートを重視するのは悪くありません。もちろん、本業に支障をきたすくらいハマるのは問題ですが、気分転換を図ると良いでしょう。

○タブー

イライラするたびに口が寂しくなって、ついつい目に入るものに手を出してしまいがちです。太りやすくもなりますから、ストレッチなどで身体を程よく動かして、ストレス解消に努めましょう。

天王星

2024年

［健康年］

7月
再開月

7月の運勢

6月の浮気期にうまくリフレッシュできなかった人は、無理が祟って体調を崩してしまうこともあるでしょう。健康期は、身体を労らなければならない時でもあります。もし、心身に不調をきたしたら、迷わず病院へ足を運ぶようにすることです。身体からのシグナルを軽視すると、のちに大事になるおそれもあります。また、ミスを犯して落ち込んでいた人には、やる気を取り戻すきっかけが与えられるでしょう。

キーポイント日

◇7月8日　酉　充実日
ストレス解消しておかないと限界を超える
◇7月12日　丑　開拓日
古傷がまたもや痛み出してしまうおそれも
◇7月21日　戌　背信日
勧誘の電話や迷惑メールの多さにうんざり

運を活かすコツ

○7月のアドバイス

心配していた事が解決したかと思いきや、また問題発覚してしまいそうです。特に健康面では、治療が中途半端なままだったり、検診を長いこと受けていなかったりすると、過去と同じ症状が現れて不安を覚えることになるでしょう。気掛かりな事は早めに手を打っておかなければ、どんどん多忙になるのでタイミングを失います。

○苦しい時が訪れたら……

たとえ失敗しても、またはうまくいかなかったとしても、再チャレンジするチャンスが必ず訪れます。再開期がその時ですが、健康年では頑張り過ぎずに、身体を大事にすることが第一優先です。

○未来への一歩を踏み出すためには……

問題が発覚するたびに、肝が据わった頼もしい自分に成長していくのが理想です。同じことが繰り返されやすい再開期ですから、ピンチをチャンスと捉えて心身を鍛えるようにしていきましょう。

○タブー

同じことが反復されるなら、原因が隠れている可能性がありますから、放っておかずに解決方法を模索しましょう。問題が大きくなってくると、同時に多額の出費が伴ってしまうおそれがあります。

◎＝絶好調日　△▽＝注意日　○＝順調日
⊗＝神秘・波乱含日　▲▼＝不調日

日	曜日	運命日	干支	恋愛結婚	仕事	お金	健康
1	月	生長	寅	○	○		○
2	火	決定	卯	○	○	○	○
3	水	健康	辰	▽			▽
4	木	人気	巳	○	◎	○	◎
5	金	浮気	午	○		▽	▽
6	土	再開	未	○	○		○
7	日	経済	申	○	◎	◎	○
8	月	充実	酉	○	◎	◎	
9	火	背信	戌	▽			▽
10	水	0地点	亥		⊗	⊗	
11	木	精算	子			▽	▽
12	金	開拓	丑	○	○		○
13	土	生長	寅	○	○		○
14	日	決定	卯	○	○	○	○
15	月	健康	辰	▽			▽
16	火	人気	巳	○	◎	○	◎
17	水	浮気	午	○		▽	▽
18	木	再開	未	○	○		○
19	金	経済	申	○	◎	◎	○
20	土	充実	酉	○	◎	◎	
21	日	背信	戌	▽			▽
22	月	0地点	亥		⊗	⊗	
23	火	精算	子			▽	▽
24	水	開拓	丑	○	○		○
25	木	生長	寅	○	○		○
26	金	決定	卯	○	○	○	○
27	土	健康	辰	▽			▽
28	日	人気	巳	○	◎	○	◎
29	月	浮気	午	○		▽	▽
30	火	再開	未	○	○		○
31	水	経済	申	○	◎	◎	○

天王星

2024年

［健康年］

8月
経済月

◎＝絶好調日　△▽＝注意日　○＝順調日
⊗＝神秘・波乱含日　▲▼＝不調日

日	曜日	運命日	干支	恋愛結婚	仕事	お金	健康
1	木	充実	酉	◎	◎	◎	
2	金	背信	戌	▽			▽
3	土	0地点	亥		⊗	⊗	
4	日	精算	子			▽	▽
5	月	開拓	丑	○	○		○
6	火	生長	寅	○	○		○
7	水	決定	卯	○	○	○	○
8	木	健康	辰	▽			▽
9	金	人気	巳	◎	◎	○	◎
10	土	浮気	午	○		▽	▽
11	日	再開	未	○	○	○	○
12	月	経済	申	◎	◎	◎	○
13	火	充実	酉	◎	◎	◎	
14	水	背信	戌	▽			▽
15	木	0地点	亥		⊗	⊗	
16	金	精算	子			▽	▽
17	土	開拓	丑	○	○		○
18	日	生長	寅	○	○		○
19	月	決定	卯	○	○	○	○
20	火	健康	辰	▽			▽
21	水	人気	巳	◎	◎	○	◎
22	木	浮気	午	○		▽	▽
23	金	再開	未	○	○	○	○
24	土	経済	申	◎	◎	◎	○
25	日	充実	酉	◎	◎	◎	
26	月	背信	戌	▽			▽
27	火	0地点	亥		⊗	⊗	
28	水	精算	子			▽	▽
29	木	開拓	丑	○	○		○
30	金	生長	寅	○	○		○
31	土	決定	卯	○	○	○	○

8月の運勢

これまで頑張ってきた成果が出る時です。年の始めにゆとりあるスケジュールを組んだのであれば、少々不満が残るところがあるかもしれませんが、まずまずの達成感を味わえます。予定をカツカツに入れてしまった人は、心身を休める時間をあまり設けることができなくて、不満や愚痴が増える頃かもしれません。体調を崩していなければ心配ないですが、精神的ダメージを受けているなら、休息をとりましょう。

キーポイント日

◇8月4日　子　精算日
治療やメンテナンス代にお金がかかりそう
◇8月12日　申　経済日
課題や仕事は優先せずに大切なほうを選択
◇8月22日　午　浮気日
焦りから手段を変えてしまうと遠回りする

運を活かすコツ

○8月のアドバイス

外で愛嬌を振りまかなければならないこともあり、家に帰ったらぐったりしてしまう場合もあるはず。それでもやるべき作業はやる天王星なので、心身の疲労がピークに達しやすいでしょう。できるだけ時間を見つけて身体を休めなければ、薬に頼る生活になるおそれもあるので、周囲の理解を得てリラックスを心掛けましょう。

○苦しい時が訪れたら……

現段階で多くの悩みや不満を抱えている場合は、精神的な焦りが原因なのかもしれません。時間と気持ちに余裕を持たせないと本領発揮できませんから、まずは落ち着きを取り戻すことが大切です。

○未来への一歩を踏み出すためには……

何とか一人で問題解決を試みようとすると、多くの時間が必要ですし、心身への負担も大きくなってしまいます。多くの人と協力し合えば、大きな事を成し遂げられるということを忘れないように。

○タブー

無理をし過ぎて心身に不調をきたしている状態であるならば、人気期を台無しにしてしまうおそれも。身体が資本ですから、休息期間を設けましょう。英気を養う目的でお金を使うのはアリです。

天王星

2024年

［健康年］

9月
充実月

9月の運勢

2021年から2023年の春の運気から取り組んできた事が、良い結果をもたらすでしょう。成績や評価が上がったり、収入が増えたりしますから、頑張ってきて良かったと心から思えます。まだ健康年なので、若干課題は残っていると思いますが、運の良さは実感できるはずです。もし、不安や悩みに苛まれている場合は、問題と向き合わずに我慢し続けてしまった可能性があるので、もう一度打開策を考える必要があります。

キーポイント日

◇9月7日　戌　背信日
余裕がないと困っている人を助けられない
◇9月14日　巳　人気日
相談できる大切な人がいることに安堵する
◇9月23日　寅　生長日
時間があるうちにやれるだけやっておこう

運を活かすコツ

○9月のアドバイス

本来幸せを感じられる充実期ですが、お肌がボロボロで憔悴しきった表情から苦労が伺え、周囲から心配されるほどの状態であるならば問題ありです。10月から冬の0《ゼロ》地帯に入るため、また思うように時間を活用できなくなってしまいますから、気持ちに余裕が持てるような取り組みをしておきましょう。睡眠の質にもこだわるべきです。

○苦しい時が訪れたら……

ストレスを抱えて感情をコントロールできない状態では、勉強や仕事、そしてプライベートも満足できる状況にはないでしょう。味方を敵に回すようなことだけはしないように気をつけてください。

○未来への一歩を踏み出すためには……

人がタブーといえども、人に癒される時です。家族や大切な人と会話を交わしたり、食事をしたりするだけで、気持ちが晴れるはずです。周囲を気遣えるくらい、気持ちに余裕があると良いでしょう。

○タブー

不満が積もりに積もると愚痴や悪口が増えてきます。鬱憤を晴らす気持ちは悪くないのですが、人と会話をする貴重な時間が後味の悪いものにならないように、気をつけるようにしましょう。

◎＝絶好調日　△▽＝注意日　○＝順調日
⊗＝神秘・波乱含日　▲▼＝不調日

日	曜日	運命日	干支	恋愛結婚	仕事	お金	健康
1	日	健康	辰	▽			▽
2	月	人気	巳	◎	◎	○	◎
3	火	浮気	午	○		▽	▽
4	水	再開	未	○	○	○	○
5	木	経済	申	◎	◎	◎	○
6	金	充実	酉	◎	◎	◎	
7	土	背信	戌	▽			▽
8	日	0地点	亥	⊗	⊗	⊗	
9	月	精算	子			▽	▽
10	火	開拓	丑	○	○		○
11	水	生長	寅	○	○		○
12	木	決定	卯	○	○	○	○
13	金	健康	辰	▽			▽
14	土	人気	巳	◎	◎	○	◎
15	日	浮気	午	○		▽	▽
16	月	再開	未	○	○	○	○
17	火	経済	申	◎	◎	◎	○
18	水	充実	酉	◎	◎	◎	
19	木	背信	戌	▽			▽
20	金	0地点	亥	⊗	⊗	⊗	
21	土	精算	子			▽	▽
22	日	開拓	丑	○	○		○
23	月	生長	寅	○	○		○
24	火	決定	卯	○	○	○	○
25	水	健康	辰	▽			▽
26	木	人気	巳	◎	◎	○	◎
27	金	浮気	午	○		▽	▽
28	土	再開	未	○	○	○	○
29	日	経済	申	◎	◎	◎	○
30	月	充実	酉	◎	◎	◎	

天王星

2024年

[健康年]

10月
背信月

10月の運勢

せっかく今まで努力してきたのに、トラブルを抱えてしまったり、状況が不透明になってしまったりするかもしれません。気持ちに余裕がなくなって、家族や大切な人へ強く当たってしまうおそれもあります。気持ちの整理に時間がかかることが起きたとしても、健康には気を使って過ごすことです。冬の0《ゼロ》地帯に入ったので焦りは禁物ですから、目の前のことを少しずつクリアしていくようにすると良いでしょう。

◎＝絶好調日　△▽＝注意日　○＝順調日
⊗＝神秘・波乱含日　▲▼＝不調日

日	曜日	運命日	干支	恋愛結婚	仕事	お金	健康
1	火	背信	戌	▼		▼	▼
2	水	0地点	亥	⊗	⊗	⊗	⊗
3	木	精算	子	▼		▼	▼
4	金	開拓	丑		○		
5	土	生長	寅		○		○
6	日	決定	卯	○	○		○
7	月	健康	辰	▲		▲	▲
8	火	人気	巳	○	○	○	
9	水	浮気	午	▼		▼	▼
10	木	再開	未		○		○
11	金	経済	申	○	○	○	
12	土	充実	酉	○	○	○	
13	日	背信	戌	▼		▼	▼
14	月	0地点	亥	⊗	⊗	⊗	⊗
15	火	精算	子	▼		▼	▼
16	水	開拓	丑		○		
17	木	生長	寅		○		○
18	金	決定	卯	○	○		○
19	土	健康	辰	▲		▲	▲
20	日	人気	巳	○	○	○	
21	月	浮気	午	▼		▼	▼
22	火	再開	未		○		○
23	水	経済	申	○	○	○	
24	木	充実	酉	○	○	○	
25	金	背信	戌	▼		▼	▼
26	土	0地点	亥	⊗	⊗	⊗	⊗
27	日	精算	子	▼		▼	▼
28	月	開拓	丑		○		
29	火	生長	寅		○		○
30	水	決定	卯	○	○		○
31	木	健康	辰	▲		▲	▲

キーポイント日

◇10月4日　丑　開拓日
陰で噂されたり足を引っ張られたりしそう

◇10月10日　未　再開日
予想がついていたので急転直下も問題なし

◇10月26日　亥　0《ゼロ》地点日
信じられない知らせが入ってくる可能性も

運を活かすコツ

○10月のアドバイス

無理をすると体調を崩すだけでなく、諦めなければならないものが出てくるので注意が必要です。滅多に弱さを見せない人も、時には周囲の言うことを聞いて好意に甘えましょう。身体が思うようにならないと、情緒が不安定になったり、言葉が強くなったりもするので、天王星の品格を損なわないように努めることも大切です。

○苦しい時が訪れたら……

順調だと思っていた事が思い違いだったと、肩を落とすこともありそうですが、そのまま気付かずに突っ走るよりはまだマシです。もう一度復習や確認に力を入れて、入念に準備を進めましょう。

○未来への一歩を踏み出すためには……

力不足な部分や欠点があるなら、それらを改善していくことが必要ですが、健康期でもあるので、焦らずに取り組むことが大切です。まずは、何事にも動じないようにメンタルを鍛えましょう。

○タブー

現時点でうまくいっていないものへは、執着しないほうが良さそうです。焦って動いても、思いとは裏腹な結果を招くだけでしょう。信頼できる人の知恵や力を借りるほうが、無難にこなせます。

天王星

2024年

［健康年］

11月
0《ゼロ》地点月

11月の運勢

予定をキャンセルして、人のために尽くす必要があるでしょう。自分は健康に留意して過ごしていても、周囲の人が体調を崩すこともあります。たとえ迷惑を掛けられて困る状況になったとしても、自分自身が同じ状況になった時のことを考えて、互いに助け合う気持ちを忘れてはなりません。冬の運気下では、あなたがダウンする可能性もありますから、その時は無理をせずに、身体を休めることを優先してください。

キーポイント日

◇11月1日　巳　人気日
無理すると周りが心配して逆に迷惑を被る

◇11月11日　卯　決定日
怪我や体調不良の症状は休養をすべき合図

◇11月20日　子　精算日
自分で何とかしようとせずに仲間を頼ろう

運を活かすコツ

○11月のアドバイス

充電が必要な時だと理解していても、なかなか身体が休まらないでしょう。オフの日にトラブルが発生したり、自分ではなく、家族や大切な人が病に倒れたりして、付き添いが必要になることもありそうです。課題や仕事も大事かもしれませんが、優先すべき順番を間違えると、後悔する結果を生む流れになってしまうでしょう。

○苦しい時が訪れたら……

不注意からの怪我やアクシデントで、周囲から視線を向けられることもありそうです。多くの助けを借りることにもなって、肩身の狭い思いをするかもしれませんが、優しさに感動もするでしょう。

○未来への一歩を踏み出すためには……

来年の人気期で実力をフルに発揮させるために、心身の充電をしておくことが大切です。できればメンテナンスもしておくと良いのですが、自分ばかりに焦点を当てられないので、周囲も気遣いましょう。

○タブー

ライバルの出現に動揺を隠せなくなるかもしれません。努力がリセットされる場合もありますが、流れに身を任せることです。怒ったり、不機嫌になったりして、無駄な労力を使わないように。

◎＝絶好調日　△▽＝注意日　○＝順調日
⊗＝神秘・波乱含日　▲▼＝不調日

日	曜日	運命日	干支	恋愛結婚	仕事	お金	健康
1	金	人気	巳	○	○	○	
2	土	浮気	午	▼		▼	▼
3	日	再開	未		○		○
4	月	経済	申	○	○	○	
5	火	充実	酉	○	○	○	
6	水	背信	戌	▼	▼	▼	▼
7	木	0地点	亥	⊗	⊗	⊗	⊗
8	金	精算	子	▼	▼	▼	▼
9	土	開拓	丑		○		
10	日	生長	寅		○		○
11	月	決定	卯	○	○		○
12	火	健康	辰	▲	▲	▲	▲
13	水	人気	巳	○	○	○	
14	木	浮気	午	▼		▼	▼
15	金	再開	未		○		○
16	土	経済	申	○	○	○	
17	日	充実	酉	○	○	○	
18	月	背信	戌	▼	▼	▼	▼
19	火	0地点	亥	⊗	⊗	⊗	⊗
20	水	精算	子	▼	▼	▼	▼
21	木	開拓	丑		○		
22	金	生長	寅		○		○
23	土	決定	卯	○	○		○
24	日	健康	辰	▲	▲	▲	▲
25	月	人気	巳	○	○	○	
26	火	浮気	午	▼		▼	▼
27	水	再開	未		○		○
28	木	経済	申	○	○	○	
29	金	充実	酉	○	○	○	
30	土	背信	戌	▼	▼	▼	▼

天王星

2024年

［健康年］

12月

精算月

12月の運勢

今年に入ってから、怪我や体調不良に悩まされた人もいるかもしれませんが、徐々に回復して良い兆しが見えてくるでしょう。弱音を吐く機会が何度か訪れたかもしれませんが、めげずにここまでこられたのは、意志を曲げることなく進んできたからだと思います。年末は多忙になるため、またストレスを抱える機会が増えますが、人気期の訪れは目の前なので、周囲に協力してもらいながら課題へ取り組みましょう。

キーポイント日

◇12月6日　辰　健康日
睡眠不足でお肌がボロボロになり兼ねない

◇12月10日　申　経済日
うまくいかないものはいっその事切り捨て

◇12月27日　丑　開拓日
掃除をする機会に気持ちの整理もつけよう

運を活かすコツ

○12月のアドバイス

とても残念な状況に身を置く場合もありますが、問題が少しずつ解消されて、また新たなスタートを切れるような気持ちになるでしょう。年末なので、まだ忙しい日々が続くことには変わりはありませんが、胸につかえていた不安やストレスが、スッと取れそうです。早めに気持ちを切り替えて、やるべき事を進めていきましょう。

○苦しい時が訪れたら……

気持ちの整理をするならば、身の回りの空間を片づけるだけでもスッキリしますから、大掃除がおすすめです。もうすぐ人気期を迎えるので、ネガティブな思考を断ち切れるように努めましょう。

○未来への一歩を踏み出すためには……

自分の身体を大切にしてこなかった場合は、ツケが回ってくるおそれもあります。早めの回復を目指して療養しましょう。予定が狂うような事もありそうですが、身体を休められたらラッキーです。

○タブー

悩みや不満を抱えたまま人気期を迎えるのは良くありません。良くない結果をおそれて、問題を直視しないのは大問題です。十二分に自分らしさを発揮できるように準備をしておくことが大切です。

◎＝絶好調日　△▽＝注意日　○＝順調日
⊗＝神秘・波乱含日　▲▼＝不調日

日	曜日	運命日	干支	恋愛結婚	仕事	お金	健康
1	日	0地点	亥	⊗	⊗	⊗	⊗
2	月	精算	子	▲		▲	▲
3	火	開拓	丑		○		
4	水	生長	寅		○		○
5	木	決定	卯	○	○		○
6	金	健康	辰	▲		▲	▲
7	土	人気	巳	○	○	○	
8	日	浮気	午	▼		▼	▼
9	月	再開	未		○		○
10	火	経済	申	○	○	○	
11	水	充実	酉	○	○	○	
12	木	背信	戌	▲		▲	▲
13	金	0地点	亥	⊗	⊗	⊗	⊗
14	土	精算	子	▲		▲	▲
15	日	開拓	丑		○		
16	月	生長	寅		○		○
17	火	決定	卯	○	○		○
18	水	健康	辰	▲		▲	▲
19	木	人気	巳	○	○	○	
20	金	浮気	午	▼		▼	▼
21	土	再開	未		○		○
22	日	経済	申	○	○	○	
23	月	充実	酉	○	○	○	
24	火	背信	戌	▲		▲	▲
25	水	0地点	亥	⊗	⊗	⊗	⊗
26	木	精算	子	▲		▲	▲
27	金	開拓	丑		○		
28	土	生長	寅		○		○
29	日	決定	卯	○	○		○
30	月	健康	辰	▲		▲	▲
31	火	人気	巳	○	○	○	

0《ゼロ》学公認鑑定士一覧

一般社団法人０《ゼロ》学会

御射山《みさやま》 令元《れいげん》

一般社団法人 ０学会　会長
０学院　学院長

運命分析学である０学を学んで、人々のさまざまな悩みや迷いへの人生の指針として、０学占星術を用い、開運への手伝いをさせていただくのが０学鑑定士です。

０学会員「０学運命分析鑑定士（フェイト・アナリスト）」

1、０学会は、鑑定士数を増やすことを目的とせず、ひとりひとりの鑑定士の質の向上を目指す。そのため０学鑑定士は定員制となっています。

2、０学鑑定士は 120 名を基準会員数として 144 名を上限とし、鑑定士は、生活の中で０学での研鑽を続けています。自らの人生に役立て、そのうえで、質の向上に努めながら、鑑定業務に従事することを、目的としています。

公認鑑定士一覧

成沢《なりさわ》 令仁《れいと》

東北支部長

秋田県秋田市
電話＆ FAX：018-825-0839
携帯：090-4633-6507

彩乃《あやの》 美令《みれい》

埼玉県志木市中宗岡
携帯：090-2211-8280

秋風《あきかぜ》 令峰《れいほう》

秋田県秋田市将軍野東
携帯：090-6452-9358
akikazereihou@gmail.com

亜伊《あい》 智令《ちれい》

秋田県由利本荘市

安和《あわ》 令功《れいこう》

秋田県秋田市
awareikou@gmail.com

秋原《あきはら》 令希《れいき》

東京都
携帯：080-6576-3618

藍《あい》 未令《みれい》

秋田県秋田市
ai-zow@cna.ne.jp

庵《あん》 恵美令《えみれい》

神奈川県川崎市
携帯：090-2941-4270
mogmog123@icloud.com

足利《あしかが》 令賢《れいけん》

東京都武蔵野市
携帯 090-4622-8147

愛川《あいかわ》 令章《れいしょう》

東京都中央区日本橋
電話：03-3249-1303
FAX：03-3249-1306
携帯：090-8646-0498

石田《いしだ》 令和《れいわ》

福島県岩瀬郡
電話：0248-62-4652
携帯：090-5353-7700

飛鳥《あすか》 令六《れいろく》

茜《あかね》 令夢《れいむ》

秋田県秋田市
携帯：090-4886-0953
akaneya.a@gmail.com

華笑《かしょう》 育令《いくれい》

秋田県秋田市
kasyorei0509@cna.ne.jp

恵神《えがみ》 令玉《れいぎょく》

秋田県秋田市中通

伊勢《いせ》 涼令《りょうれい》

和《かず》 貴令《きれい》

埼玉県戸田市
携帯：080-5650-5230
kazu.kirei.23@gmail.com

王華《おうか》 令運《れいうん》

秋田県秋田市
携帯：090-3369-9940
yumi.gold.club.4@gmail.com

磯野《いその》 令秋《れいしゅう》

神奈川県川崎市川崎区
pomona1@nifty.com

桂《かつら》 令悠《れいゆう》

東京都
携帯：090-2035-4171
katsurareiyuu@gmail.com

大泉《おおいずみ》 皕令《びゃくれい》

京都府

一條《いちじょう》 紫令《しれい》

富山県富山市
電話：076-455-2658
携帯：090-2128-5010

香音《かのん》 光令《こうれい》

秋田県南秋田郡
携帯：090-7073-3382
koro-kuro.kana..1011@docomo.ne.jp

大澤《おおさわ》 眞令《まれい》

秋田県湯沢市

乾《いぬい》 令理《れいり》

福島県福島市
携帯：080-2817-6652

香山《かやま》 令梨《れいりん》

宮城県仙台市
携帯：090-5186-7666
reirin.kayama@gmail.com

小川《おがわ》 令紗《れいさ》

埼玉県志木市
携帯：090-5344-8785

碓氷《うすい》 令清《れいせい》

福岡県
usuireisei@gmail.com

生更木《きさらぎ》 令央《れお》

茨城県

織江《おりえ》 令慎《れいしん》

東京都
電話：050-5308-4181
orie23reishin@gmail.com

内田《うちだ》 令王登《れおと》

神奈川県横浜市中区
電話＆ FAX：045-664-1685

嶋《しま》 令亜《れいあ》

秋田県秋田市／埼玉県大宮市
携帯：090-7794-2819
angel10410310@gmail.com

桜沢《さくらざわ》 令真《れいま》

山形県酒田市南新町
携帯：080-6294-0430
〃　：090-7566-4644

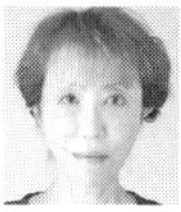

吉川《きっかわ》 令承《れいしょう》

神奈川県中郡大磯町
携帯：070-9040-2248
kikkawa_reishow@icloud.com

慈《じ》 育令《いくれい》

富山県・沖縄県
携帯：090-4328-4430
komiyu.tomomaku@docomo.ne.jp

沢永《さわなが》 秋令《しゅうれい》

秋田県秋田市
電話：018-828-7009
FAX：018-828-3613
携帯：090-2021-3071

紀月《きづき》 まい令《れい》

東京都江東区

潤《じゅん》 令依《れい》

東京都渋谷区
jun_rei@libertecorp.jp

紫組《しくみ》 令子《れいこ》

長野県松本市
shikumireiko@gmail.com

絹川《きぬかわ》 令珠《れいじゅ》

春令《しゅんれい》 穂香《ほのか》

秋田県秋田市

師道《しどう》 令保《れいほ》

秋田県秋田市

琴音《ことね》 令鈴《れいりん》

宮城県東松島市

尚美《しょうみ》 亜貴令《あきれい》

秋田県秋田市
携帯：090-2605-5780
shouaki_522@yahoo.co.jp

志野《しの》 令教《れいきょう》

東京都台東区浅草・埼玉県三郷市
携帯：080-3005-3027
shinoreikyo@icloud.com

琥晴《こはる》 令舞《れむ》

山形県酒田市

煌木《すめらぎ》 養令《ようれい》

愛知県名古屋市

紫乃《しの》 令穂《れいすい》

埼玉県さいたま市南区
携帯：090-2144-0854

小牟猫《こむねこ》 令寛《れいかん》

埼玉県春日部市
comcat_comcruise@yahoo.co.jp

東山《ひがしやま》 令理《れいり》

神奈川県横浜市港北区
reiri.higashiyama@gmail.com

中森《なかもり》 令粢《れいせい》

東京都立川市
電話：042-548-3143
FAX：042-548-3144

高尾《たかお》 風令《ふうれい》

東京都練馬区
takao.20@hotmail.com

平原《ひらはら》 令穂《れいほ》

東京都
携帯：080-9801-3210

珀《はく》 籍令《せきれい》

埼玉県さいたま市

髙嶋《たかしま》 令徳《れいとく》

東京都目黒区

藤嶋《ふじしま》 令楽《れいら》

秋田県秋田市
携帯：090-4635-6182

蓮実《はすみ》 令央《れいおう》

秋田県秋田市

髙原《たかはら》 令音《れいおん》

東京都立川市
電話：042-537-8463
携帯：090-8477-1643
t.rayon2668@gmail.com

星川《ほしかわ》 令羊《れいよう》

茨城県つくば市
h.reiyou@gmail.com

服部《はっとり》 鈴令《りんれい》

電話：042-308-2553
携帯：090-4175-8219
rittuko-4857-may-23@ezweb.ne.jp

竹本《たけもと》 清令《せいれい》

東京都
携帯：080-1019-8578
seirei5404@gmail.com

本庄《ほんじょう》 令樺《れいか》

愛知県豊橋市
reika_honjyo@yahoo.co.jp

花岡《はなおか》 愛令《あいれい》

長野県諏訪市
電話：0266-75-0382
FAX：0266-75-0392
info@lecourage.jp

典《てん》 令佳《れいか》

滋賀県湖南市
携帯：090-6061-6111
tenreika2012@icloud.com

麻衣《まい》 令鈴《れいりん》

秋田県秋田市
mai.reirin@gmail.com

治《はる》 久《く》令《れ》羽《は》

愛知県
携帯：070-4816-7921

翔嶋《とびしま》 令深《れいみ》

秋田県鹿角郡
携帯：090-6682-7100

実吉《みよし》 靖令《せいれい》

茨城県東茨城郡
携帯：090-3406-2131

瑞穂《みずほ》 令羽《れいは》

秋田県秋田市
携帯：090-2273-7401

マイケル 令願《れいがん》

富山県
michael.reagan@poll.canet.ne.jp

文《むん》 明令《みょんれい》

大阪府
su.munsun.aki@gmail.com

御園《みその》 令璃《れいり》

東京都中央区日本橋
PHS：070-6665-6890

松本《まつもと》 光令《みれい》

岐阜県岐阜市
携帯：090-6468-4466
kirin9944@yahoo.co.jp

恵愛《めぐみ》 令華《れいか》

愛知県一宮市
電話：0586-23-0600
携帯：090-1237-3777
grantsheart@hotmail.co.jp

水上《みなかみ》 令郁子《れいこ》

愛知県西尾市
FAX：0563-54-3136
携帯：090-2685-0374

萬谷《まんたに》 白令《はくれい》

東京都世田谷区
mantanihakurei@gmail.com

安田《やすだ》 璃令《りれい》

東京都杉並区
携帯：090-8583-5325

南《みなみ》 令穂《れえほ》

東京都渋谷区
reiho@pop02.odn.ne.jp

みき 令慶《れいけい》

宮城県仙台市

大和《やまと》 令樹《れいじゅ》

大阪府
携帯：090-2929-3777

南谷《みなみたに》 令銘《れいめい》

兵庫県神戸市
携帯：090-5362-9176
hanakoyomi.r@ezweb.ne.jp

三樹《みき》 令和《れいな》

愛知県

結《ゆい》 令后《れいごう》

大阪府大阪市住吉区
携帯：080-5369-7874
FAX：06-6698-7322

美優《みゆう》 令花《れいか》

神奈川県平塚市
携帯：090-6171-7935
house-of.you@ezweb.ne.jp

水羽《みずは》 紀令《きれい》

秋田県横手市
携帯：090-4553-7370
hiroe2@icloud.com

令野《れいの》 カレン

東京・シンガポール
reinokaren@gmail.com

結城《ゆうき》 令観《れいかん》

東京都狛江市
携帯：090-6932-1347

ロミレー 保泉《いずみ》

東京都府中市
携帯：090-4131-5067
zerogaku24@mail.goo.ne.jp

侑見《ゆうみ》 季令《きれい》

渡辺《わたなべ》 令萌《れいほう》

岡山県岡山市
shihowachi@yahoo.co.jp

雪菜《ゆきな》 令恩《れおん》

福岡県
yukinareon@gmail.com

渡邉《わたなべ》 令歩《れいほ》

東京都西東京市
携帯：080-3480-0112
get-a-chance.yasashii-tasogare@softbank.ne.jp

吉元《よしもと》 令愛《れいあ》

東京都府中市
携帯：090-9967-1384
motoyoshikyokyo325@ezeb.ne.jp

令結《れい》 リリカ

岐阜県岐阜市
ririka2351@gmail.com

令月《れいげつ》 ゆみ

東京都渋谷区
携帯：090-7826-5275
reigetsu@zav.att.ne.jp

★電話やメールでの鑑定方法もあります。各鑑定士に鑑定方法をご確認ください。
★各鑑定士の事情により、記載データが予告なく変更される場合がございます。あらかじめご了承ください。
※正式な０学鑑定士は０学会本部発行の認定証及びバッジを保持しています。※「０学」は登録商標です。

株式会社0《ゼロ》学出版（0学会本部）
〒160-0022　東京都新宿区新宿 1-1-11-902
TEL：03-3352-6617　FAX：03-3352-2334
E-Mail（代表）：z-office@zerogaku.co.jp
公式ホームページ：https://www.zerogaku.co.jp

●**業務案内**
出版事業：出版（0学に関する出版／企画・制作・発行）
教育事業：0学院及び0学通信アカデミー運営（鑑定士育成）
企画・情報提供一般
●公式コンテンツ
[WEBコンテンツ] 公式「0学占い」／「本家・運命0学」
[モバイルコンテンツ]「開祖★0学占術」

■執筆・編集　御射山令元
■執筆スタッフ　大和令樹
■制　作　株式会社 日本ビジネスプラン

※法改正により、祝日・休日が変更になる場合がございます。

0学会公式
0《ゼロ》学 開運ガイド2024

2023年10月4日　初版発行
編著者……一般社団法人0学会・本部
発行者……御射山令元
発行所……株式会社0学出版
〒160-0022 東京都新宿区新宿 1-1-11- 902
TEL：03-3352-6617　FAX：03-3352-2334
https://www.zerogaku.co.jp
発売所……株式会社星雲社（共同出版社・流通責任出版社）
〒112-0005　東京都文京区水道 1-3-30
印刷・製本…シナノ書籍印刷株式会社

ISBN978-4-434-32590-8